股王桃源交易战法

刘竞涛（桃源）◎著

SPM
南方出版传媒
广东经济出版社
—广州—

图书在版编目（CIP）数据

股王桃源交易战法／桃源著．—广州：广东经济出版社，2019.5
ISBN 978－7－5454－6342－2

Ⅰ.①股…　Ⅱ.①桃…　Ⅲ.①股票交易－基本知识　Ⅳ.①F830.91

中国版本图书馆 CIP 数据核字（2018）第 136318 号

出 版 人：李　鹏
责任编辑：温键键
责任技编：许伟斌

股王桃源交易战法
Guwang Taoyuan Jiaoyi Zhanfa

出版发行	广东经济出版社（广州市环市东路水荫路 11 号 11～12 楼）
经销	全国新华书店
印刷	佛山市迎高彩印有限公司
	（佛山市顺德区陈村镇广隆工业区兴业七路 9 号）
开本	787 毫米×1092 毫米　1/16
印张	18　2 插页
字数	267 000 字
版次	2019 年 5 月第 1 版
印次	2019 年 5 月第 1 次
书号	ISBN 978－7－5454－6342－2
定价	50.00 元

如发现印装质量问题，影响阅读，请与承印厂联系调换。
发行部地址：广州市环市东路水荫路 11 号 11 楼
电话：（020）38306055　邮政编码：510075
邮购地址：广州市环市东路水荫路 11 号 11 楼
电话：（020）37601950　营销网址：**http://www.gebook.com**
广东经济出版社新浪官方微博：**http://e.weibo.com/gebook**
广东经济出版社常年法律顾问：胡志海律师

作者参加由《投资快报》和“第一证券”共同举办的全国股王争霸大赛，并夺得成交量和收益两项冠军。图为《投资快报》主编蔡海涛和“第一证券”总经理赵红梅为作者颁奖。

2015年作者再次荣获该年度的最佳投资收益大奖。图为《投资快报》总编吴向伟为作者颁奖。

两家证券公司为作者开设的机构大户室。

左图为2013年作者在意大利参加四年一届的世界大师运动会，获得了业余组别的乒乓球世界冠军；右图为2017年作者在新西兰夺得世界大师运动会专业组乒乓球单打季军。另外，作者还参加了中国乒协会员联赛，并多次荣获全国分站赛团体冠军，单打前三名的好成绩。

作者代表广东商会参加在澳门举办的穗、港、澳青年企业家年会。席间作者与广东省副省长许瑞生合影。

目录
CONTENTS

我们为你精心准备了线上增值服务，你可以向本书作者桃源先生提问，共同探讨股市致胜之道。

微信扫描二维码，获取本书配套服务

福利1

【读者交流圈】免费加入本书读者交流圈，与其他读者互动交流，分享股市投资心得与经验，本书作者将不定期进行线上答疑，指点迷津！

福利2

【股王答疑】你在股市投资中有哪些问题？如何找黑马、做反弹、抄底和逃顶？股王桃源有丰富实战经验，听他为你答疑解惑！

序一
order

怎样做到从十万到千万的飞跃

桃　源

初听这个题目非常吓人，感觉并不可信。但是，作为一个有严格的买卖法则、有一整套的操作规程、对证券市场有全面认识的投资者来说，他可以在七年的时间内完成。

那么，这套计划是怎样的呢?首先，我们要改变原来的操作方法，从原来的一仓十几只个股，变成一仓一只个股，只有这样才可以做到集中精神、认真研究，把主要的精力从放在几千只个股中，转移到专门研究其中的一只个股上来，这样才能做到认真分析、专心致志。对要买入的个股做到详细跟踪，专门研究；对要买入的个股应在事前了解哪里是阻力位、哪里是支持位、哪里是历史套牢区、哪里是历史大底部、底部运行的时间有多长、顶部运行的时间有多久、该股主营什么、流通盘多少、几年来的业绩如何、老总的年龄多大及其文化水平如何等问题，在买入前做到心中有数。这样买入，才会有必胜的把握，才不会盲目投资。当你对这只个股做到烂熟于心的时候，在操作中才会有胆量一仓一只，才会变得雷厉风行、凶悍勇猛而又机智灵活。

其次要戒掉贪念，我们只是立足于每月10%的获利，我们并不刻意追求翻倍的大黑马，而事实上，投资者能够每次都碰上翻倍的大黑马的机会并不多，在深沪两市几千只个股中，每年大约只有25%的个股有机会翻倍，而大部分的个股将在一个区间内上下振荡，来回的空间在10%~80%。因此，我们去追求10%的收益，其成功率将会远远大于寻找100%收益的机会。事实证明我们只要能够每月完成10%的收益已经足够了。

如果具体到每月的操作，那么，每月只操作一次完成10%的获利；如果再细分，那么便是每周2.5%、两周5%，在两周时间内，亦即是在十个交易日内，扣除手续费后有5%的收益就马上获利平仓，每月也只是两次操作，比起现时某些股民的操作频率还是低得多。

如果我们能够每月完成10%的收益，那么一年内其总收益将会如何呢?我们肯定地同大家讲，一年翻倍并不是神话。

我们用10万元来计算，全仓进出得出表格如下：

月	1月	2月	3月	4月	5月	6月	7月	8月	9月	10月	11月	12月
资金	10万元	12.10万元	13.31万元	14.64万元	16.11万元	17.71万元	19.48万元	21.42万元	23.57万元	25.92万元	28.52万元	31.37万元

在表格中，我们清楚地看到，如果能每月寻找到一只10%收益的个股，那么，在8个月内便已经翻倍，操作也只不过是8次进出，如果每两周完成5%，同样也是8个月内翻倍，但是，操作增加到16次。如果只是要求每年翻一倍的目标，那么，还有四个月的时间可以尽情地去旅游、去放松。这四个月的时间就算是你在每次成功炒完一只股后，再用一天至三天时间去认真选股或稍作休息吧。其实，每周还有星期六、星期日的空闲时间，大可不必占用交易日来选股。

如果勤奋些的投资者将后面9月、10月、11月、12月份也按10%的收益去完成，那么，到了12月其总资产值便是31.37万元，也就是赚了原来10万元资金的2倍，这样便不是每年翻一番，而是每年翻两番了。

我们先不计算每年翻两番的结果，暂时还是按照每年翻一倍来计算，那么，七年后你将会成为千万富翁！

大家请再看表格：

年	1年	2年	3年	4年	5年	6年	7年
资金	20万元	40万元	80万元	160万元	320万元	640万元	1280万元

在七年的时间内，投资者通过奋斗真真正正从10万元到达1280万元，这是实实在在的一个数目。

看到这有读者会问，怎样才可以找到每两周上升5%或每月上升10%的个股呢?那么大家可以认真阅读本书的操作技巧，和作者另一本新书《新炒股大王秘笈——江恩理论在实战中的应用》。只要功夫到家，在几千只个股中是不难寻找到上升5%以上的股票的。

目前深沪两市有几千只股票，无论大盘上升还是下跌，都会有不少个股在升升跌跌，只不过在大盘上升时，个股上升机会较多，在大盘下跌时，个股上升机会较少，但是，绝对不是没有机会。

现在，大盘处于一个大型的上升通道中，大盘上升时，有不少个股正处于调整状态，在大盘下跌时，又有不少个股逆市上升，这样便为我们在每月完成10%的收益创造了一个实际可行的有利条件和有利时机。只要大家遵循书上的炒股秘笈，便不难发现在短期内上升10%~30%的黑马，30%以内的收益，书上有多种方法能够帮助投资者寻找到这样一种个股机会。只要大家严格遵守买卖法则，持之以恒、稳扎稳打、控制好风险，在操作中尽量做到该赚不好彩的输，而不是经常做到该输好彩的赢，便有机会完成作者给大家的获利计划，完成大家的投资目标。

看到这有读者会问，什么是该赚不好彩的输?什么是该输好彩的赢?这里笔者可以做一个简单的介绍，详细的分析还是要大家看书上的内容。

例如，投资者在买卖操作中，应该在股价处于上升通道时，待股价接近上升通道的支持线附近买入，由于股价处于上升通道，其内在还有上升动力，只不过股价在上升途中做短暂的调整，这时的买入是属于顺势而为，该股的趋势是向上的，赚钱是理所当然的事，也是正常的、应该的。但是，证券市场什么意外事情都会发生。如公司突然公布亏损、自然灾害的发生、政治上突发性事件等都会令股价产生急剧的波动而改变原有的趋势。这时，由于是突发性事件的发生而令你输钱，这是一种不好彩的输。换句话讲，只要在你买入时，不发生这些突发性的利空因素，按照股价的正常趋势运作你是应该赚钱的，所以这种买入我们就叫该赚不好彩的输。

而当股价处于下降通道的时候，你去买入，这时，你的操作是属于逆市买卖，从趋势上分析按理应该是输钱的，只是你买后好彩碰上了一个反弹，你赢了这一次。但是，长此这样操作，最终你是会输大钱的，因为，好运只会有几次，总不会经常发生。你买了这些处于下降通道的股票，不抛掉，长线持股最后也是会输大钱的。如2000年的四川长虹（600839）、亿安科技（000008，现已改名为“神州高铁”，A股代码不变）等股票便是最好的例证。用行话讲，我们称这种操作是该输好彩的赢。

所以，要完成每月达到10%的收益，投资者便要每时每刻认真选股，努力做到每次操作都是该赚不好彩的输。只要大家做到这一点，成功在望。

鬼谷子才是真正的顶尖炒股高手

桃　源

一看这个题目，一定会有不少投资者大呼惊叫，有没有搞错啊！两千年前，都没有股市，鬼谷子哪会炒股呢？请大家不要心急，让桃源慢慢讲述鬼谷子的投资精华。

奇才者，武可以安邦，文能够治国，这样的人才，一生中能够培养出一个，这个老师就足以骄傲一辈子。可有一个人共培养出四个惊天动地的不世奇才，是史上培养奇才最多的牛人。

他就是鬼谷子先生。鬼谷子姓王名诩，春秋时期卫国人，常入云梦山采药修道。因隐居清溪之鬼谷，故世人称其为鬼谷子先生。

鬼谷子主要的著作有《本经阴符七术》及《鬼谷子》，共十四篇。

在鬼谷子的五百弟子中，除了震惊世人的四大豪杰苏秦、张仪、孙膑、庞涓外，还有在当时名扬四海的李斯、商鞅、毛遂自荐的毛遂、徐福、甘茂、司马错、乐毅、范睢、蔡泽、邹忌、郦食其、黄石、李牧等，他们一个个都是很牛很牛的人物。虽然鬼谷子没有亲自出来建功立业，但是，大家从他培养出来的弟子在各个时期所发挥的历史作用，就知道鬼谷子是一个非常了得的重磅级人物。

鬼谷子在捭阖术篇里讲："阳动而行，阴止而藏；阳动而出，阴隐而入。"这句话翻译成白话文就是："面对阳势（有利的形势），就要积极运行前进；面对阴势（不利的形势），就要停止行动而隐藏。面对阳势，就要主动出击；面对阴势，就要退避隐藏。"鬼谷子是这样阐述阴阳两者的关系的，"阳还终阴，阴极反阳"，即阴阳两者总是互动循环，阳势运动发展的极点是阴势，阴势运动发展的极致则是阳势。

鬼谷子的这段话，使我们明白了阴阳运动的发展变化过程，如果我们严格按照鬼谷子的理论来投资股票的话，我们永远都是大赢家，为什么这样说呢？

大家来看看鬼谷子是怎样教我们投资股票的。鬼谷子讲“阳动而行，阴止而藏”，如果我们将股票市场上升看作为阳势，下跌看作为阴势，那么，我们严格遵守鬼谷子的教导来进行操作就绝对不会亏钱。大家看看，只要当股票市场形成下跌趋势的时候，我们就应该“停止行动而隐藏”，也就说我们在操作上就是要停止买入，空仓隐藏等待最有利的买入时机。那么，怎样才是最有利的买入时机呢？鬼谷子认为“阳动而行”，也就是说，当股票市场在底部横盘后，刚刚开始形成上升趋势时，就可以大胆积极地买入了，这个时候的买入，鬼谷子认为是最有利的，对于有利的形势，大家要积极运行前进，要主动出击。

很多投资者买入股票后，不知道何时才是卖出股票的最佳时机，因此，股民里有一句话很能说明卖出的问题：“会买的是徒弟，会卖的才是师傅。”从这一句话里，大家就明白卖出股票的时机是多么的重要。但是，这个非常重要的问题，放在鬼谷子的眼里，只是小菜一碟。鬼谷子认为“阳还终阴”，即阳势运动发展的极点是阴势。

那么，怎样才是“极点”呢？按笔者的理解：当股票市场人声鼎沸，大家热血沸腾的时候，笔者认为就是到了鬼谷子所讲的“极点”了。大家回忆一下，2007年上证指数从5500点升到6124点的场面，那种全场欢呼，摩拳擦掌，大干快上的热辣场面，同鬼谷子所讲的“极点”是何其的相似啊！

这时候鬼谷子会怎样操作呢，他一定会全部卖出股票。鬼谷子不一定抛在6124点里，很可能他老人家在5500点就已经溜之大吉了。因为，鬼谷子认为这时候离转阴势的时候已经不远了。相信大家都领略了股神巴菲特开溜中石油后，其股价还有一小段上升的故事了吧，可见股神巴菲特也没有抛到中石油的最高价，但无愧为一代股神。这是因为，巴菲特的操作暗合了鬼谷子的哲学思想。

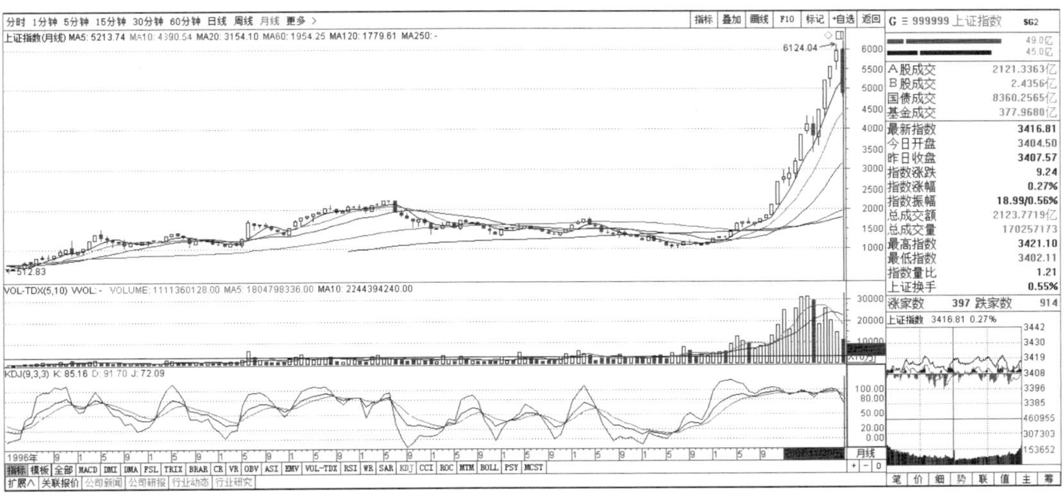

图1　鬼谷子不一定抛在6124点里，很可能他老人家在5500点就已经溜之大吉了

卖出后何时才买回来呢？鬼谷子也有精辟的论述：“阴极反阳。”鬼谷子认为，阴势运动发展的极致是阳势，这里又出现了“极致”一词。

那么，在股票市场中怎样才算是“极致”呢？按照笔者的理解，就是市场要令所有人产生极度恐慌的情绪，这时才算得上“极致”。大家回想一下，在2008年当上证指数从2000点向1664点飞流直下时，大家就明白什么叫作“极致”了，当时还有人大叫股指要重回998点，整个股票市场充满悲哀、恐慌情绪，这时按照鬼谷子的理解就是阴势发展到“极致”的时候了。阴势运动发展的极致则是阳势，因此，我们按照鬼谷子的理论，此时是应该准备买入的时候了。

2008年上证指数从2000点向1664点飞流直下

从这些理论，我们清楚地看到，假如鬼谷子活在当今股票市场，他必定是在股市最疯狂的时候开溜，在股票最恐怖的时候买入，这样的操作股票市场又怎么会套住鬼谷子先生呢？每次都买到别人极度恐惧时抛出来的便宜货，鬼谷子又怎么会不赚钱呢？因此，笔者认为，鬼谷子才是一个真正的顶尖炒股高手。

传说中的世纪惊天大阴谋——垃圾银行股

笔者认为，在21世纪的中国证券市场，有一个惊天大阴谋，那就是垃圾银行股！从2008年到2014年，这六年间，深藏不露的主力庄家，为了将银行股打扮成垃圾股、乞丐股，不知用了多少的计谋，比如苦肉计、调虎离山计、离间计、威迫利诱计、声东击西计、欲擒故纵计、暗渡陈仓计、偷梁换柱计，等等，总之，能用的种种计谋，在银行股身上，都用上了。庄家经过艰苦卓越的努力，终于将银行股打到了二三元的垃圾价钱上去了。在这过程中，不知有多少的散户被银行股搞到失望乃至绝望，于是乎纷纷来个挥泪斩马谡，一个个在这几年间，不知不觉地把银行股全部斩掉了，去追貌美如花的“梦露股”、创业板、中小板、题材股了。

哈哈，世间谁不知道阿妈肯定是女人的硬道理呢？但是，“梦露股”超级贵！四五十元一股的有之，甚至过百元一股的也比比皆是。但是，大家有没有想过最美丽的“梦露股”也有老去的那一天。哈哈，现在可好了，“梦露”突然间被人毒死了，投资在“梦露股”身上的投资者现在终于血本无归了。用超级贵的价钱，买了一只死股。大家想想当初为什么会那么笨呢？回过头想想，还不是被银行股的庄家逼的。如果银行股好好的像个人样，不像乞丐那样，又会有谁愿意抛弃它们呢？只有修道修到禅定境界的人，才会达到“空中无色，无受想行识……无眼界乃至无意识界”，才不会被庄家的种种计谋所骗倒。

经过这几年间的折磨，真的只有很少很少的一部分人才会修到禅定的境界，拿住了银行股。大家说，现实中是不是太残酷了呢？这就是在股市中为什么会有这么多人输钱的奥秘了！现在，你们会问我应该买什么股呢？我很老实地告诉你，我只会买未来的“梦露股”。

在海参崴，我在街边发现了三个乞丐，一个母亲带着两个小孩，其中，在母亲的身边有个水灵灵、眼睛大大的小女孩，别人投五元、十元的卢布，她们就已经非常感恩了，我投一百元的卢布，她们就会跪地叩拜感谢！我想如今二三元钱的银行股，正如那乞丐的小女孩，她会一天天成长起来的，这过程虽然比较漫长，但胜在股价够低。用投资语言来说，就是风险极低极低。一个不经意间，十年后，万一她长成了一个"梦露二"呢？大家不要误会，我是说万一，就算退一万步，她长成了一个"梦露万"呢？哈哈，身价也会比现在强很多啊。更何况，母亲怀里的那个，谁说她不会长成一个"小梦露"？

海参崴的三母女

总之，如果一定要我买股票的话，我不用想，肯定会买像这三母女一样的垃圾银行股，因为，这几年间庄家苦心经营，把银行股打造成乞丐股、垃圾股的真正目的已经达到了。庄家这么处心积虑地把它们打扮成乞丐的形象，令所有的投资者都对它们神憎鬼厌。大家说说看，一旦当庄家将所有银行股的筹码从散户口袋里骗到手之后，你们说，庄家将会怎样做呢？我用一句现代流行语告诉大家吧："你懂的！"哈哈哈哈！

第一章

黑马篇

◎开盘竞价找黑马
◎中午休市找黑马
◎终盘找黑马
◎如何发现黑马
◎如何骑黑马
◎炒股要选强势股
◎从成交量中找黑马
◎从调整市道中找黑马
◎大跌之后怎样寻找黑马
◎购并题材将成为沪深两市黑马频出的主要源头
◎如何判断黑马

第一节 开盘竞价找黑马

当天有机会涨停板的黑马股，大多在一早竞价盘开出时就有所表现。我们怎样可以及早发现这些黑马呢？这里有一个方法可以寻找到黑马启动前的蛛丝马迹，供大家参考。

首先我们从竞价盘中找黑马。竞价盘一般在9：15开出到9：25确定，这时离9：30的连续交易时间还差五分钟，我们就要利用这宝贵的五分钟，马上寻找黑马。

竞价盘一开，我们先查一下成交量排行榜的前几名有哪些股票，马上便可以找出若干只成交活跃的股票，然后将这几只股票记下，立即检索一下这些股票是否涨幅在百分之三四以下，把那些涨幅过大的股票撇除，剩下便检查这几只成交活跃涨幅小的股票是否是低位平台或呈旗形突破。如果是，便马上打单追货杀入。当天踩准一只涨停板的股票，第二天一开盘冲高3%~4%，便平仓出局。这样做天天都有10%左右的进账，骑得准做十次就是一个100%的行情，有时追进了一些强庄股，第二天一开盘又是一个涨停板，利润还会高些。

另外，我们要注意的就是成交榜上绿色的股票，这些大多都是放量下跌的股票，所以，我们要主动放弃这些股票，避免买到刚刚放量下跌的弱势股。

	代码	名称	涨幅%	现价	涨跌	买价	卖价	总量↓	现量	涨速%	换手%	今开	最高	最低	昨收	市盈(动)	总金额	量比	细分行业	地区
1	601288	农业银行	-1.33	3.72	-0.05	3.72	3.73	129.2万	482	0.00	0.04	3.76	3.76	3.71	3.77	5.56	4.82亿	3.90	银行	北京
2	601398	工商银行	-1.14	6.09	-0.07	6.09	6.10	983406	138	-0.32	0.04	6.14	6.15	6.08	6.16	7.09	6.00亿	3.10	银行	北京
3	601988	中国银行	-0.98	4.03	-0.04	4.02	4.03	913458	158	0.00	0.04	4.07	4.08	4.01	4.07	5.72	3.68亿	3.88	银行	北京
4	603128	华贸物流	0.51	11.79	0.06	11.79	11.80	698776	156	-1.66	7.67	11.22	12.10	11.12	11.73	38.66	8.13亿	3.76	仓储物流	上海
5	600822	上海物贸	10.02	17.13	1.56	17.13	–	593151	25	0.00	14.97	15.30	17.13	15.16	15.57	343.28	9.89亿	10.29	商贸代理	上海
6	601766	中国中车	1.96	10.39	0.20	10.39	10.40	581770	707	-0.09	0.25	10.18	10.44	10.12	10.19	40.60	6.02亿	3.97	运输设备	北京
7	601011	宝泰隆	7.42	11.00	0.76	11.00	11.01	565496	502	-0.08	4.32	10.67	11.20	10.56	10.24	143.67	6.19亿	7.52	焦炭加工	黑龙江
8	600839	四川长虹	1.04	3.87	0.04	3.87	3.88	518606	911	-0.50	1.12	3.80	3.91	3.77	3.83	80.18	2.00亿	1.95	家用电器	四川
9	601002	晋亿实业	8.45	10.14	0.79	10.13	10.14	495605	100	-0.19	6.25	9.28	10.29	9.28	9.35	44.84	5.03亿	22.20	机械基件	浙江
10	601668	中国建筑	0.64	9.50	0.06	9.50	9.51	488464	72	-0.20	0.16	9.48	9.56	9.45	9.44	7.90	4.65亿	2.00	建筑施工	北京
11	601899	紫金矿业	-0.76	3.94	-0.03	3.93	3.94	461488	15	0.00	0.29	3.98	3.99	3.92	3.97	30.14	1.82亿	2.01	黄金	福建
12	603300	华铁科技	0.74	12.32	0.09	12.31	12.32	431550	42	-0.23	15.52	12.50	12.73	12.30	12.23	87.96	5.40亿	18.20	钢加工	浙江
13	600031	三一重工	2.09	8.32	0.17	8.31	8.32	408088	8	-0.11	0.54	8.13	8.34	8.10	8.15	27.41	3.36亿	5.37	工程机械	湖南
14	601166	兴业银行	-0.90	17.55	-0.16	17.54	17.55	391598	33	-0.10	0.21	17.65	17.65	17.46	17.71	5.77	6.87亿	3.99	银行	福建
15	601086	国芳集团	-5.38	12.49	-0.71	12.49	12.50	374451	32	0.64	23.40	13.20	13.20	12.30	13.20	56.00	4.76亿	5.01	百货	甘肃
16	601939	建设银行	-1.27	7.01	-0.09	7.00	7.01	367821	27	-0.13	0.38	7.09	7.09	6.96	7.10	6.33	2.58亿	4.09	银行	北京
17	600050	中国联通	0.14	7.09	0.01	7.09	7.10	359012	357	-0.13	0.17	7.06	7.11	7.05	7.08	96.53	2.54亿	1.06	电信运营	上海
18	600522	中天科技	2.21	13.89	0.30	13.89	13.91	324594	552	-0.35	1.43	13.59	13.97	13.58	13.59	22.40	4.50亿	3.02	通信设备	江苏
19	600887	伊利股份	3.96	30.97	1.18	30.95	30.97	315540	162	-0.73	0.52	29.91	31.22	29.91	29.79	27.98	9.71亿	3.75	乳制品	内蒙
20	601318	中国平安	3.06	61.92	1.84	61.90	61.92	294684	121	-0.07	0.27	60.00	62.00	59.86	60.08	13.03	18.0亿	2.80	保险	深圳
21	600460	士兰微	1.94	9.48	0.18	9.48	9.49	292778	134	-0.31	2.35	9.25	9.55	9.15	9.30	70.02	2.75亿	2.54	半导体	浙江
22	600018	上港集团	-0.66	7.47	-0.05	7.46	7.47	287902	161	-0.79	0.13	7.42	7.62	7.38	7.52	25.66	2.16亿	1.08	港口	上海
23	601006	大秦铁路	-1.28	9.28	-0.12	9.28	9.29	284411	124	-0.10	0.19	9.33	9.36	9.21	9.40	9.05	2.64亿	3.28	铁路	山西
24	603993	洛阳钼业	-1.11	7.12	-0.08	7.11	7.12	281900	58	-0.13	0.22	7.16	7.18	7.08	7.20	92.07	2.01亿	1.25	小金属	河南
25	600690	青岛海尔	1.94	17.32	0.33	17.32	17.34	280640	157	-0.51	0.46	16.99	17.47	16.89	16.99	11.93	4.84亿	2.91	家用电器	山东

图1-1

我从成交量排行榜（图1-1）中，发现了一只排行第9名的股票——晋亿实业（601002），在短短10分钟内成交量不断放大，于是，我们马上调出该股的K线图，大家请看下图。

图1-2

从图1-2可看出，晋亿实业（601002）在短短15分钟内的成交量就已经超过了前几天每日的成交量，你马上再看，该股的分时图，请大家看下图。

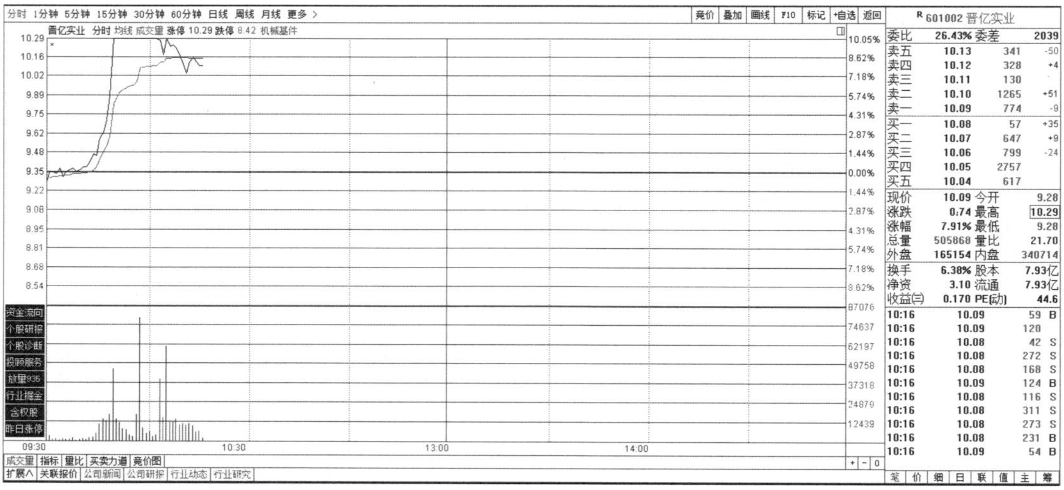

图1-3

从图1-3中，我们可以更加清楚地看到，晋亿实业（601002）在9：30竞价盘开出后到9：40在这短短10分钟里，股价在9.35元到9.50元之间窄幅波动，这个时候投资者就可以大胆地买进。

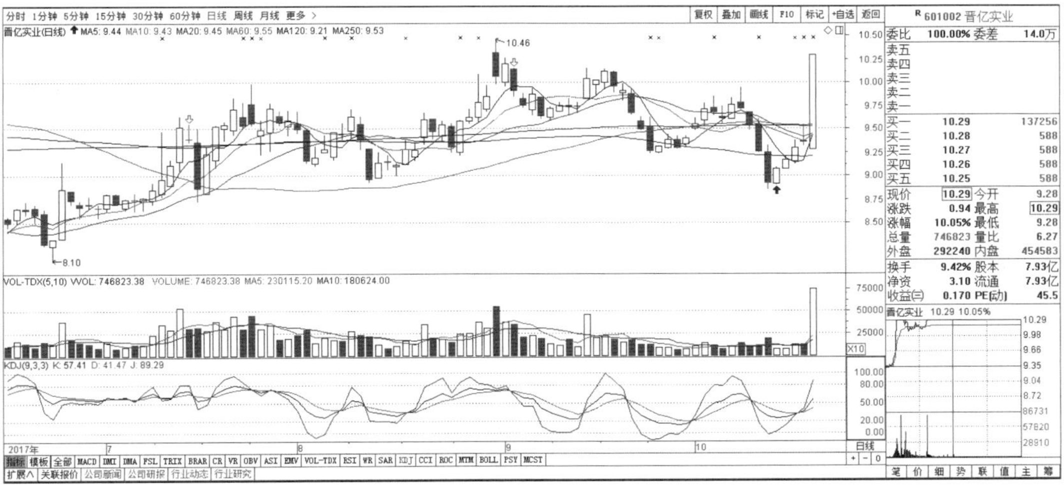

图1-4

如图1-4所示，这是晋亿实业（601002）最后收盘的K线图，到最后收市该股还是以涨停价报收，早盘用9.50元买到的投资者，今天一定已经成功地捕捉了一只黑马。

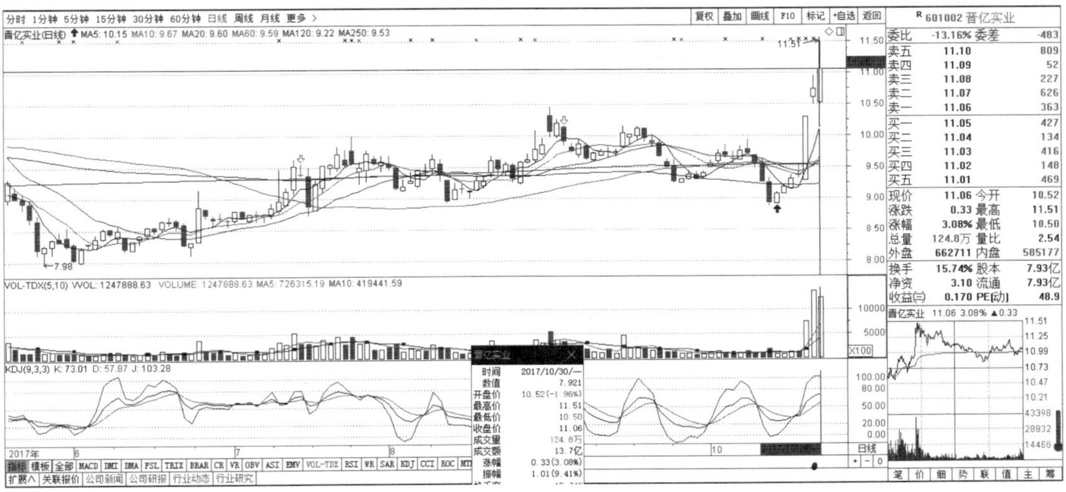

图1-5

如图1-5所示，晋亿实业（601002）涨停后连续两天继续放量上升。所以，成交量是否放大，是判断一只个股是否能继续上升的一个重要标志。

有投资者会问，用成交量去选股，万一找不到当天涨停板的股票怎么办呢？根据桃源多年的实战经验，只要成交量能够有效放大收出红盘的，就算当天不涨停，后市也会继续向上冲击的，下面我们再多选择几只股票进行实战观察。

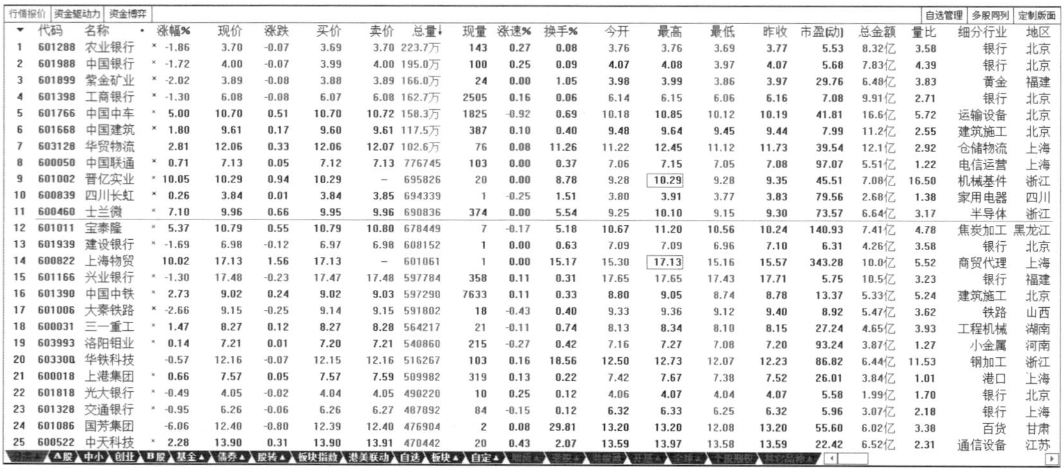

	代码	名称	涨幅%	现价	涨跌	买价	卖价	总量	现量	涨速%	换手%	今开	最高	最低	昨收	市盈(动)	总金额	量比	细分行业	地区
1	601288	农业银行	-1.86	3.70	-0.07	3.69	3.70	223.7万	143	0.27	0.08	3.76	3.76	3.69	3.77	5.53	8.32亿	3.58	银行	北京
2	601988	中国银行	-1.72	4.00	-0.07	3.99	4.00	195.0万	100	0.25	0.09	4.07	4.08	3.97	4.07	5.68	7.83亿	4.39	银行	北京
3	601899	紫金矿业	-2.02	3.89	-0.08	3.88	3.89	166.0万	24	0.00	1.05	3.98	3.99	3.86	3.97	29.76	6.48亿	3.83	黄金	福建
4	601398	工商银行	-1.30	6.08	-0.08	6.07	6.08	162.7万	2505	0.16	0.06	6.14	6.15	6.06	6.16	7.08	9.91亿	2.71	银行	北京
5	601766	中国中车	5.00	10.70	0.51	10.70	10.72	158.3万	1825	-0.92	0.69	10.18	10.85	10.12	10.19	41.81	16.6亿	5.72	运输设备	北京
6	601668	中国建筑	1.80	9.61	0.17	9.60	9.61	117.5万	387	0.10	0.40	9.48	9.64	9.45	9.44	7.99	11.2亿	2.55	建筑施工	北京
7	603128	华贸物流	2.81	12.06	0.33	12.06	12.07	102.6万	76	0.08	11.26	11.22	12.45	11.12	11.73	39.54	12.1亿	2.92	仓储物流	上海
8	600050	中国联通	0.71	7.13	0.05	7.12	7.13	776745	103	0.00	0.37	7.06	7.15	7.05	7.08	97.07	5.51亿	1.22	电信运营	上海
9	601002	晋亿实业	10.05	10.29	0.94	10.29	–	695826	20	0.00	8.78	9.28	10.29	9.28	9.35	45.51	7.08亿	16.50	机械基件	浙江
10	600839	四川长虹	0.26	3.84	0.01	3.84	3.85	694339	1	-0.25	1.51	3.80	3.91	3.77	3.83	79.56	2.68亿	1.38	家用电器	四川
11	600460	士兰微	7.10	9.96	0.66	9.95	9.96	690836	374	0.00	5.54	9.25	10.10	9.15	9.30	73.57	6.64亿	3.17	半导体	浙江
12	601011	宝泰隆	5.37	10.79	0.55	10.79	10.80	678449	7	-0.17	5.18	10.67	11.20	10.56	10.24	140.93	7.41亿	4.78	焦炭加工	黑龙江
13	601939	建设银行	-1.69	6.98	-0.12	6.97	6.98	608152	1	0.00	0.63	7.09	7.09	6.96	7.10	6.31	4.26亿	3.58	银行	北京
14	600822	上海物贸	10.02	17.13	1.56	17.13	–	601061	1	0.00	15.17	15.30	17.13	15.16	15.57	343.28	10.0亿	5.52	商贸代理	上海
15	601166	兴业银行	-1.30	17.48	-0.23	17.47	17.48	597784	358	0.11	0.31	17.65	17.65	17.43	17.71	5.75	10.5亿	3.23	银行	福建
16	601390	中国中铁	2.73	9.02	0.24	9.02	9.03	597290	7633	0.11	0.33	8.80	9.05	8.74	8.78	13.37	5.33亿	5.24	建筑施工	北京
17	601006	大秦铁路	-2.66	9.15	-0.25	9.14	9.15	591802	18	-0.43	0.40	9.33	9.36	9.12	9.40	8.92	5.47亿	3.62	铁路	山西
18	600031	三一重工	1.47	8.27	0.12	8.27	8.28	564217	21	-0.11	0.74	8.13	8.34	8.10	8.15	27.24	4.65亿	3.93	工程机械	湖南
19	603993	洛阳钼业	0.14	7.21	0.01	7.20	7.21	540860	215	-0.27	0.42	7.16	7.27	7.08	7.20	93.24	3.87亿	1.27	小金属	河南
20	603300	华铁科技	-0.57	12.16	-0.07	12.15	12.16	516267	103	0.16	18.56	12.50	12.73	12.07	12.23	86.82	6.44亿	11.53	钢加工	浙江
21	600018	上港集团	0.66	7.57	0.05	7.57	7.59	509982	319	0.13	0.22	7.42	7.67	7.38	7.52	26.01	3.84亿	1.01	港口	上海
22	601818	光大银行	-0.49	4.05	-0.02	4.04	4.05	490220	10	0.25	0.12	4.06	4.07	4.04	4.07	5.58	1.99亿	1.70	银行	北京
23	601328	交通银行	-0.95	6.26	-0.06	6.26	6.27	487892	84	-0.15	0.12	6.32	6.33	6.25	6.32	5.96	3.07亿	2.18	银行	上海
24	601086	国芳集团	-6.06	12.40	-0.80	12.39	12.40	476904	2	0.08	29.81	13.20	13.20	12.08	13.20	55.60	6.02亿	3.38	百货	甘肃
25	600522	中天科技	2.28	13.90	0.31	13.90	13.91	470442	20	0.43	2.07	13.59	13.97	13.58	13.59	22.42	6.52亿	2.31	通信设备	江苏

图1-6

我们再看图1-6，发现了一只排行第11名的股票——士兰微（600460），该股开盘就马上放量，于是，我们进行跟踪。

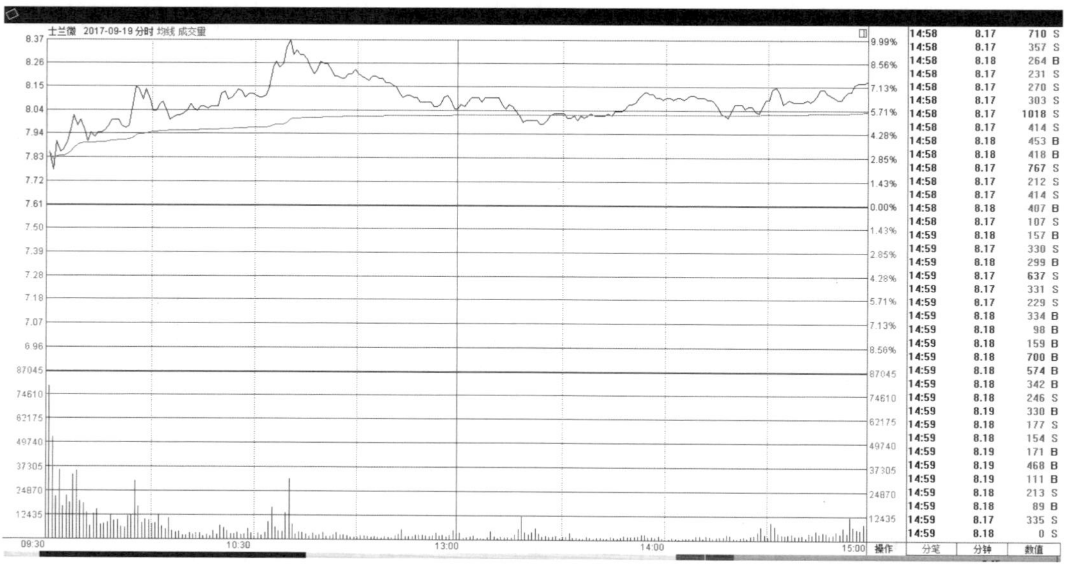

图1-7

从士兰微（600460）的分时图（图1-7）中可以发现其成交不断放大，这就是我们需要寻找的黑马。

图1-8

请看图1-8，士兰微（600460）虽然没有涨停，但是，箭头所指，成交量成倍放大。

图1-9

如图1-9所示，从当天的收盘价，我们发现士兰微（600460）并没有涨停报收，但是，成交量却是较昨日放大，并且，形成底部放量突破。对于这种没有涨停，但成交量放大的个股，我们认为还是可以买进的，买进后该股继续强劲上升。因此，日后我们一定要找到放量上升的股票，才能买入。

由于是追涨，虽然能骑上快马，但代价是风险高。那么，怎样才可以控制风险呢？

这里有一个条件是股民必须谨记的，就是千万不要追那些连升多天的股票。这些股票当天有可能继续再升，但是这些个股风险高，代价太大。长期搏杀下去，做10次有3次摸到个顶部，就有可能将赚的利润全部输光。不过如果你每次都是追那些低位平台或旗形突破的股票，万一你追错，该股假突破后回落，这时你立即将该单短线变长线，只要耐心守一下，你买到的是庄家的成本价，日后该股还是会升破你介入的价位。你的这张单最终还是会变成赢单。如果你追进的股票立即上升，你的资金周转率会大大提高。

现在是大牛市行情，就算是大盘向下调整，每天都仍会有不少黑马跑出。只要股民善于总结，是不难找出黑马临升前的蛛丝马迹，做得多自然便会得心应手。

另外，请大家注意，有一种情况是不能买入的，那就是放量收绿盘的个股，千万不要买，这种情况一般都是庄家出货的迹象，例如，请大家看下图。

行情报价 | 资金驱动力 | 资金博弈　　　　自选管理 | 多股同列 | 定制版面

▼	代码	名称	•	涨幅%	现价	涨跌	买价	卖价	总量↓	现量	涨速%	换手%	今开	最高	最低	昨收	市盈(动)	总金额	量比	细分行业	地区
1	601288	农业银行	×	-1.86	3.70	-0.07	3.69	3.70	223.7万	143	0.27	0.08	3.76	3.76	3.69	3.77	5.53	8.32亿	3.58	银行	北京
2	601988	中国银行	×	-1.72	4.00	-0.07	3.99	4.00	195.0万	100	0.25	0.09	4.07	4.08	3.97	4.07	5.68	7.83亿	4.39	银行	北京
3	601899	紫金矿业	×	-2.02	3.89	-0.08	3.88	3.89	166.0万	24	0.00	1.05	3.98	3.99	3.86	3.97	29.76	6.48亿	3.83	黄金	福建
4	601398	工商银行	×	-1.30	6.08	-0.08	6.07	6.08	162.7万	2505	0.16	0.06	6.14	6.15	6.06	6.16	7.08	9.91亿	2.71	银行	北京
5	601766	中国中车	×	5.00	10.70	0.51	10.70	10.72	158.3万	1825	-0.92	0.69	10.18	10.85	10.12	10.19	41.81	16.6亿	5.72	运输设备	北京
6	601668	中国建筑	×	1.80	9.61	0.17	9.60	9.61	117.5万	387	0.10	0.40	9.48	9.64	9.45	9.44	7.99	11.2亿	2.55	建筑施工	北京
7	603128	华贸物流		2.81	12.06	0.33	12.06	12.07	102.6万	76	0.08	11.26	11.22	12.45	11.12	11.73	39.54	12.1亿	2.92	仓储物流	上海
8	600050	中国联通	×	0.71	7.13	0.05	7.12	7.13	776745	103	0.00	0.37	7.06	7.15	7.05	7.08	97.07	5.51亿	1.22	电信运营	上海
9	601002	晋亿实业	×	10.05	10.29	0.94	10.29	–	695826	20	0.00	8.78	9.28	10.29	9.28	9.35	45.51	7.08亿	16.50	机械基件	浙江
10	600839	四川长虹	×	0.26	3.84	0.01	3.84	3.85	694339	1	-0.25	1.51	3.80	3.91	3.77	3.83	79.56	2.68亿	1.38	家用电器	四川
11	600460	士兰微	×	7.10	9.96	0.66	9.95	9.96	690836	374	0.00	5.54	9.25	10.10	9.15	9.30	73.57	6.64亿	3.17	半导体	浙江
12	601011	宝泰隆	×	5.37	10.79	0.55	10.79	10.80	678449	7	-0.17	5.18	10.67	11.20	10.56	10.24	140.93	7.41亿	4.78	焦炭加工	黑龙江
13	601939	建设银行	×	-1.69	6.98	-0.12	6.97	6.98	608152	1	0.00	0.63	7.09	7.09	6.96	7.10	6.31	4.26亿	3.58	银行	北京
14	600822	上海物贸		10.02	17.13	1.56	17.13	–	601061	1	0.00	15.17	15.30	17.13	15.16	15.57	343.28	10.0亿	5.52	商贸代理	上海
15	601166	兴业银行	×	-1.30	17.48	-0.23	17.47	17.48	597784	358	0.11	0.31	17.65	17.65	17.43	17.71	5.75	10.5亿	3.23	银行	福建
16	601390	中国中铁	×	2.73	9.02	0.24	9.02	9.03	597290	7633	0.11	0.33	8.80	9.05	8.74	8.78	13.37	5.33亿	5.24	建筑施工	北京
17	601006	大秦铁路	×	-2.66	9.15	-0.25	9.14	9.15	591802	18	-0.43	0.40	9.33	9.36	9.12	9.40	8.92	5.47亿	3.62	铁路	山西
18	600031	三一重工	×	1.47	8.27	0.12	8.27	8.28	564217	21	-0.11	0.74	8.13	8.34	8.10	8.15	27.24	4.65亿	3.93	工程机械	湖南
19	603993	洛阳钼业	×	0.14	7.21	0.01	7.20	7.21	540860	215	-0.27	0.42	7.16	7.27	7.08	7.20	93.24	3.87亿	1.27	小金属	河南
20	603300	华铁科技		-0.57	12.16	-0.07	12.15	12.16	516267	103	0.16	18.56	12.50	12.73	12.07	12.23	86.82	6.44亿	11.53	钢加工	浙江
21	600018	上港集团	×	0.66	7.57	0.05	7.57	7.59	509982	319	0.13	0.22	7.42	7.67	7.38	7.52	26.01	3.84亿	1.01	港口	上海
22	601818	光大银行	×	-0.49	4.05	-0.02	4.04	4.05	490220	10	0.25	0.12	4.06	4.07	4.04	4.07	5.58	1.99亿	1.70	银行	北京
23	601328	交通银行	×	-0.95	6.26	-0.06	6.26	6.27	487892	84	-0.15	0.12	6.32	6.33	6.25	6.32	5.96	3.07亿	2.18	银行	上海
24	601086	国芳集团		-6.06	12.40	-0.80	12.39	12.40	476904	2	0.08	29.81	13.20	13.20	12.08	13.20	55.60	6.02亿	3.38	百货	甘肃
25	600522	中天科技	×	2.28	13.90	0.31	13.90	13.91	470442	20	0.43	2.07	13.59	13.97	13.58	13.59	22.42	6.52亿	2.31	通信设备	江苏

分类▲ | A股 | 中小 | 创业 | B股 | 基金▲ | 债券▲ | 股转▲ | 板块指数 | 港美联动 | 自选 | 板块▲ | 自定▲

图1-10

图1-10中排名第二的中国银行（601988），当天早盘放量下跌，这种股票不能买。

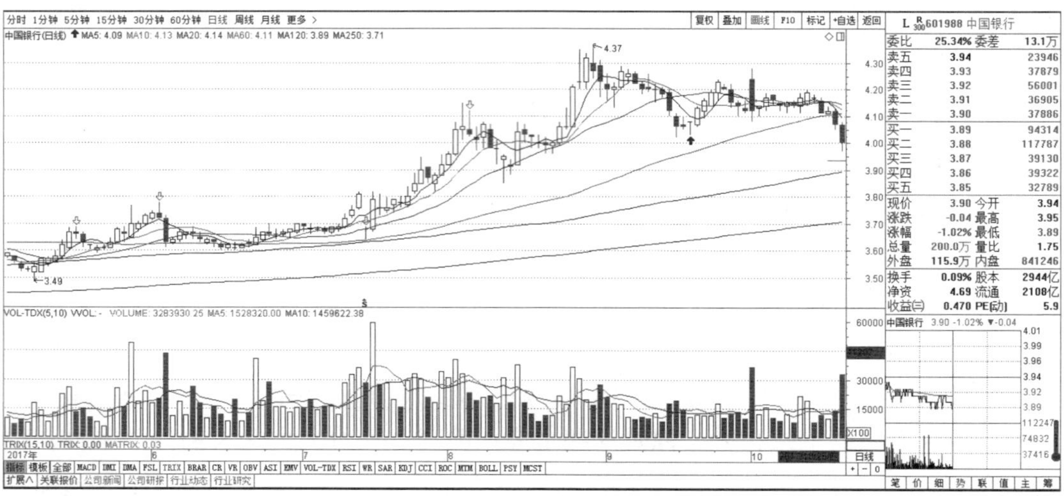

图1-11

如图1-11所示，从当天中国银行（601988）走势来看，全天差不多以最低价收市。如果早盘马上买进，现在已经被套。

图1-12

如图1-12所示，我们从中国银行（601988）之后的行情走势来看，虽然该股有两天反弹，但也要输手续费抛出，如果没有及时卖出，亏损将会继续加大。所以，放量收绿盘的股票，短线千万不能买进。当天，我们看到整个银行板块都是放量收绿盘，从银行板块后市走向来看，大多数都好不到哪里去。

第二节
中午休市找黑马

大盘经过上午2个小时的多空搏杀，中午休市，当你查看盘口，这时你会发现有一类股票走势相当奇特。当天上午无论大市升升跌跌或是大幅上下震荡，仿佛与它无关。这类股票从开盘到中午收市，在分时图上，看到的是一条好像人工用尺子画过的横线一样直。

为什么会出现这样的股票呢？是因为有以下几种情形。第一类是庄家将该股拉抬到高位时，发觉没有多少散户跟进，于是便缩量横盘日日做好尾市，给人一种上升通道的感觉，待日后有利好出台时才放量拉高出货。第二类是庄家连续几天打压该股，刚好到了底部，这时庄家没有出货，而散户却是不断地卖出，庄家在某个价位上多多都要货。上述两类股票一般都会等到下午2时后才会有几百手的单来拉高，而且拉高的幅度不会太大。第三类是比较多见的一类，就是庄家已经在低价区吸饱了筹码，临大拉前摆出一副软弱无力的样子，来骗取那些不耐烦的股民抛出手中的筹码。庄家心知，在低位上下整理时，已经折磨透了不少股民的耐心，现在庄家很有技巧地将价位放在平台顶部上横盘，引诱那些在低位食到货的短线盘抛出。因为庄家知道，该股一向给广大股民一种弱势无庄的印象，庄家现在不拉该股便不升。但在那横盘线上，你抛多少货，庄家都照单全收，才会出现这类画横线不升的股票。当你查到这类股票，又发现股价在日K线图上刚好在平台顶部附近时，下午一开盘应果断大胆打单杀入。这类股票最多横盘到14：30必定有戏看，早的可能在下午开盘15分钟后。一般该类股票最重要的起动标志是突然间有上千手的大买单杀进打破闷局，然后是连续多单几百手的成交将该股拉高；有个别庄家是用左手交给右手的方法，突然出上千手的货把该股打低几分，然后才正式拉抬。这类经过打压震仓的股票，升上来一般都非常之有力，而且会拉得高，拉的时间会较长。

上述三种类型的股票，风险最大的是第一类，跟入这类股票要特别小心处理，一不对路便要下好止蚀单出货。第二类虽然会买到最低价，但是，日后还会经过庄家多次洗盘打压，抓到的大多都是慢马。第三类虽然是买到平台的最高价，但是，大多是黑马临启动前的一刻，而且风险不大，值得一搏。

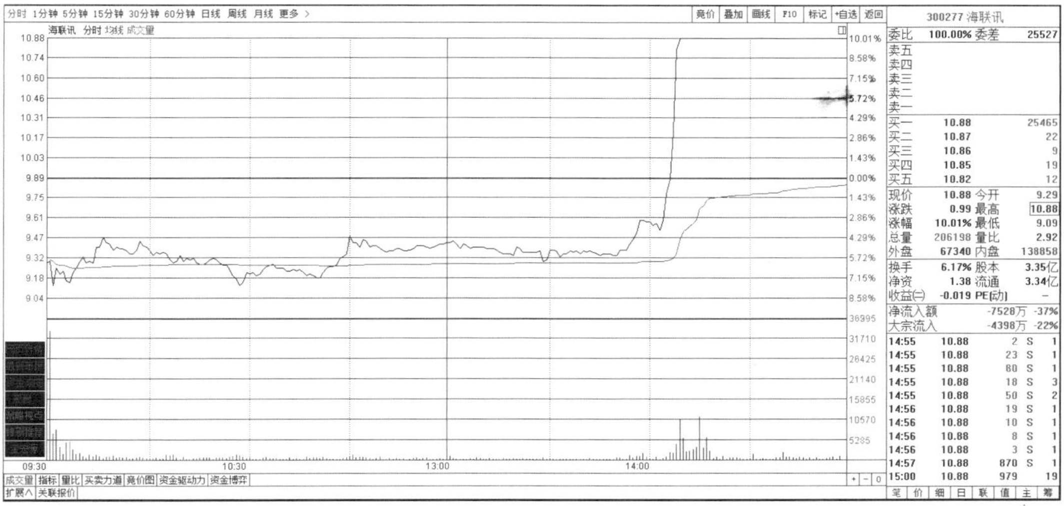

图1-13

如图1-13，海联讯（300277）整个上午都没有动作，股价做横向整理，一直到下午2点左右庄家才发力上攻。

图1-14

如图1-14所示，海联讯（300277）现在刚好在底部完成两个冲高的动作，后市将会进入加速冲高的阶段。

图1-15

如图1-15所示，海联讯（300277），第二天继续涨停。

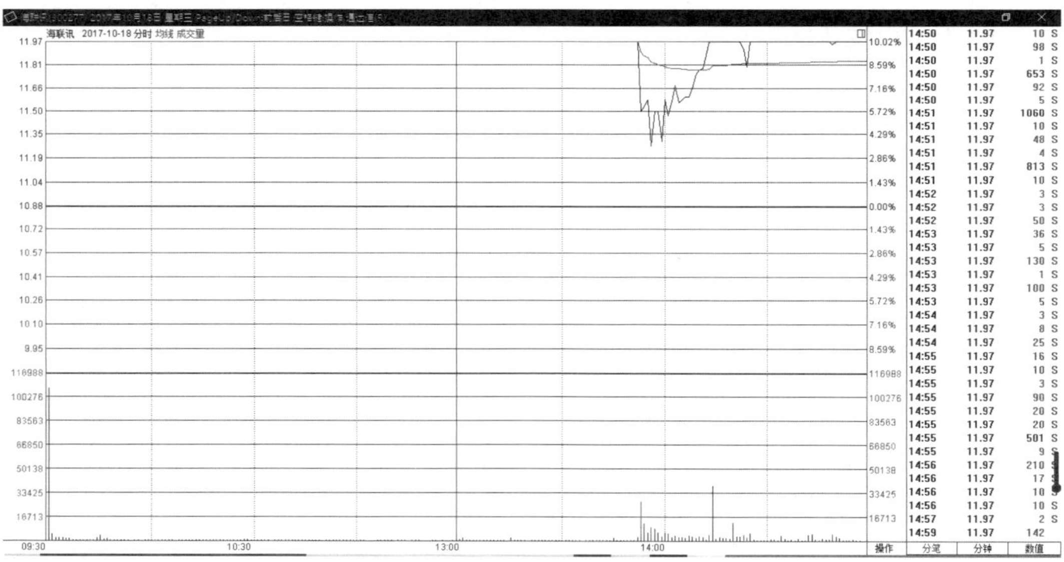

图1-16

如图1-16所示，虽然海联讯（300277）第二天继续涨停，但是细心的投资者会发现，涨停板打开了两次。

图1-17

如图1-17所示，海联讯（300277），第三天继续涨停。

图1-18

如图1-18所示，海联讯（300277）在第三个涨停的时候，再次打开涨停，让大众投资者可以买进，这样不是一件好事，聪明的投资者这时候应该果断出货，就算今天不出货，明天冲高也要出货。

图1-19

如图1-19所示，海联讯（300277）冲高乏力，收市低过昨天的涨停价。

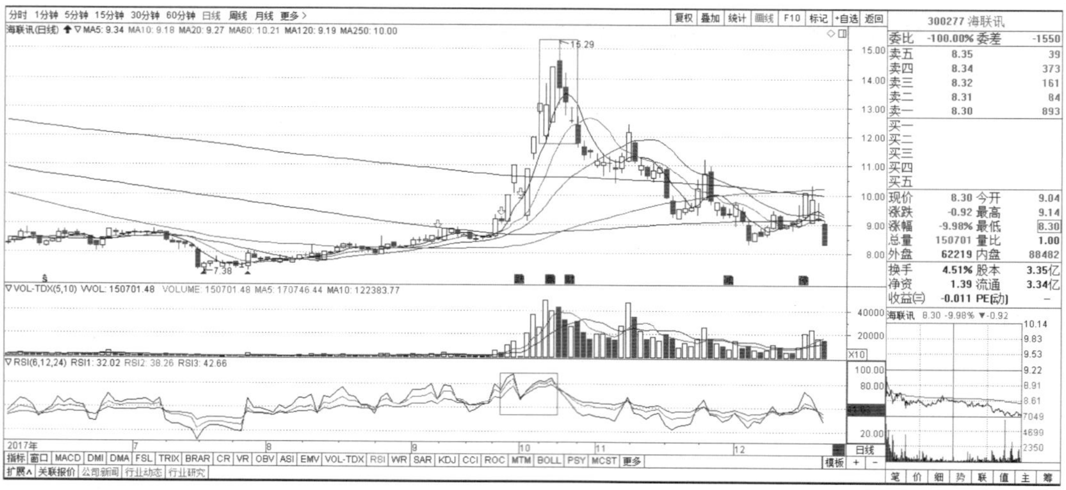

图1-20

如图1-20所示，海联讯（300277）最后做了一个垂死挣扎，再往上冲高一下之后，就不断走出了一波下跌行情。所以，当大家发现有问题的时候，先获利了结还是非常正确的。

第三节
终盘找黑马

大盘收市，行情归于平静。入夜，有电脑接收股市的骑士又为寻找黑马而忙碌。茫茫草原黑马难寻，那么，我们怎样才能用正确的方法在终盘以后找到黑马的踪影？下面笔者介绍一些方法。

一、有突破性缺口的股票

经过长时间的横盘打压震仓吸筹的股票，当庄家吸饱了筹码之后，就到了发力上攻的时候。由于横盘的时间长，一旦爆发上升行情，都会在股价形态上出现突破性缺口，有突破性缺口的股票，亦讲明该股日后会有利好消息支持。因而，如果当晚发现有突破性缺口的股票便可列为黑马对象。当发现有这种缺口股票时，我们应该怎样骑上呢？一般我们在第二天开盘后，要先观察一下这些缺口股票，不要急于骑上。因为，第二天都是这些缺口股票回试的时候，真正有实力的庄家一般都不会回补缺口，我们等到临收市10分钟基本上确定该股不能回补缺口时，才打单跟进。这样做一方面确认该股有效突破，上升有保证；另一方面还可以买到一个较低价避免盲目追高。买了这些有效突破的股票抓上15个交易日，一般都有30%以上的利润。

图1–21

如图1-21所示，雅化集团（002497）在2017年7月6日当天，有一个跳空缺口，这种就是明显的向上突破缺口，而且股价刚好突破横盘顶部。

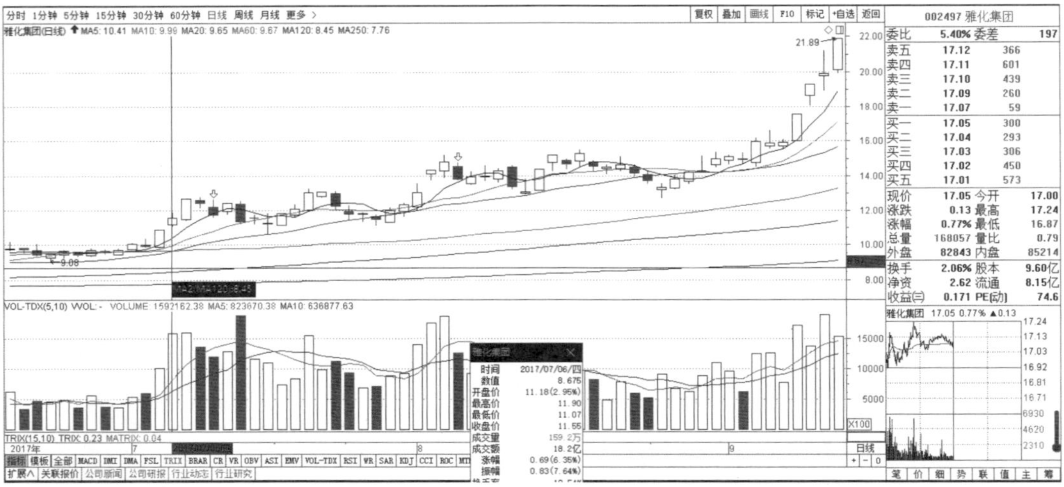

图1-22

如图1-22所示，雅化集团（002497）股价在7月6日是向上突破缺口，之后经过两个多月的拉升，股价从14元上升到21元。

二、与大盘背道而驰的股票

当大盘上升了一个100%的行情时，有些个股却是原地踏步，这些与大盘严重背道而驰的股票，你一定要冷静分析。如果这些股票不是出现严重亏损或受重大利空消息影响，其中还发现有业绩相当好的股票在内，这里可能存在一个重大阴谋——庄家用一种非常老道的手法来吸筹，大盘日日上升，而该股却日日下跌甚至打回原形。庄家的目的是威逼那些意志不坚定的投资者斩仓出局、迫使短线客不敢买进，同时亦严重残酷折磨长线投资者的持股信心。当庄家吸饱筹码以后，其拉升幅度一定令投资者叹为观止。所以，当你发现与大盘背道而驰的股票时，一定要认真鉴别，这些死气沉沉的股票，日后必定是大黑马。

图1-23

如图1-23所示，在2017年10月17日当天，上证指数收阴十字星。

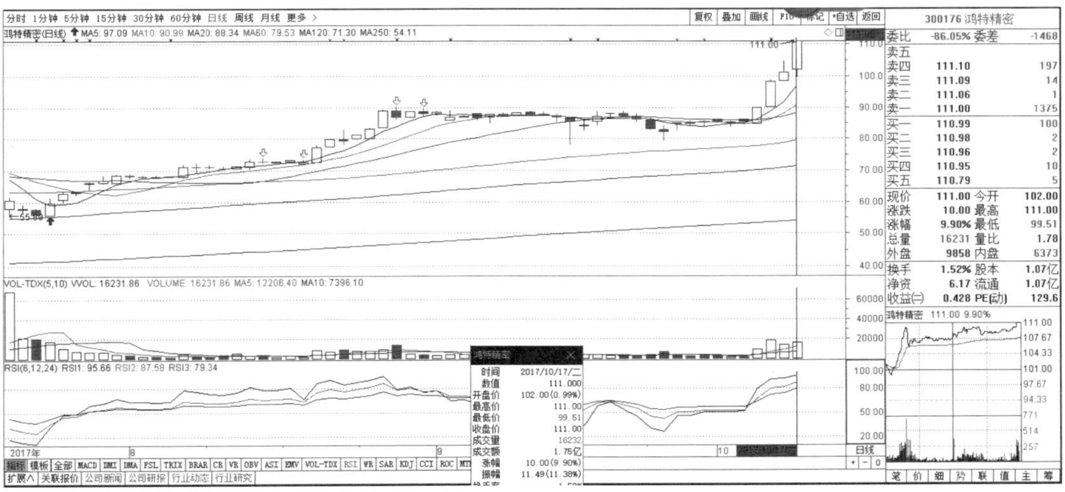

图1-24

如图1-24所示，虽然在2017年10月17日当天，上证指数收阴十字星，但是，鸿特精密（300176）（现已更名为“鸿特科技”，A股代码不变）逆市收红盘，这也是同大盘走势背离的股票，值得关注。之前该股盘整了两个多月的死气沉沉的行情，持有该股的投资者，应该心有体会。

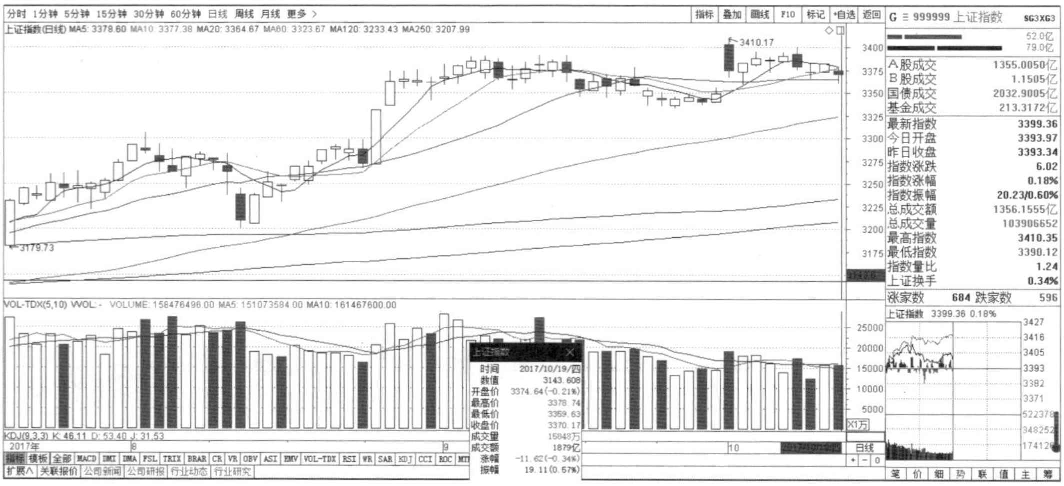

图1-25

如图1-25所示，2017年10月19日至20日，上证指数连续两天，大盘收小阴小阳的十字星。

图1-26

如图1-26所示，鸿特精密（300176）连续再拉两条阳线。

三、RSI出现底背驰的股票

庄家在低位打压震仓，其目的是迫使大众投资者抛出手中筹码，而庄家自己却暗中吸货，所以在打压过程中经常出现底背驰现象。其最大特点就是股价不断下跌，而RSI不跟着下跌，反而上升，这就是庄家暗中吸筹的表现。这时，不要被日日下跌的恐惧气氛所吓倒。特别是那些在严重超卖区出现底背驰的股票，第二天开盘让该股再顺势向下一冲，就应大胆吸纳，这些股票很快便会上升。

图1-27

如图1-27所示，波导股份（600130）从9元一路杀跌到4.95元，RSI技术指标并没有跟随一路走低，我们清楚地看到，RSI严重背离了股价一步一步走高。

图1-28

如图1-28，波导股份（600130）在随后两天股价马上拉升，从短线来说，股价已经见底，但是从中长期来看，该股是否真正的见底？

图1-29

如图1-29所示，我们通过波导股份（600130）7月至10月这四个月的股价走势来看，该股基本上没有跌破4.95元的最低价，从RSI出现底背离之后，波导股份不断稳步走高。

四、成交量温和放大的股票

在日K线图上，有一类股票处于上升通道中，均线系统平稳地承托着股价，而成交量却逐日温和放大，股价连续两天呈小升状态，这种图形便是黑马临启动前的一大特征。这种多头排列的情况，离大拉时日不远。一旦发现这种股票，第二天竞价盘开出便可以果断打单进场，抓上一些时日会有可观的利润。

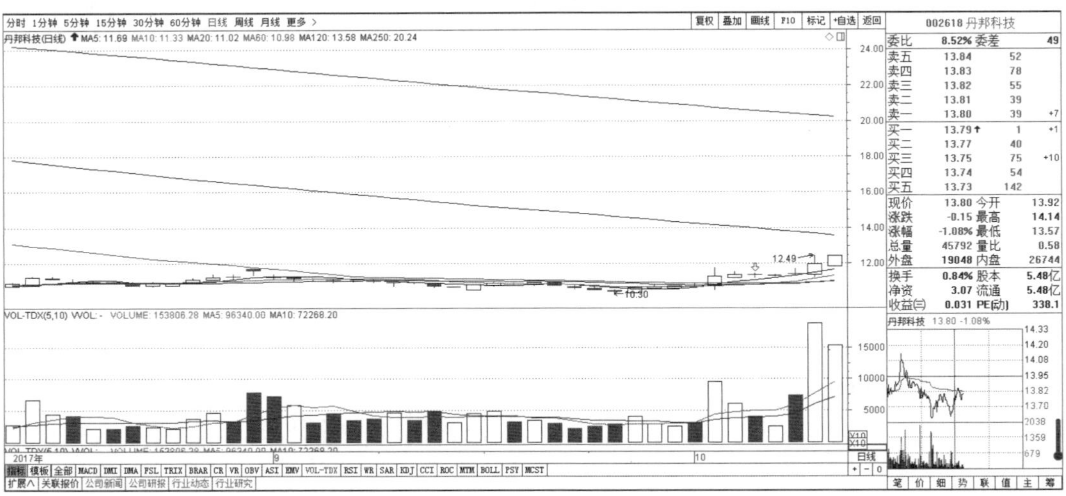

图1-30

如图1-30所示，丹邦科技（002618）两天温和放量，股价慢慢盘升，并且，突破盘整的顶部。对于这种股票，我们认为，该股将会拉升。

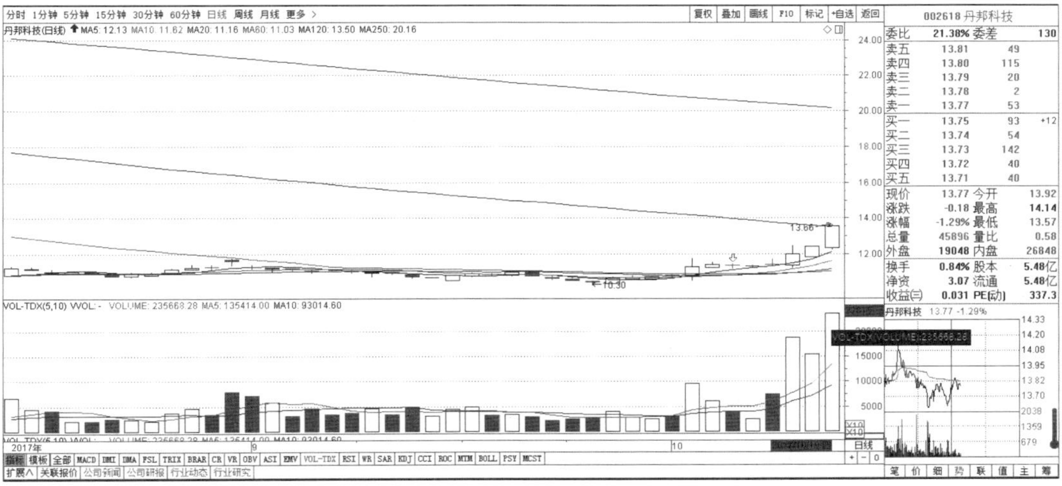

图1-31

如图1-31所示，果然，丹邦科技（002618）在第二天拉出中阳线。按目前股价和量能情况来判断，该股可以中线持有。

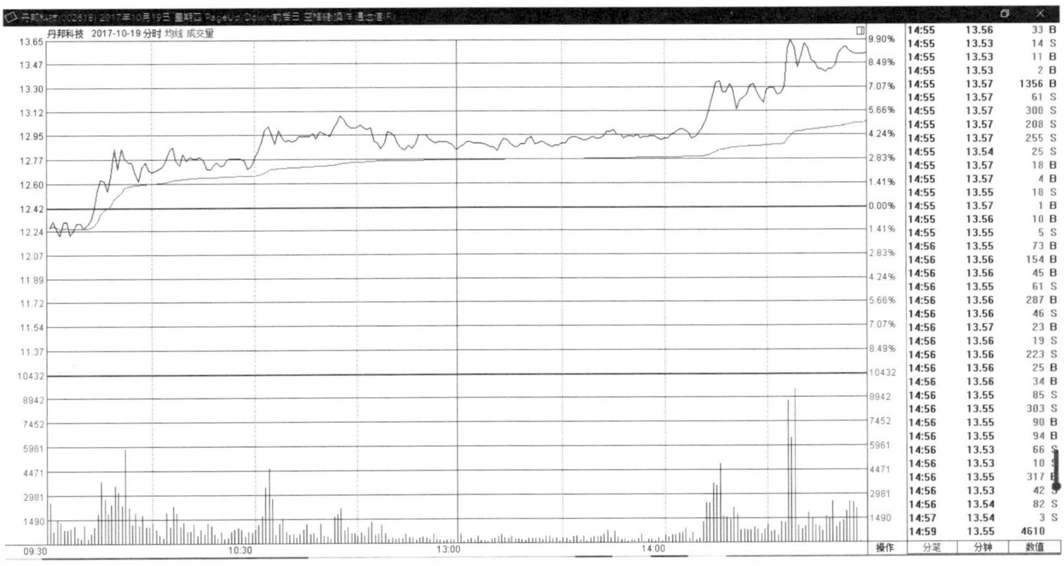

图1-32

从丹邦科技（002618）的分时图（图1-32）上看更加清楚，当天开盘基本上是最低位。

第四节

如何发现黑马

大势转好，行情变幻莫测，不少人往往赚了指数，但赚不到钱。难怪很多股民慨叹做股票难，发现“黑马”更难。那么怎样才能发现“黑马”呢？下面笔者向大家介绍一些寻找黑马的方法。

一、在大盘下跌时发现“黑马”

大势调整大盘向下跌，按理大多数个股都应该收出阴线，但是，这时如果有个别股在逆势中飘出红盘，成交量也温和地相应放大，那这些股票要特别注意，日后必定能成为“黑马”。如在2017年8月11日，大盘大跌，我们从众多下跌的股票中，发现了一只个股——百利科技（603959）——没有跟随大盘大跌，反而在逆势中飘红，而且成交量也温和放大。近日大势好转，这些股票都有突出的表现。

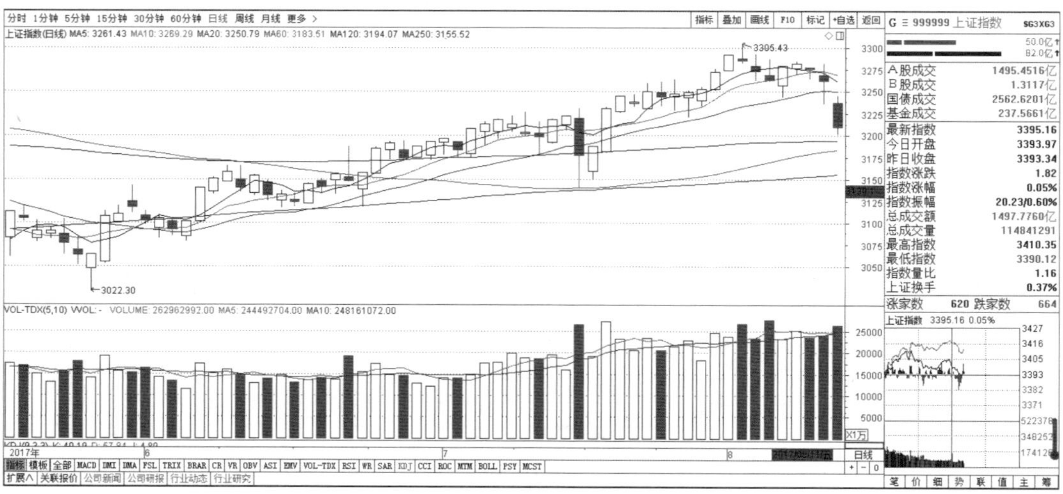

图1–33

如图1–33所示，2017年8月11日，上证指数大跌。

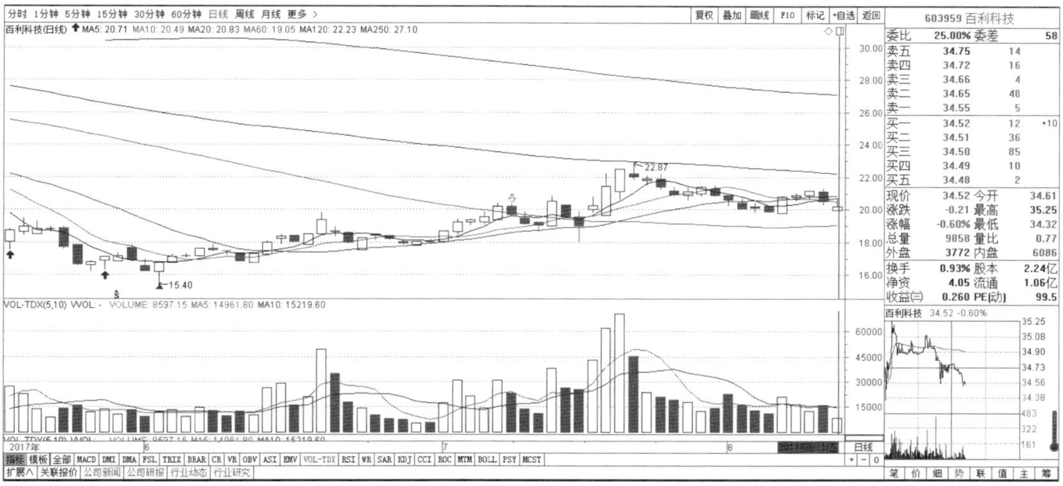

图1-34

如图1-34所示，百利科技（603959）在逆势中飘红，虽然这个红盘很小，但是同大盘的大跌相比，它却极为罕见，所以我密切关注该股的后续走向，第二天，我建议客户大胆买入。

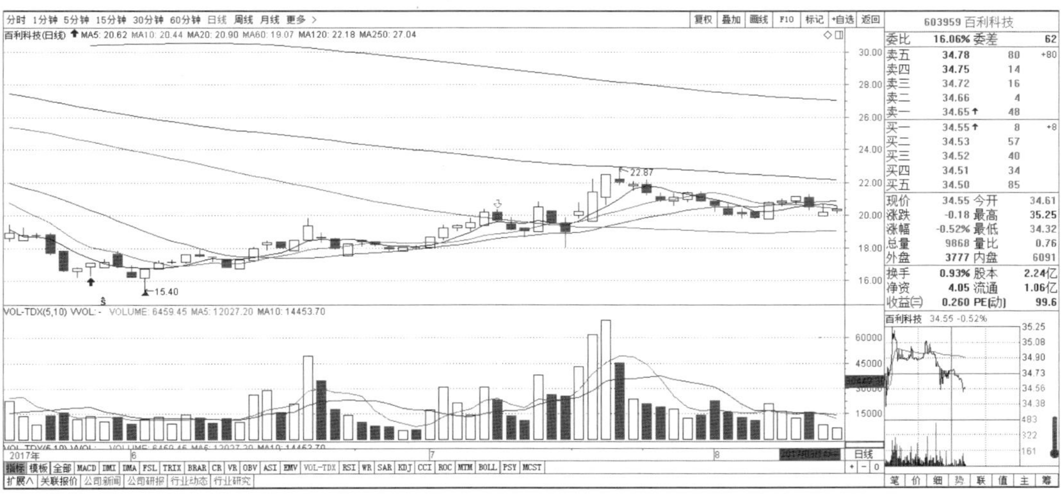

图1-35

如图1-35所示，百利科技（603959）第二天买入后，没有再创新低，我建议客户耐心持股。

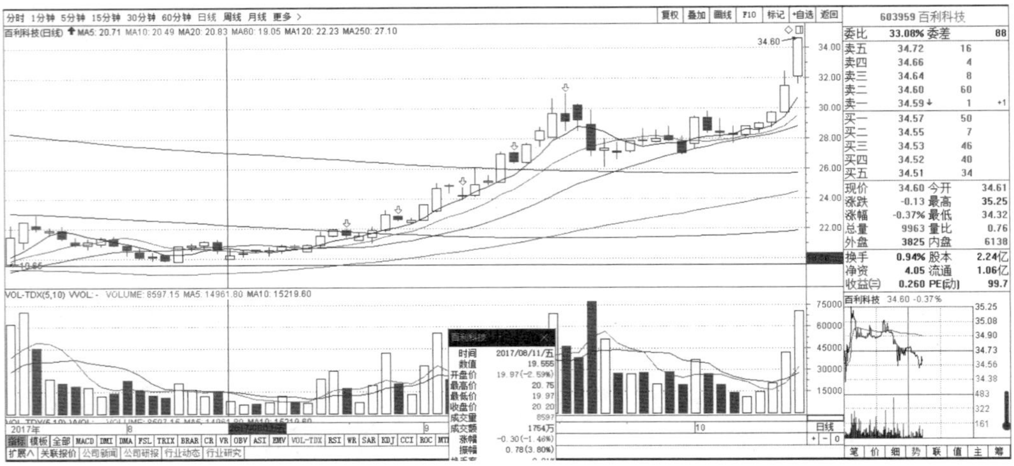

图1-36

果然，耐心持有一段时间之后，百利科技（603959）股价走出了标准的上升通道，每个跟随买进的客户，都开心地赚钱了。

二、从个股横盘整理中发现“黑马”

一般情况下股价横盘，就说明下档有承接力。庄家暗暗吸货，但又不拉高，这才出现横盘整理的行情，但是怎样才能知道庄家在暗中吸货呢？例如复星医药（600196）这只股票向下打压，出现反弹行情，技术指标日KDJ值冲上高位后突然发出卖出信号，但是，这些股票的股价却不是跟着技术指标一齐下跌，而是在一个股价区间进行横盘，而且在横盘过程中，庄家还多次利用高开向下震仓等手法进行洗盘，可股价却被一股莫名其妙的力量承托着。这时，便可确定这些股票就是“黑马”，横盘时间越长，庄家吸筹就越充分。当这些股票放量上攻之时，就可以大胆地打单跟进。这些股票抓上个把月基本上有20%以上的利润。

图1-37

如图1-37所示，复星医药（600196）KDJ有两次发出明显的卖出信号，但是，股价并没有真正的大跌。对于这种股票，我们就要密切关注了，以后有可能变成黑马。

图1-38

如图1-38所示，复星医药（600196）经过一个多月的慢慢爬升，股价不知不觉地上升了20%。

三、从坏消息中发现“黑马”

一般个股出现坏消息，股价都会下跌，甚至会出现跌停板。但是在跌停板的股票里往往有不少“黑马”跑出。例如，ST锐电（601558），该股从2016年6月公布亏损，股价从2.85元跌到1.39元，每听到一次亏损，股价就马上跌停，下跌非常恐怖。

这只股票当它们公布业绩出现严重亏损时，股票当天都以跌停板开盘，全国各地持有该股的股民都恐慌性地纷纷在跌停板价上填单抛售，而当股价跌到1.39元时，却有几百手、几千手的买盘暗中吃货。该股横盘了两个多月，庄家在暗中默默吸纳筹码。当庄家吃饱了该股筹码之后，便会发力拉抬。那么，对于这类黑马，我们怎样上马呢？一般庄家临拉抬前，还会利用市场对该股的恐慌心态，进一步洗清筹码，进行第二次震仓，当股价打压下来不再创新低之后站稳时，我们便可以大胆跟进。这正符合了《孙子兵法》中的兵不厌诈、出奇制胜。

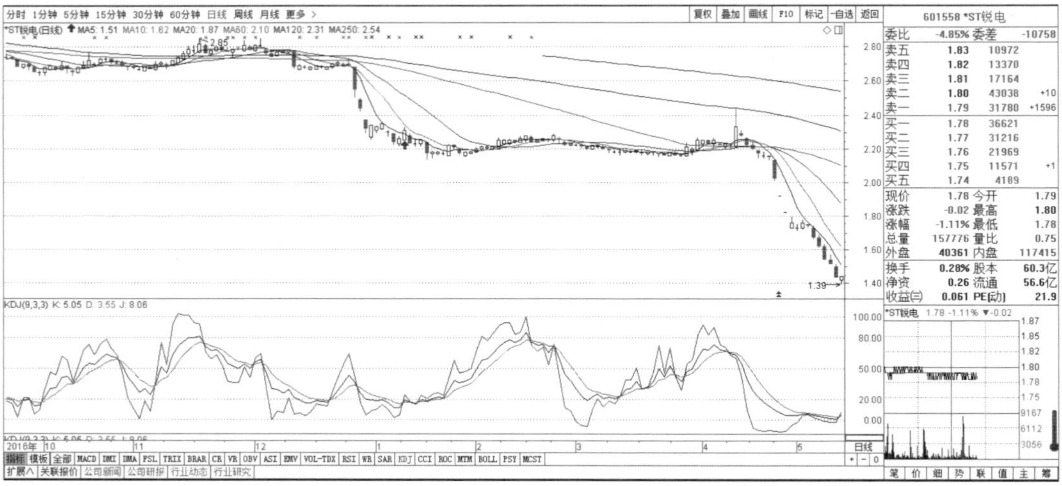

图1-39

如图1-39所示，ST锐电（601558）从2016年6月公布亏损，股价从2.85元跌到1.39元，每听到一次亏损，股价就马上跌停，下跌非常恐怖。

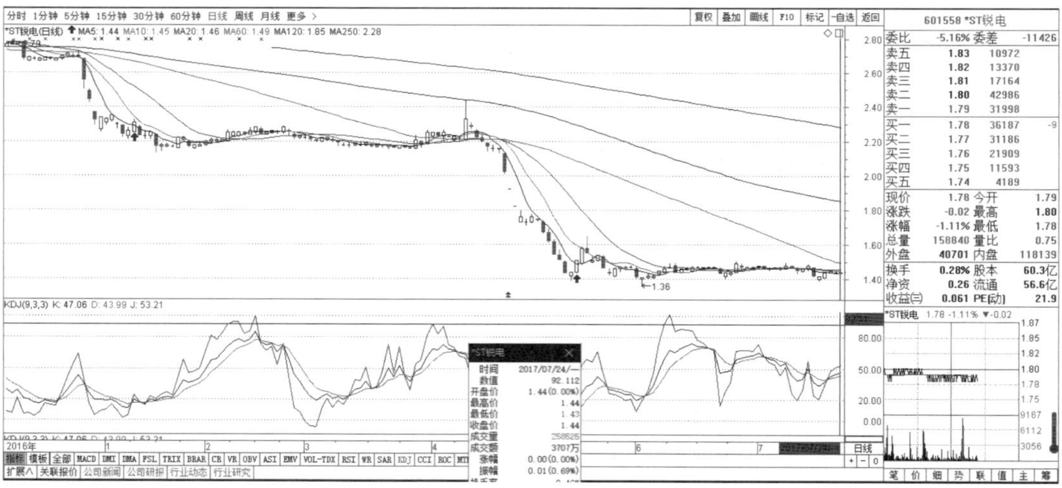

图1-40

如图1-40所示，ST锐电（601558）横盘了两个多月，庄家在暗中默默吸纳筹码。这个时候，我们散户朋友就可以买进了。

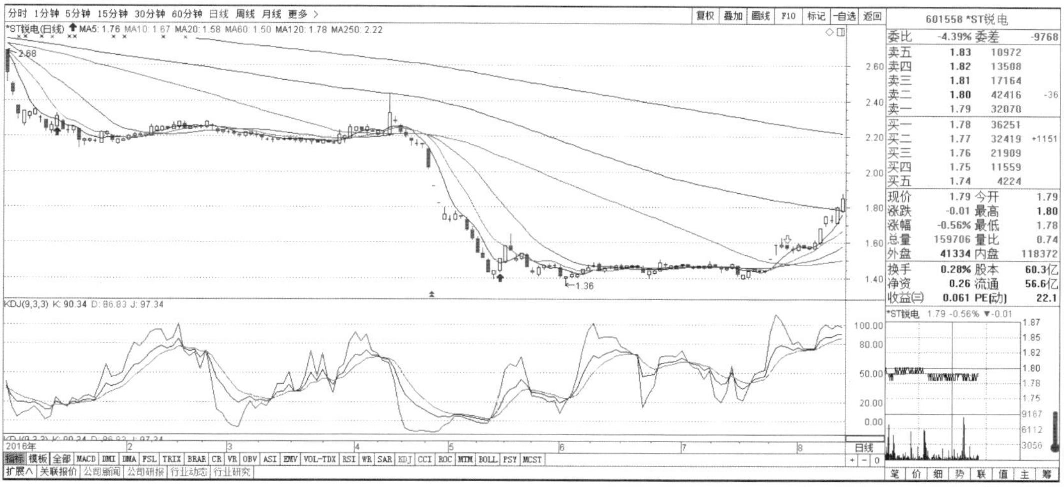

图1–41

如图1–41所示，我们看到ST锐电（601558）横盘两个月之后，两个涨停高开高走。

四、从盘整中发现超跌“黑马”

大盘调整有些股票跌得特别深，往往成倍于指数的跌幅，这时就可留意该股的动向，这可能是主力庄家为了营造一种空头气氛而设的陷阱，庄家利用股民的恐慌心态，实行打压吸筹。当这些股票打压到一个区间跌不下去时，便可立即跟进，由于是超跌股，差价利润亦会丰厚，因此，当市场出现矫正行情时，这些超跌股票都会成为短线“黑马”。

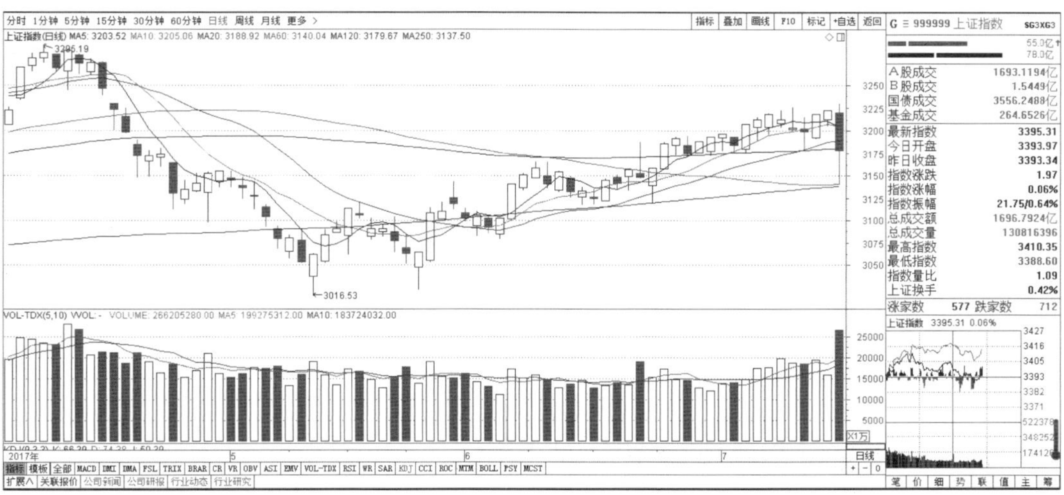

图1–42

如图1-42所示，2017年7月17日，大盘大跌，但是，股价还保持在上升通道之中。

图1-43

如图1-43所示，国民技术（300077）股价在2017年7月17日却打出了一条大阴棒创了新低，这种明显与大盘背离的股票，非常值得投资者关注。

图1-44

如图1-44所示，主力庄家营造空头陷阱，等散户纷纷在低位斩仓之后，国民技术（300077）股价慢慢走出了一条标准的上升通道。

五、从成交量和收市价中发现“黑马”

一般成交量比昨日十倍或十几倍放大收出阳线而且底部横盘时间较长的个股，

就会成为日后的“黑马”。成交量突然十几倍地放大主要是受一些突发性消息的刺激，庄家之前没有充分洗盘，只是受消息影响一齐下手，才造成巨大的成交量，经过洗盘日后必定再拉阳线，把股价拉高才能把这些货顺利出手。如美丽生态（000010），今天的成交量比昨天放大了十倍，昨天量能3234万元，今天放大到3.46亿元，成交量比昨日放大了十倍。

图1-45

如图1-45所示，美丽生态（000010）今天的成交量比昨天放大了十倍，昨天量能3234万元，今天放大到3.46亿元。

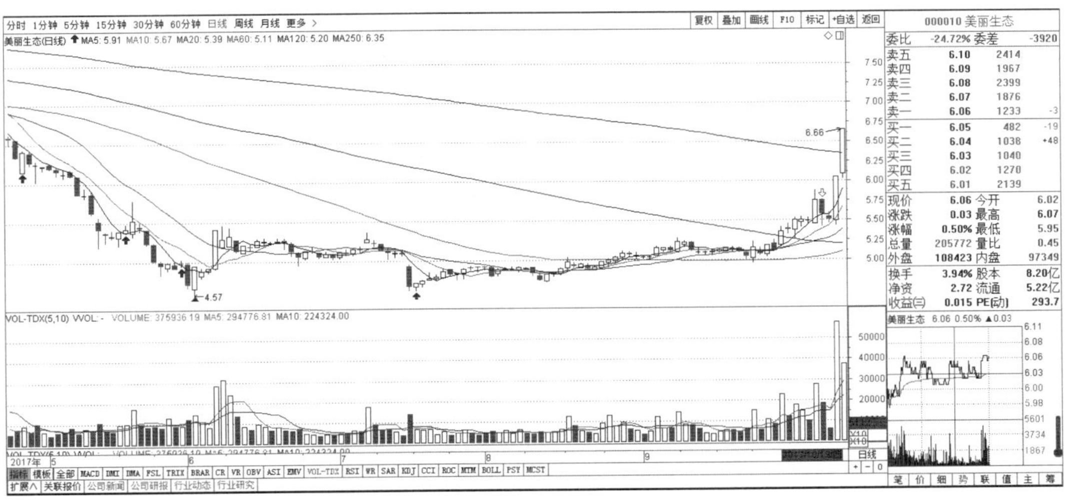

图1-46

如图1-46所示，果然，在第二天，美丽生态（000010）再来一个涨停，成交量几倍放大，说明有主力资金看中。所以，以后有这样的股票，要重点关注。

图1-47

如图1-47所示，美丽生态（000010）出现了高位十字星，对于这种形态，如果不贪心的投资者，可以考虑短线卖出，但是，中线的投资者还可以继续持股。该股调整完之后，应该还有上升的机会。

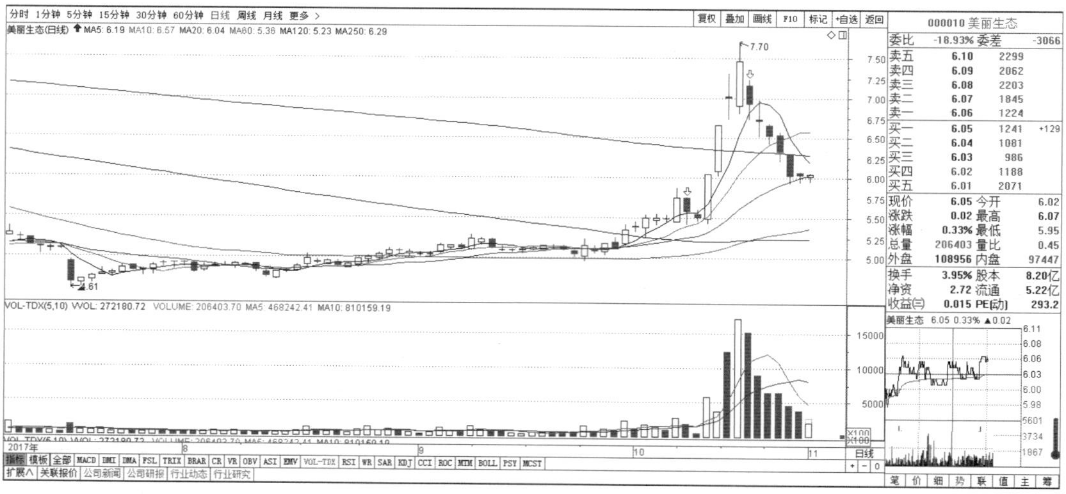

图1-48

如图1-48所示，短线获利了结是非常正确，美丽生态（000010）在收阴十字星后，第二日冲高之后连续六天下跌，股价快速跌回到第一个涨停价中，目前，中线还可以继续持股。

第五节
如何骑黑马

当发现了“黑马”后，怎样去骑上“黑马”好好地赚上一笔呢？草原牧民有句俗语：对不同的马有不同的“骑”法。这首先要区分“黑马”的种类，笔者认为“黑马”可分为三类：一类是烈马，二类是中马，三类是慢马。

（1）何谓烈马？就是股价受突发性消息刺激，股价急促上涨，属井喷式行情，股价回落时幅度较大，难以把握，这种股称为烈马。

烈马的成因主要是该股事前没有经过充分的洗盘吸筹阶段，因受突发消息影响，庄家突然下手做个股所致，庄家必须经过急拉急跌运行来洗盘控股。所以，要骑烈马必须要胆大心细，有快上快下的本领。广大股民很多时候得到消息都比庄家来得慢，但是巨大的成交量和大阳线便已经很好地说明，该股一定有利好消息支持其股价走高，骑这类黑马，最好是当天发现马上骑，这种烈马大多时候一开盘便有几千手甚至上万手的大买单，这是烈马将要起飞的最早信号，这时应大胆跟进，如果你是当天收市后才发现，第二天一开盘待它向下洗盘时亦可以买入。一般这类股票都会有5~7天的上升行情。

图1-49

如图1–49所示，庞大集团（601258）受雄安新区概念股影响，短短七个交易日，股价从2.83元，急速拉升到4.15元涨停价，股价上升接近70%。

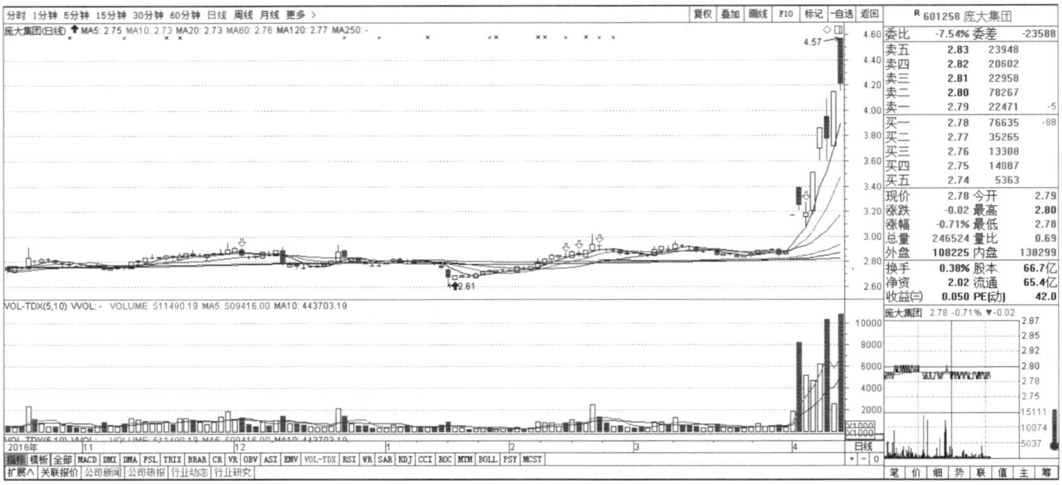

图1–50

如图1–50所示，庞大集团（601258）第二天涨停高开之后，马上放巨量下跌，这时应该果断出货，如果不舍得出货，有可能白做一场。

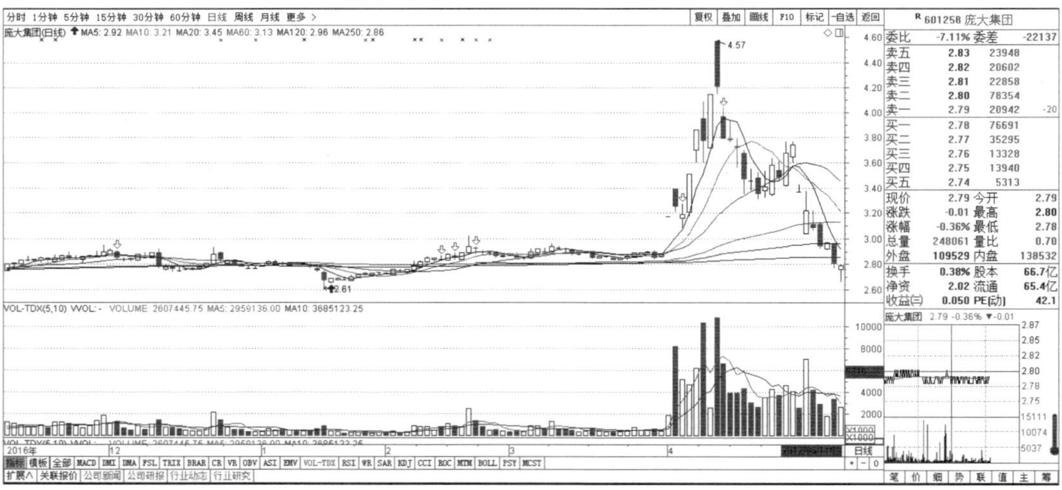

图1–51

从图1–51我们可以看到，假如没有出货的话，庞大集团（601258）股价最低跌到2.66元，比2.83元还要低，这就是烈马的最大特征。

（2）何谓中马？就是庄家会较早知道内幕消息，或通过研究上市公司业绩挖掘出黑马，庄家有时间洗盘吸筹，当消息传了出来后，这样便迫使庄家边拉边吸。起步时，这类股拉出的阳线没有烈马那样大，但拉抬的时间会比烈马要长，这类股大多可在跌势中寻找，如逆势飘红的股票，就证明庄家有意要做该股。这时，股民朋友便应密切留意这些股票，待大势转好时便可首先选择这类股票骑上，骑上之后可耐心等待它拉出大阳线才轻松下马，其大阳过后，一般都会出现较长时间的调整。

图1-52

如图1-52所示，中信银行（601998）在2017年6月中报的业绩有0.49元，比第一季度0.23元翻了一倍，所以，庄家利用亮丽的业绩不断地拉高，然后到最后放出大阳线。

图1-53

如图1–53所示，大阳线之后庄家马上出货，出完货之后，再次往下打压洗盘。

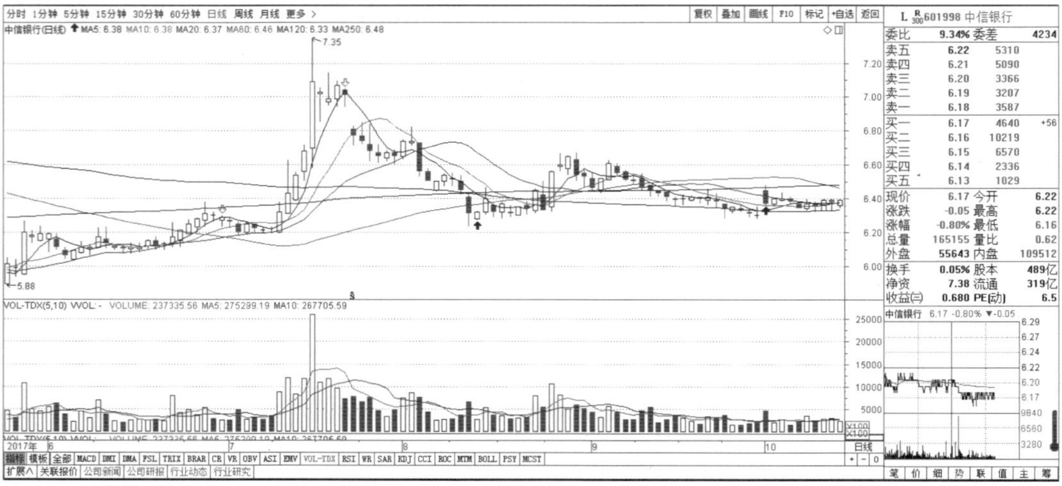

图1–54

从图1–54我们可以看到，中信银行（601998）大阳线之后，出现了差不多有两个多月的调整状态。所以，我们骑上了这些业绩好的股票，还是要学会下马，才能真正把钱赚到手。

（3）何谓慢马？就是庄家经过较长时间对其洗盘吸筹，这类股票一般都会经过较长时间的横盘整理，然后慢慢拉抬做成日日收出小阳的良好印象来吸引股民跟进，如果是横盘时骑上这类慢黑马，就要有耐心，虽然其走得慢，但是脚头好，走得远。这类股票一般会出现在业绩非常好的公司身上。对于这类股票，庄家在低位有吸纳时间。比如贵州茅台（600519）股票价格在380元做了一个平台整理之后，股价就慢慢地攀升，投资者要赢到该股的钱，必须有足够的耐心持股。

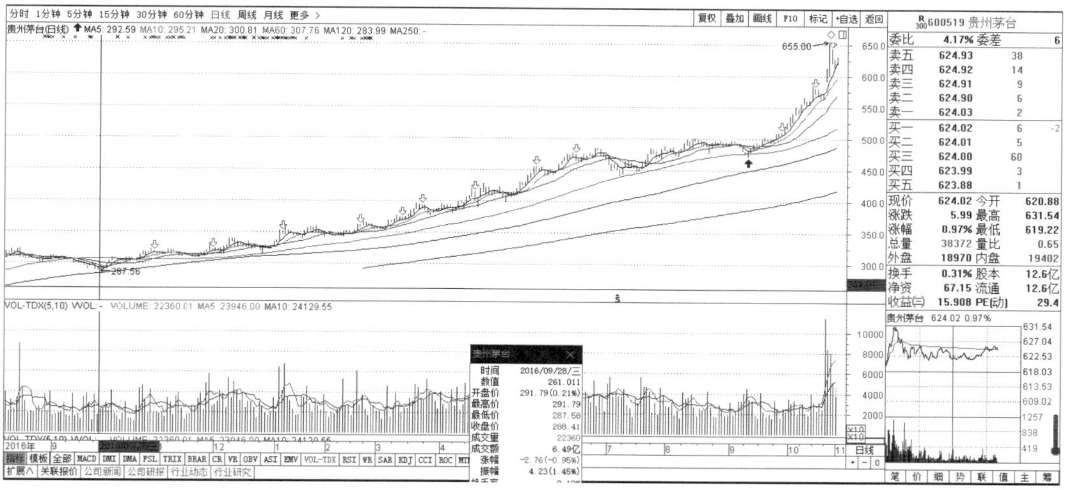

图1–55

如图1–55所示，贵州茅台（600519）股票价格在287元做了一个平台整理之后，股价就慢慢地攀升，投资者要赢到该股的钱，必须有足够的耐心持股。

第六节
炒股要选强势股

俗语有云："强者恒强，弱者恒弱。"在股市中我们经常见到这种情况，在股海搏杀多年的股民亦深有体会。买了强势股票，大盘下跌仍然有钱可赚，买了弱势股票，大盘上升亦会输钱。那么，我们怎样才可以在茫茫股海几千只股票中，寻找到强势股呢？下面笔者向大家介绍一些方法。

（1）大盘下跌，个股上升必定是强势股。近段时间深沪两市不断地反复探底，大盘连连阴跌，但是，却有不少个股不跌反升，与大盘严重背道而驰。这些个股必定是一些先知先觉的庄家，他们率先了解了该股的业绩可能有大幅度提高，或是把握了大盘今后的发展方向，所以，提前在大盘见底之前，抢先大量吸筹所致。如2017年4月至5月，在大盘下跌的过程中，我们看到五粮液（000858）从39元冲高到47元，从该股逆大盘走势来分析，我们认为五粮液就是强势股，从另一个方面亦讲明，深沪两市正有一些实力雄厚的庄家，率先了解国家近期的政策，看好深沪两市后市。因此，炒股买上了强势股，就算大盘下跌，照样有钱可赚。

图1–56

如图1-56所示，2017年4月至5月，我们看到大盘指数是往下调整的。

图1-57

如图1-57所示，2017年4月至5月，在大盘下跌的过程中，我们看到五粮液（000858）从39元冲高到47元，从该股逆大盘走势来分析，我们认为五粮液就是强势股。

图1-58

如图1-58所示，果然，五粮液（000858）之后的走势非常强劲，又从47元冲高到63元。

大盘下跌个股横盘成交量温和放大亦可以算作强势股。这是因为，大盘不断创出新低，但是，一些个股却不愿跟着创新低，这亦可以证明，这些股票是有庄家暗地里悄悄吸货所致。这些股票同上述逆势拉高的股票有所不同，这些股票的庄家还想利用股民的恐慌心态，在低位吸多一些筹码，因此，这些股票每跌到一个价位，庄家多多都要货，但是，筹码还未吸够，所以便不拉升。这些股票，日后大盘好转，必定会比大盘升得要快。

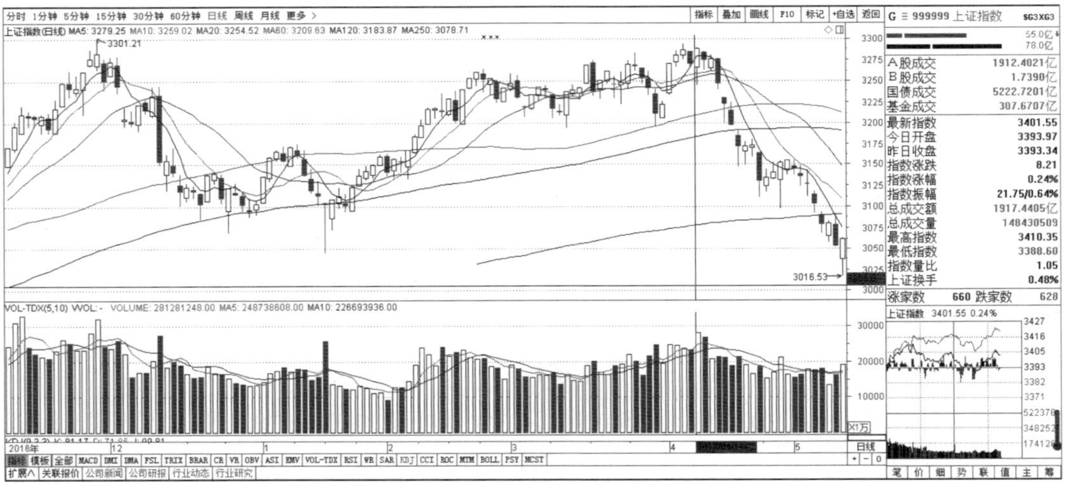

图1-59

如图1-59所示，2017年4月至5月，大盘指数连续大幅下跌。

图1-60

如图1-60所示，2017年4月至5月，在大盘指数连续大幅下跌的时候，鸿特精密（300176）（现已更名为“鸿特科技”，A股代码不变）以横盘对付大盘的大幅调整，从中我们也看到它的强势。

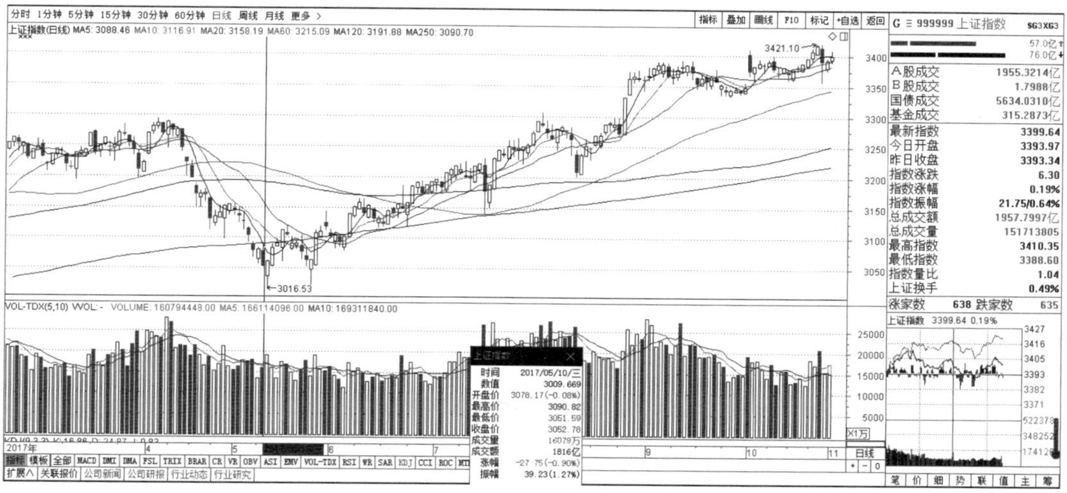

图1-61

如图1-61所示，经过了一个月的调整之后的大盘，终于再次走出了一条标准的上升通道。

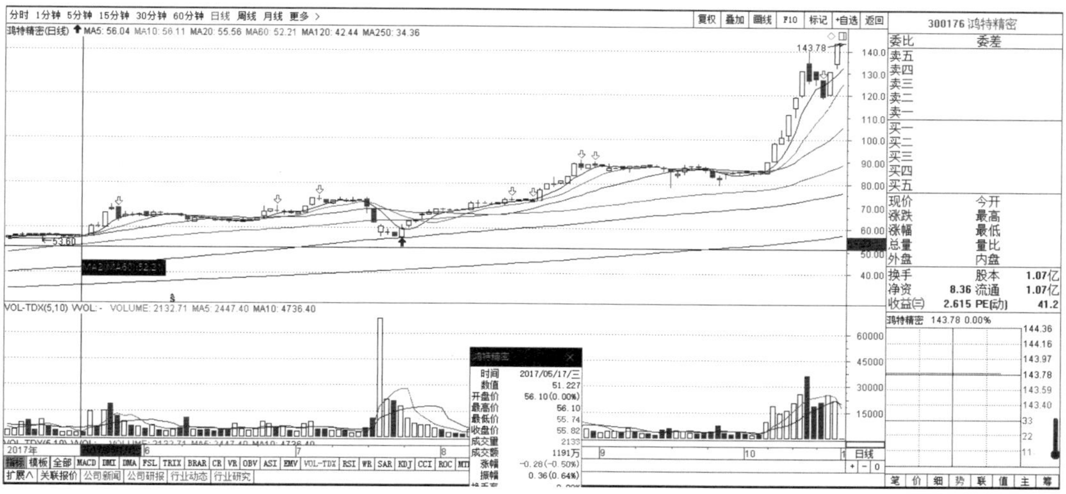

图1-62

如图1-62所示，反观鸿特精密（300176）（现已更名为“鸿特科技”，A股代码不变）的走势，从调整时55元，一路拉升到143元，上升幅度远远大于大盘指数，成了名副其实的大黑马。

（3）反弹幅度要比大盘快的股票亦是强势股票。近日，都有不少股票公报了中期业绩，从死马变成了白马，化解了股民的恐慌情绪，庄家为了不让股民在低位吸货而抢先拉抬，令到这些股票反弹幅度要比大盘快，这些股票如果是当天放量拉抬便可以果断吸货，抓上一段时间，基本上有10%~20%的升幅。

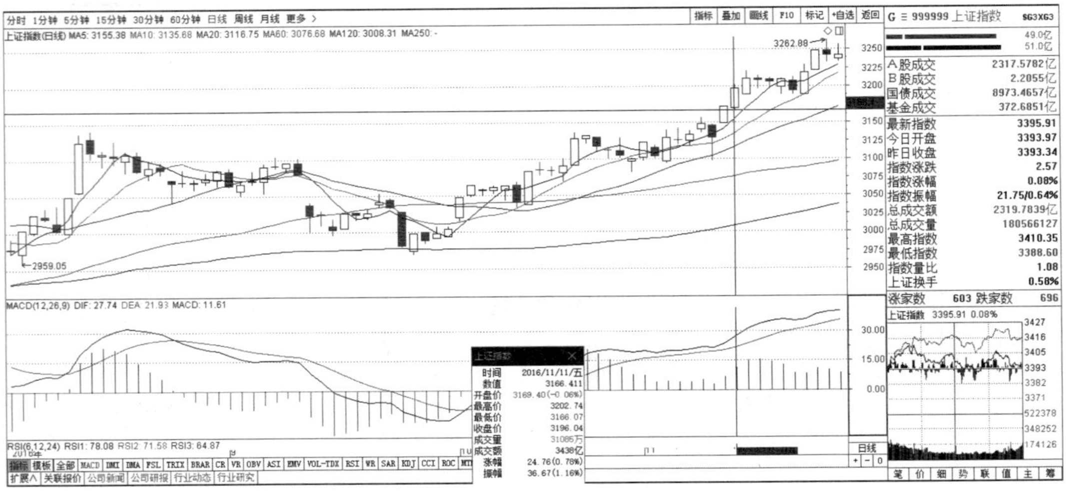

图1-63

如图1-63所示，2016年11月11日至23日，上证指数从3196点上升到3262点，上升2.07%。

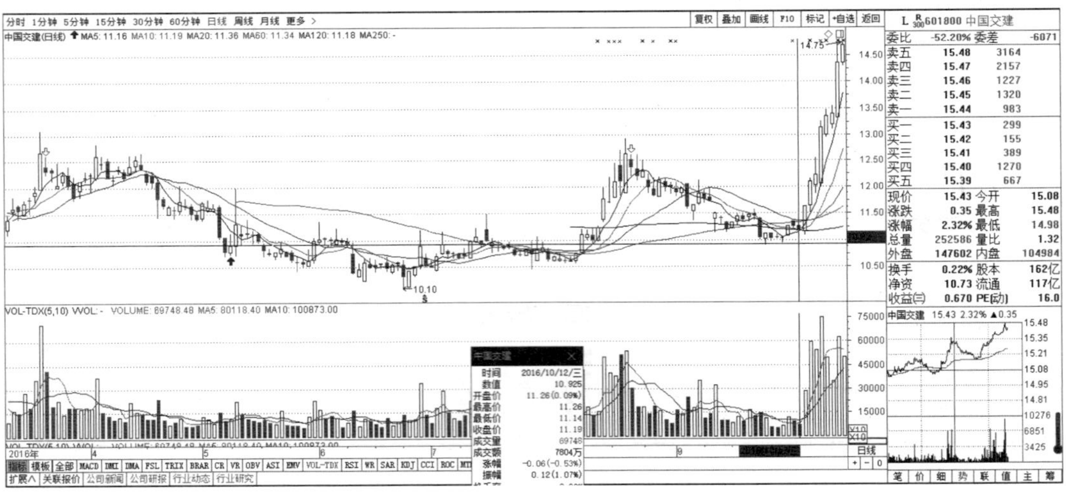

图1-64

如图1-64所示，中国交建（601800）从2016年10月12日至21日，由于2016年的中报公告每股收益0.34元的靓丽业绩，该股从11.19元上升到14.35元，上升28.2%，远远超过大盘指数的升幅。

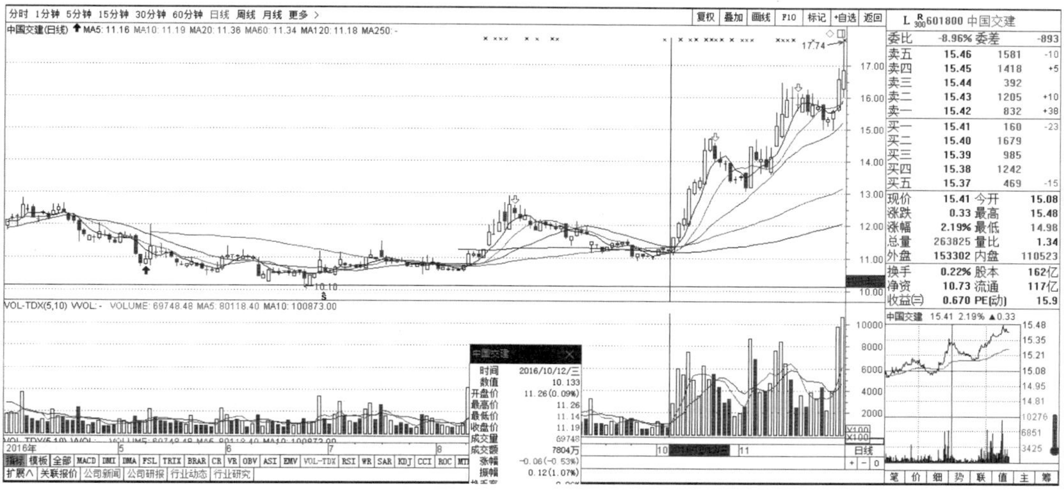

图1-65

如图1-65所示，中国交建（601800）一路上升到17.7元，上升了60%，成了一只黑马股。

根据上述的基本要领，投资者是不难找到短期的强势股票的。近段时间正是大盘反复探底的低迷期，有眼光的股民朋友，应该同庄家一起认真选股入市，千万不要错失一个赚钱的黄金机会。

第七节 从成交量中找黑马

深沪两市大盘一开盘，新的一天行情开始，各路庄家又投入到紧张的操盘之中，那么，作为散户的股民怎样才能在开盘时发现庄家的蛛丝马迹呢？那便是从成交量中找黑马。

一只股票要上升，首要条件便是成交量要有所放大，因此，当大盘开出前十五分钟，我们可以先从成交量排行榜的前20位股票中选择黑马。

（1）某股成交量较前日开盘时放大数倍，并且日K线图在横盘底部放量的可首选为黑马。一般当我们查找前20只股票时，发现有某些股票，开盘时的成交量已经有昨日全日的成交量的1/3或1/2，并且在横盘底部放量，这时，便是庄家吸饱筹码正准备拉抬该股的时候。我们能在当天发现这些放量待拉的股票，应该马上果断买入。这些价位基本上是庄家的成本价，其安全性较高。

图1-66

如图1-66所示，新疆众和（600888）9：25的竞价盘就已经有昨天一整天的成交量了，所以，我们初步判断，它具备黑马的特征。

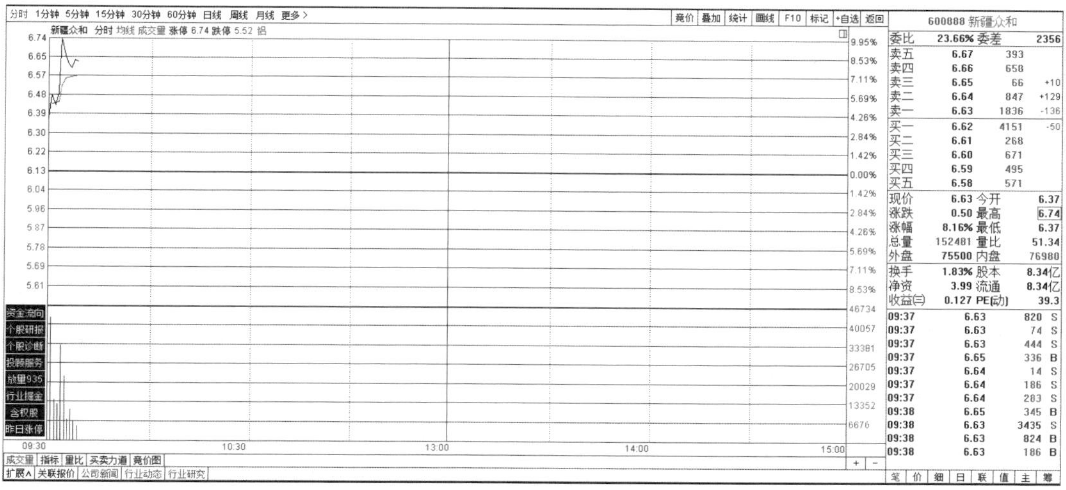

图1–67

如图1–67所示，虽然开盘后，新疆众和（600888）一度走低，但是，成交量不断放大。

图1–68

我们从分时图（图1–68）上看得非常清楚，新疆众和（600888）股价在不断走低。但是由于有成交量的配合放大，我们坚信该股到最后一定会上升。

图1-69

如图1-69所示，果然，到收市新疆众和（600888）终于涨停报收。

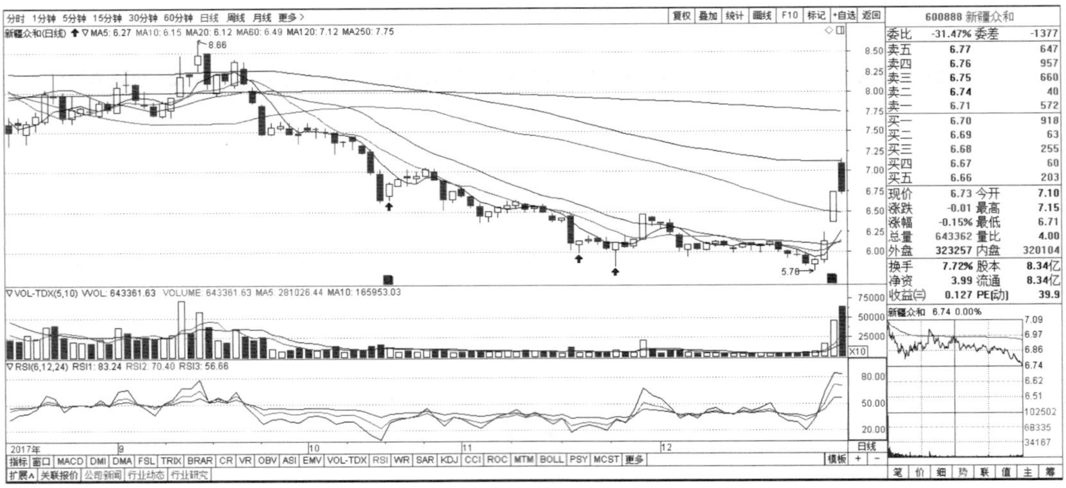

图1-70

如图1-70所示，新疆众和（600888）涨停报收之后，第二天7.10元高开涨幅5%，短线获利丰厚。

（2）某些股票放量突破平台或三角形整理后，当天继续放量的，也可以跟进。当我们查找前20只成交量大的股票，发现有某些股票昨日已经突破平台或三角形整理形态，今天又继续在昨日的阳线之上放量的，便可以大胆跟进，一般整理形态的突破都会有上冲惯性，我们赚的是顺势而为的钱。

图1-71

如图1-71所示，在2013年5月，大东南（002263）做了一个平台整理。然后，在6月6日传闻大东南做锂电池，当天开盘，一个涨停突破了平台整理，后市继续看涨。

图1-72

如图1-72所示，果然，一个涨停之后，大东南（002263）第二天高开继续涨停，第三天该股收阴，对平台顶部进行回试，这时也是一个短线最好的买入机会。

（3）某些股票放量突破之前高点的，也可以小量买入，一般股票能够突破之前高点，亦证明庄家还要继续拉抬该股，但是，我们要注意的就是突破时的成交量是否较之前的高点的成交量有所放大，如果有成交量的配合，我们便可以界定该股是真突破，可以买入。另外，买入的时候还可以等待，等该股回调的时候再买进，这样的买进风险比较低。

图1–73

如图1–73所示，2017年7月21日，远兴能源（000683）放量突破前期高点，对于这种股票，我们应该怎样把握买入机会？

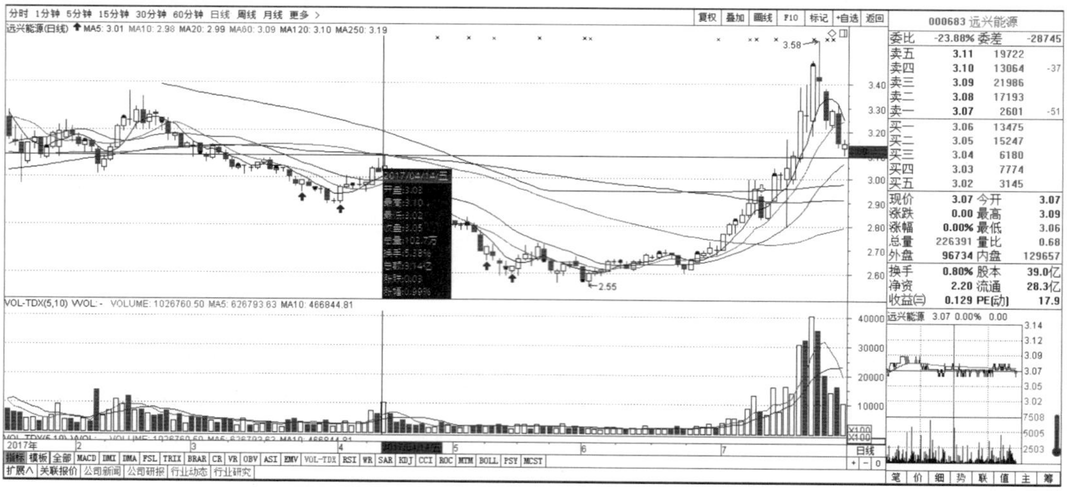

图1–74

从图1–74我们可以看到远兴能源（000683）虽然向上突破了前期新高，这个时候我们可以密切关注，耐心等待该股回调的机会，当该股调整到第一次的高点的时候终于止跌了，我们认为，只有有耐心等到这个机会，才是最好的买进机会。

图1-75

如图1-75所示，远兴能源（000683），你如果没有耐心等到这个买进机会，投资者在冲高时匆匆忙忙进去，有可能在打下来的时候斩仓。所以，耐心是最好的投资法宝，只有等到这个最好的机会，你才有短线利润的最大化。

另外，要注意的是千万不要追那些连拉多日大阳的股票，虽然，这些股票每日都较之前一天放量，但是，这离庄家全线逃命时日不远，天天拉大阳其中必有阴谋，并且风险太高，这点请股民朋友必须切记。

以成交量作为选股的一个重要参数，笔者不厌其烦地向投资者进行介绍，就是因为任何技术指标都有做假的成分，但是，成交量却较难做假。有投资者会问，近日，不时传出基金黑幕，庄家在暗中对倒股价吗？其实，大家有所不知，庄家在暗中对倒，做一两天的成交量去骗骗人可以，但是，在持续1~2个月内成交不断放大，那便不容易做到。股价能够在低位成交量不断有效地持续放大，就是已证明庄家必定看好该股后市，其真实性是这样比较可信。

第八节 从调整市道中找黑马

一只股票要走出一波大幅上升的行情，一般都会经过横盘吸筹、震仓、拉升等三个阶段。我们这里所说的从调整中选黑马是指某只股票在拉升段中，我们怎样发现一些个股会成为黑马。

（1）当某只股票在拉升时段调整幅度不超过10%，其最低位只是瞬间见到的，亦是黑马。

有些庄家在拉抬股票时，当拉到一定高度时，由于获利盘的影响而进行调整，但是，这只股票有其重大利好支持，于是在调整时呈强势调整，最低位被一股强大的力量承托着，其最低价只是瞬间见到，散户买盘很难买到该股的瞬间最低价。这种情况表明，该股后市还有行情，当我们日后发现这些股票时，便可以大胆吸纳做中线。

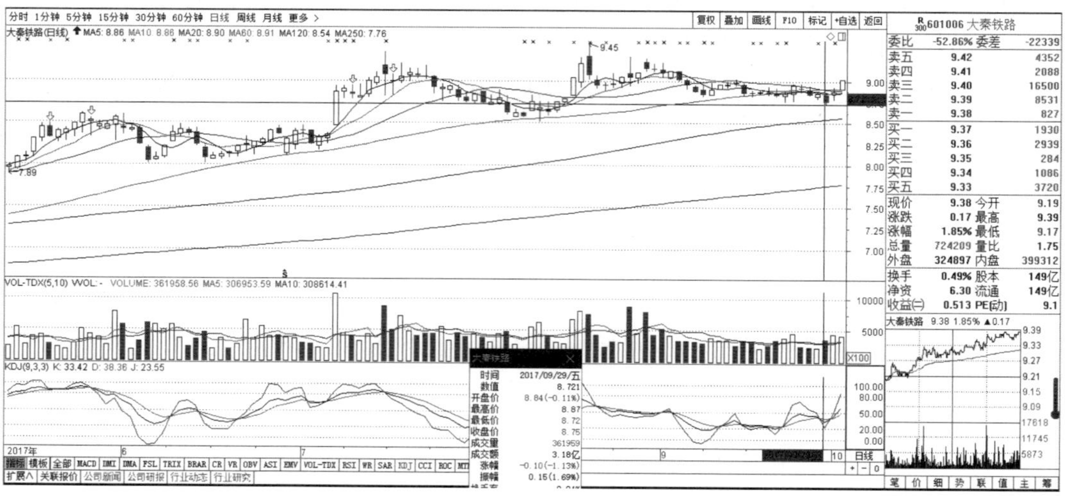

图1–76

如图1–76所示，大秦铁路（601006）在长达一个多月的调整中，从最高9.45元跌到8.72元，整段跌幅才跌了0.83%，没有超过10%，属于强势调整。

图1–77

如图1–77所示，当调整完毕之后，大秦铁路（601006）继续向最高位9.45元冲锋陷阵。

（2）其股价在拉升过程中调整幅度不超过7%的股票会成为黑马。这种股票更加厉害，调整幅度这么小，这就等于只给你出货，没有差价给你买进，作为投资者，你不可能卖到最高价，买到最低价。

这就是讲一些庄家在拉抬某只股票时，由于庄家手上持有的筹码已经高度锁定，于是，在拉升时，想将一些短线盘逼走，通过调整使这些不坚定的短线盘平仓出局，从而获得较多的筹码。因此，在调整时该股的调整幅度一般都不超过7%，使得一些短线盘出货后找不到低位重新介入，从而令筹码更加集中到庄家手上，所以，日后当我们发现某只股票在拉升段回挡幅度不超过7%时，便可以大胆吸纳。

图1-78

如图1-78所示，江南高纤（600527）在2017年9月1日最高价5.56元，向下调整，到9月20日最低5.23元，调整了大半个月，总跌幅才下跌6.3%。如果你不是神仙的话，是不可能卖到最高价，又买回最低价的。这样的调整方式，等于没有给你买回的机会。

图1-79

如图1-79所示，果然，江南高纤（600527）很快向上冲击到6.10元，日后当我们发现某只股票在拉升段回挡幅度不超过7%时，便可以大胆吸纳。

第九节 大跌之后怎样寻找黑马

大盘调整，市场缺乏炒作题材，整个大盘没有热点支持，行情以下跌形式出现。但是，就是往往在这种下跌市中，成功的炒手，便已经开始暗暗物色下一阶段的黑马。待调整完毕，为新的一个上升浪的炒作做好准备。那么，那些成功的炒股高手是怎样在行情下跌，市场一片恐慌之中，冷静细心地选择黑马的呢？

下面介绍他们的一些选股方法。

一、比大盘跌幅小的股票将会成为下一阶段的黑马

一般行情进行调整，是对前一阶段升幅较大的股票进行消化，作为一浪的上升，调整后还会有新一浪的上升。这时，由于大盘下跌，个股也跟着下跌。这些一齐下跌的个股中，有一些是前期背离大盘没有多少升幅，还在底部做箱形整理的个股，庄家为了彻底地震仓吸筹，也跟着大盘一齐下跌，但是，这些个股往往跌至庄家的吸筹界线，就跌不下去或不愿跟着大盘大幅下跌。这些股票与前一阶段拉升了百分之百行情的个股的下跌有本质上的区别。前者下跌的目的是为了吸货，后者下跌的目的是为了出货。所以，当日后大盘调整完毕时，这些“吃饱喝足”了该股筹码的庄家，必定大幅拉高该类股票。因而日后拉升时的热点题材亦会出现在这些比大盘跌幅小的股票中。

图1-80

如图1-80所示，2016年11月29日—2017年1月16日，上证指数从3301点一口气下跌到3044点，跌幅差不多接近10%。很多个股在这一段的跌幅中下跌了20%~30%。

图1-81

如图1-81所示，沱牌舍得（600702）（现已更名为“舍得酒业”，A股代码不变）在大盘下跌10%的情况下，却是以横盘状态来对付大盘下跌，从中我们见到该股强势的黑马特质。

图1-82

如图1-82所示，沱牌舍得（600702）（现已更名为“舍得酒业”，A股代码不变）还未等大盘结束调整的时候，就已经发力向上攻击，庄家在横盘过程中，已经吸饱了筹码，向上拉抬必然是顺理成章的事。

图1-83

如图1-83所示，我们可以看到沱牌舍得（600702）（现已更名为“舍得酒业”，A股代码不变）果然是一只大黑马。

二、逆势飘红的个股，亦会成为大黑马

大市下跌，这时如果还有一些个股能够逆势走高，这就证明，庄家对该股后市走势有信心，庄家在大市一片下跌之中，仍然够胆拉高股价，给你赢些小钱出货，庄家承受的抛盘压力是相当巨大的。如果庄家没有掌握该股的利好消息，绝不会给你有机会轻松出场。特别是大市一片跌停板中，庄家还继续拉高，就更能说明庄家日后做高该股的决心。所以，待日后大市调整完毕，在进货时应首先考虑这些曾经在跌势中有较好表现的个股。这些逆势飘红的个股大都会成为下一阶段的大黑马。

图1-84

如图1–84所示，2017年4月11日—5月24日，上证指数也是从3290点一口气下跌到3016点，跌幅接近10%。

图1–85

如图1–85所示，2017年4月11日—5月24日，这段时间逆市拉高让所有投资者出货，可见庄家对贵州茅台（600519）后市非常看好。

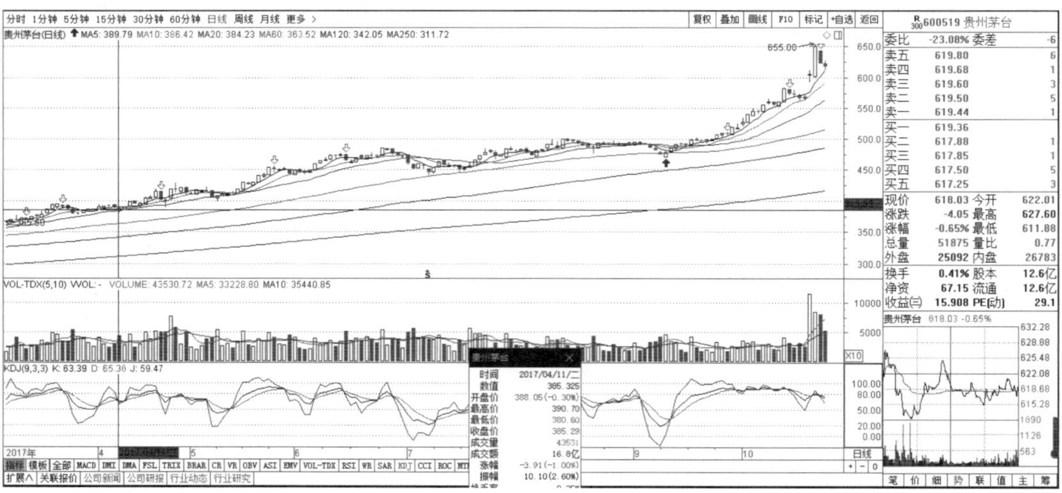

图1–86

如图1–86所示，贵州茅台（600519）从385元一口气拉升到655元，其拉升的气势惊动全国股民。

三、比大盘跌幅深的股票，可以做反弹

大盘下跌时人心惶惶，特别是跌至行情的尾段，经常是人吓人，表现在出货时，慌不择路，别人填低1角，他填低2角，务必出到货，才能心安，就是由于这些恐慌盘杀出，致使有些个股跌幅特别深。技术指标经常出现严重超卖状态。这时，一些胆大心细的短线高手，专门瞄准这些个股来做反弹，往往在三五天的反弹中便可赚取利润，获利了结。

图1-87

如图1-87所示，2017年4月13日—5月12日，上证指数从3281点一口气下跌到3016点，跌幅接近9%。

图1-88

如图1-88所示，2017年4月13日—5月12日，大龙地产（600159）股价从6.73元狂跌到4.24元，下跌30%，跌幅非常巨大，各项技术指标进入严重超卖区，这时短线可做反弹。

图1-89

如图1-89所示，大龙地产（600159）股价从4.24元上升到最高5.40元。这时，一些胆大心细的短线高手，专门瞄准这些个股来做反弹，往往在三到五天的反弹中便可赚取利润，获利了结。

第十节
购并题材将成为沪深两市黑马频出的主要源头

近期，沪深交易所推出了一套鼓励引导收购兼并，促进上市公司发展的重要计划。其实质内容主要是：要加大力度支持绩优上市公司更上一层楼，并鼓励这些公司利用自身的优势开展收购兼并活动，以进一步提高规模效益，壮大经济实力；对部分效益不大理想甚至出现亏损的上市公司，通过收购兼并方式进行资产优化组合，注入新的活力，寻求新的发展动力，从而促进这些公司的快速发展。

那么，收购与被收购，兼并与被兼并将怎样进行呢？文内明确指示：是上市公司之间的收购兼并，并且鼓励上市公司与非上市公司的收购兼并和鼓励本地上市公司与异地上市公司的收购兼并。这样，购并题材便将成为沪深两市黑马频出的主要题材。

既然有收购者便就有被收购者。收购者已明确指出是绩优上市公司。那么沪深两市指定的300家绩优上市公司就有了收购其它公司的雄厚资金实力和兼并其它公司的有利条件。它们可以通过收购兼并来扩大自己的经营范围、利用自己的资金优势帮助亏损的公司渡过难关。亦即是说，这300家绩优公司都有可能成为收购兼并题材的大黑马。

图1-90

如图1–90所示，ST宏盛（600817）在2015年1月21日停牌，8月7日复牌当日一字板涨停。

图1–91

如图1–91所示，ST宏盛（600817）由于重大资产重组收购题材，在2015年1月21日停牌，8月7日复牌，当天成交了3188万，庄家将所有抛盘全部买进，所以，复牌当日一字板涨停。

而被收购者便是那些亏损公司，但是，这批亏损公司哪家最有可能被人收购呢？笔者认为，对于收购方，是希望收购兼并回来的公司，能为本公司增加利润创造财富，而不是收购一个包袱回来。而最有可能被人收购兼并的公司，就会出现在那些虽然因资金短缺周转不灵而亏损，但是从行业特点来说，理应是还有市场潜力，还有开拓空间的亏损公司。因此，只要股民朋友用好以上的尺度衡量，便不难找到最易被人收购兼并的大黑马。例如，ST宏盛（600817），公司主营：实业投资、国内贸易，电脑及高科技产品的生产和销售，软件的开发、销售，半导体集成电路的产品开发、设计、制造及相关系统产品和系统集成、销售及技术咨询服务，新型材料的生产和销售等。由于公司从事高科技产品软件的开发，市场潜力巨大，所以该公司最容易出现重大重组的机会。

当时，笔者重点关注ST宏盛（600817）的重要依据，就是ST宏盛业绩较差，长年出现亏损，而且在年终报表中，发现该公司有收购的题材，于是便进行了长线跟踪。后来，又不断传出该股的利空消息，于是，庄家便借这一利空拼命打压，其实，该股在2014年12月庄家已经吸了不少筹码，但是，庄家在2015年1月，还要打压，刚好又遭上大盘下跌，所以，庄家打压很成功，不少散户给震了出来。但是，笔者认为，该公司有重大的重组线索，加上流通盘1.56亿股，总股本才1.61亿股，比较容易进行收购，所以，笔者一直长线跟踪关注，之后的行情，证明笔者当时的判断是对的，该股从10.19元大升到22元以上，也是一年内翻了一倍的大黑马。

图1-92

如图1-92所示，ST宏盛（600817）从2015年8月7日复牌，一个涨停之后，又连续多天涨停高开高走，股价一路扶摇直上，一口气冲上22元的高位，终于实现了股价翻倍的行情。但是，我们看到该股在大拉前，庄家从16元一路破位下跌到10.19元，下跌时间长达三个多月，来折磨广大投资者的持股信心，这样对于长线投资者的打击是非常巨大的。但是，只要你进入股票市场，就必须要经受得住庄家的“严刑拷打”和“威逼利诱”，这也是一个成功投资者的必备素质。

最近，在购并重组题材中，又有了新的动向，就是在美国上市的360公司，必须要回归国内上市，因此，沪深两市中又出现了360收购题材概念股，例如，江南嘉捷（601313）就是360公司收购江南嘉捷回归国内上市，从而令重组题材非常火爆。

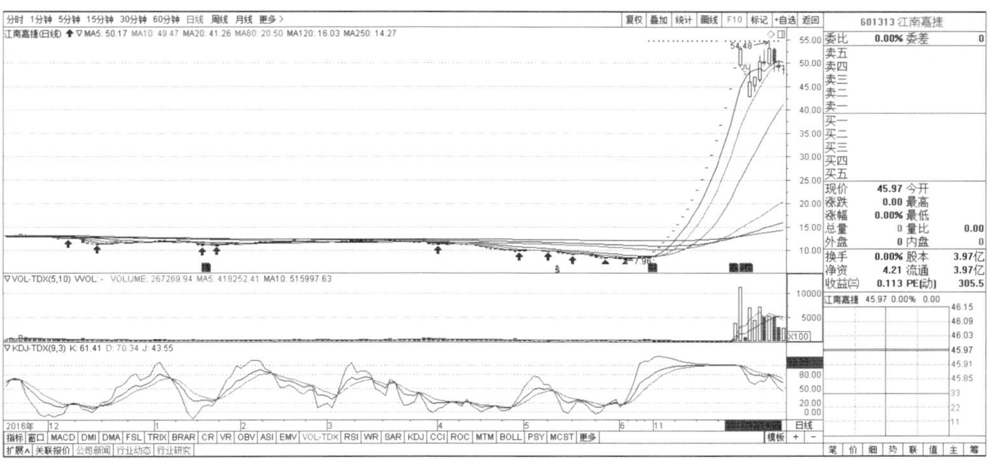

图1-93

如图1-93所示，江南嘉捷（601313）（现已更名为“三六零”，A股代码改为“601360”）从2017年6月9日停牌，停牌半年后，11月7日复牌，居然走出了连续18个涨停，股价从7元一口气狂升到54元。因此，360公司会是以后非常火爆的重组题材概念股，大家应该密切留意这一重大市场变化。

第十一节 如何判断黑马

一、如何判断黑马之方法一

每只大黑马，临起动前都有一个共同的特征，就是都会有一个振荡洗盘的过程，其振幅非常之大，经常给人一种该股升不上去的感觉。例如，羚锐制药（600285），这只个股临起动前庄家出现两次凶狠的打压洗盘震仓行为（如图1–94），其洗盘的手法经常是令投资者意想不到的。他们利用大盘刚刚见底人心还较为恐慌之时，借助该股出利空消息，拼命向下打压，从而令持有该股的投资者纷纷在低位斩仓出局。庄家吸饱了筹码之后才正式进入主升段。

日后，如果大家发现当大盘走出底部之后，有些股票还在底部出现凶狠洗盘的情形，当洗盘完毕股价呈多头排列时便可大胆买进。

图1–94

如图1–94所示，羚锐制药（600285），这只个股临起动前庄家出现两次凶狠的打压洗盘震仓行为，图中画线部分，两条大黑棒向下杀跌震仓。

图1-95

如图1-95所示，羚锐制药（600285）经过两次凶狠震仓，庄家吸饱了筹码之后才正式进入主升段。

二、如何判断黑马之方法二

对于短线黑马，笔者经过多年的实践，有这样一种操盘心得：那就是当大盘进入调整时，从技术指标上讲，个股的KDJ发生死叉向下走，但是，该股的股价却呈横盘或小幅上升状态与大盘背离的走势，当它横盘5~7天后，或当大盘短线调整到位，做出反弹后便可以大胆买入，一般买入后都会有25%以上的升幅，若股价此时还处于底部附近区域更应该大胆买入中线持股。

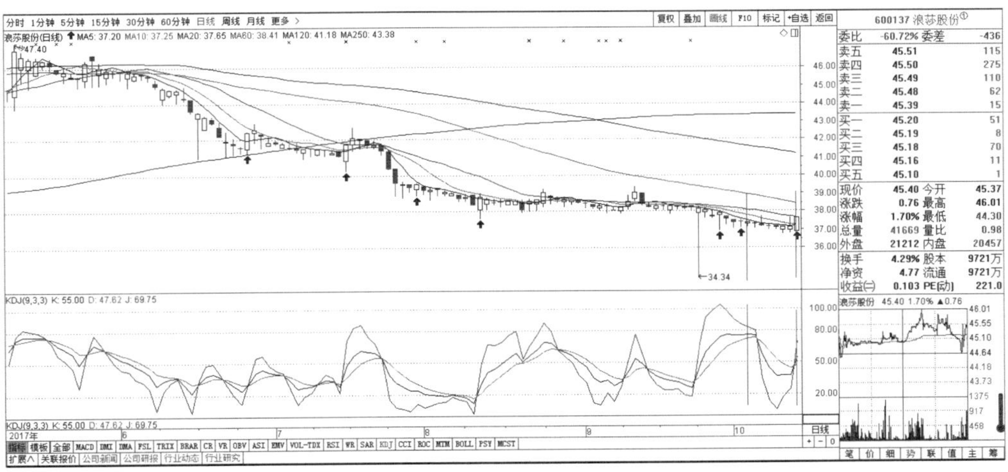

图1-96

如图1-96所示，浪莎股份（600137）的KDJ发生死叉向下走，但是，该股的股价却呈横盘或小幅上升状态，我们从图中画线的部分，就看得非常清楚了。

图1–97

如图1–97所示，当KDJ发生交叉向上时，浪莎股份（600137）股价就马上走出强劲的反弹行情，从36元上升到46元。

三、如何判断黑马之方法三

庄家往往为了在底部能够吸饱筹码，一般都会利用一些利空消息来进行吸筹。如果在利空消息出台之后，这些股票的股价能够很快企稳，并且有大的成交量放出，这时就是庄家在底部吸筹的一种迹象。

例如，西部资源（600139）在2017年5月22日，大盘指数已经见底的时候，突然公布半年报继续大幅亏损的特大利空消息，庄家拼命打压股价，该股马上大幅下跌，令股民为之震惊。但是，当股价企稳之后，马上迎来一波反弹行情。因此，日后投资者应重点关注利空出台股价大幅下跌之后企稳的股票，可做短线。

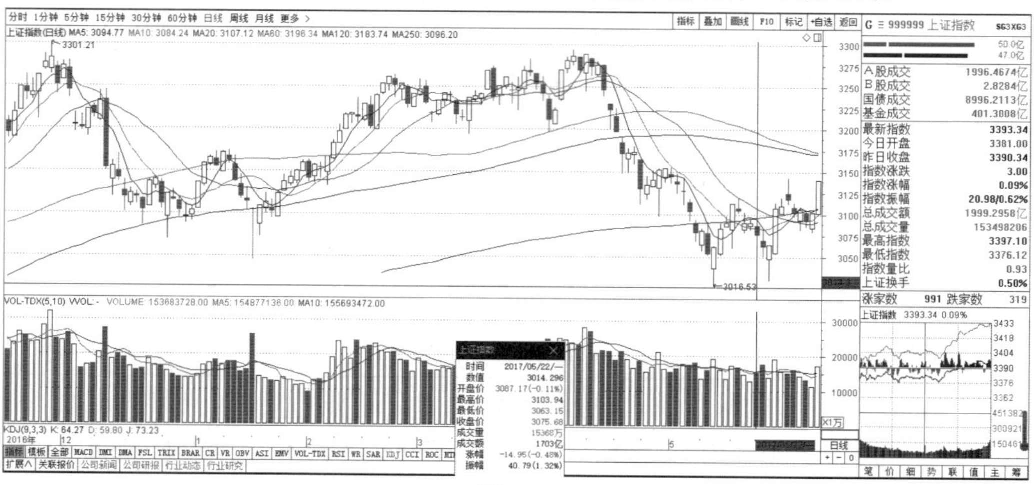

图1–98

从图1-98中，大家可以清楚地看到，2017年5月22日，大盘指数已经见底。

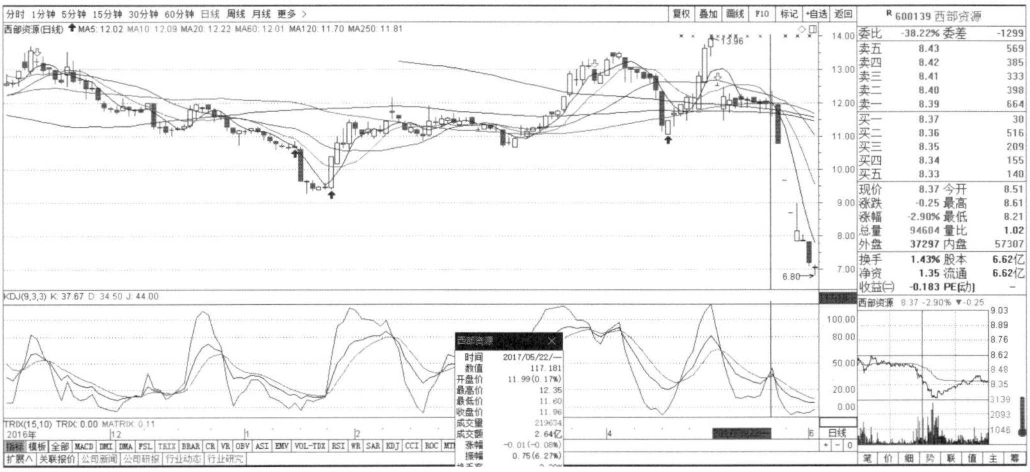

图1-99

如图1-99所示，西部资源（600139）在2017年5月22日，大盘指数已经见底的时候，突然公布半年报继续亏损特大利空消息，庄家拼命打压股价，该股马上大幅下跌，令全场股民为之震惊。

图1-100

如图1-100所示，当西部资源（600139）股价企稳之后，马上迎来反弹行情。因此，日后投资者应重点关注利空出台股价大幅下跌之后企稳的股票，可做短线。

四、如何判断黑马之方法四

在强势市场中，特别是大牛市，当大市进行短期调整时，若个股KDJ的J线下跌到0或负值，但股价还处于上升通道中，即当股价跌回到上升通道的支持线、上升通道的下轨或股价跌到30天和60天移动平均线附近，这时J线也刚好到达0或负值，便可以大胆买入，买入后可耐心等待J线上升至100时平仓，这样的操作过程大约需要一个星期的时间，便有10%~30%的利润。操作得好，一年内保持耐心多寻找几只这样的短线快马，保证资金便可以快速翻倍。

图1-101

如图1-101所示，南钢股份（600282）正沿着上升通道向上运动，当股价出现调整时，KDJ的J线下跌到-7.52，请看图中画线部分。

图1-102

如图1-102所示，当南钢股份（600282）KDJ的J线下跌到-7.52时，短线买入，一直持股到KDJ的J线是104.84时卖出，请看图中画线部分。这样刚好完成一次短线的操作，股价从4.71元到6.58元，反弹空间有28%。

五、如何判断黑马之方法五

在江恩的炒股秘笈中，他曾经提到，当股价第四次冲击前期头部时，有望突破。但是，在实战中，笔者却发现很多个股都不是第四次便能突破，有些个股甚至第五次、第六次也未能有效突破。那么，在操作中便容易因假突破而做出失败的操作。

那么，怎样才能在股价未突破时正确判断，哪次是真突破，哪次是假突破？这里笔者有一个秘笈可供大家参考：当某只股票在冲击前期高位时，在拉升过程中有经过上下震荡洗盘行为的个股，有望是真突破。反之较容易出现假突破。

因此，在判断是否是未来黑马时，应重点留意该股在拉升过程中的洗盘行为，一旦有凶狠的洗盘，便可以大胆跟进，一般当股价突破旧有顶部或历史顶部的个股，都有一段较为可观的上升行情。所以，我们在学习江恩大师理论的时候，还是需要多一些实践观察，才能真正掌握大师的理论。

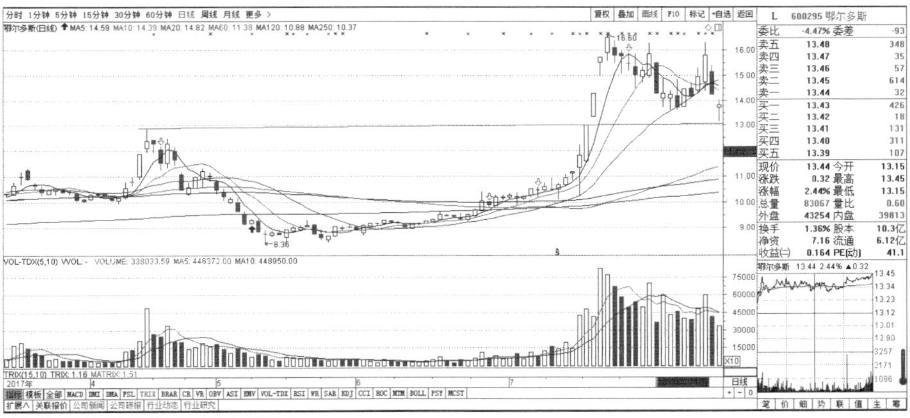

图1–103

如图1–103所示，鄂尔多斯（600295）在突破旧有的多重顶部之后，出现了凶狠的洗盘过程，在高位平台进行清洗筹码。

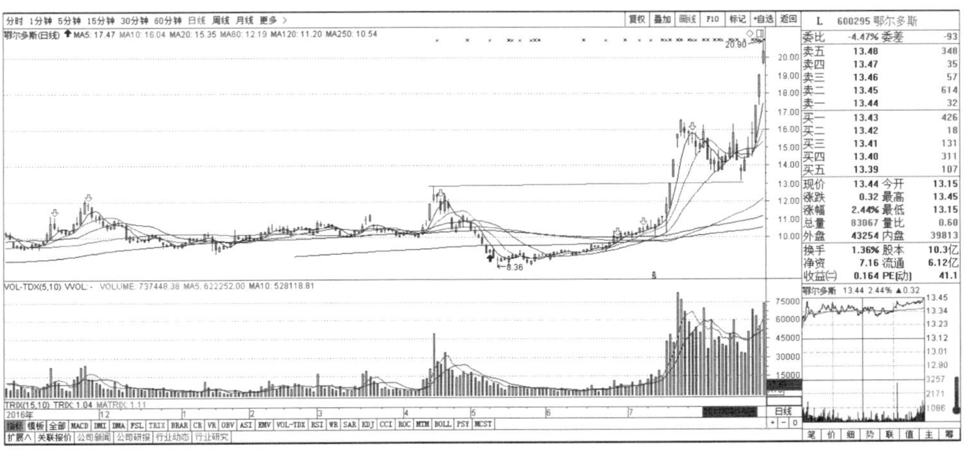

图1–104

如图1–104所示，清洗不坚定的投资者，然后，庄家才进入快速的拉升段。

图1–105

如图1–105所示，酒钢宏兴（600307）在突破旧有多重顶部时，并没有洗盘，而是快速拉抬。对于这种没有洗盘的个股，大家日后一定要小心，该股大多都是假突破。

图1–106

从图1–106中我们非常清楚地看到，酒钢宏兴（600307）突破后，最终还是跌回来平台里面，股价从哪里来又回到哪里去，如果在突破时高位买入，现在将是深度被套。所以，我们在学习江恩大师理论的时候，还是需要多一些实践观察，才能真正掌握大师的理论。

六、如何判断黑马之方法六

一般当大盘进入上升通道或处于上升通道的时候，对于个股而言应是黑马狂奔的时候，但是，有些个股由于庄家吸货量不足，于是，还要经过大幅的上下震仓洗盘。在该股走出一个标准的上升通道时，如果股价又快速地跌回60天和120天的移动平均线附近，那么就可以断定该股是短线黑马。

图1–107

如图1–107所示，紫江企业（600210）正走出一条标准的上升通道，股价又快速地跌回到60天和120天的移动平均线附近，图中画线的部分就是60天和120天的移动平行线，投资者就可以大胆买入。

图1–108

如图1–108所示，紫江企业（600210）大幅震仓完毕之后，马上强劲拉升。

第二章 急跌怎样做反弹

◎急跌做反弹的原则

◎急跌后何时是进货的最好时机

◎急跌做反弹应选哪些股票

◎急跌做反弹何时平仓出局

第一节 急跌做反弹的原则

大盘经过长时间的上升，累积了不少获利盘，行情随时都会有获利回吐的要求，于是，一个突发性利空或一个转折性契机，大盘从升势转入跌势。由于获利盘丰厚，调整便以急跌做代价。所以，才会有急跌的行情。

为什么要遵守急跌做反弹的原则呢？皆因虎口抢食风险极大。行情急促下跌如快刀闸下，一不留神便断手断脚，只有艺高胆大的智汉才会抓到刀柄杀个回马枪，赚盘美味快餐。因而，急跌做反弹必须遵守原则，才会成为吃到快餐的智汉。

一般行情下跌，切记不要因为已经跌了几百点而盲目过早进场，大盘还未跌透，任何价位捞货，都是肉包子打狗——有去无回。入货做反弹，千万不要以大盘已经跌了多少点来作为进货理由，跌了多少点只能作为进场时的参考。而进场做反弹，必须要等大盘跌透才可以做。那么，怎样才知道大盘何时跌透呢？

第一，大盘连续下跌，在技术指标方面会逐渐进入超卖区，甚至会经常出现底背驰现象。如股价不断创出新低而RSI不再创新低，OBV逆着股价向上行等，都是底背驰的迹象。

图2-1

从图2-1中可以看到，江苏舜天（600287）股价不断创新低，但是，RSI却不断抬高，这种情况就是底背驰。

图2-2

如图2-2所示，底背驰出现之后，我们看到江苏舜天（600287）一步步走出底部形态。

第二，大盘急促下跌，在技术形态方面会出现低位十字星，由于大盘不断下跌，获利盘逐渐消失，随之而来的便剩下斩仓割肉盘。越往下斩割肉越深，直到斩仓盘停止，大盘才会有止跌希望。这时庄家亦趁机进场，这时会在日K线形态上收出低位十字星，这种星，我们又称作“早晨之星”，从字面上看便知道是黑夜将过去，早晨将开始。

图2-3

如图2-3所示，2013年6月25日，上证指数大跌到1849点时，形成了早晨之星。加上，6日RSI一直跌到4.53严重超卖区，两方面结合来分析，这时我们判断大盘将会见底。

图2-4

如图2-4所示，在早晨之星出现后，再加上6日RSI值一直跌到4.53严重超卖区，两个重要指标，都发出了底部信号，所以，大盘这时才真正见底。因此，投资者日后要抄底做反弹，该耐心等待重要的参考指标出现后，才能进行买卖，这样才有胜算的把握。

第三，大盘不断下跌，从纯技术角度来讲，6日RSI值经常会跌到10以下，这时大盘已经跌到一个极低的位置，盘面亦跌无可跌，市场上充满了悲观和恐慌的气氛，因此，当大盘跌至6日RSI数值10以下，这时买进则是“一死九生”。笔者多次在深沪两地股市，当6日RSI值跌至10以下做反弹，每次都是赚钱，所以，运用6日RSI值跌至10以下来研判股市状况，把握买点，对短线操作有较高的参考价值。

图2-5

如图2-5所示，上证指数在2015年6月15日最高见5178点，出现大跌行情，股民非常迷惘，不知哪里才是真正的底部，这时我们就可以运用6日RSI值是否跌到10以下，来判断大盘是否真正见底，只要大盘6日RSI值不跌到10以下，那么，大盘就不会见到真正的底部。我们从图中看到，之前两次下跌6日RSI值都没有跌到10，只有上证指数在2015年8月26日跌到2850点时，6日RSI终于见到10.65时，我们才敢初步判断大盘见底。大家可以看看画线部分的6日RSI数值是10.65。

图2-6

从图2-6中我们可以看到只有6日RSI值见到10.65，这时抄反弹才有胜算的把握。

第四，当大盘下跌出现了一次反弹后，再寻找机会进场做第二次反弹。一般大盘下跌，第一次反弹在日K线图上会形成单脚形态，这时由于大盘从高位急跌下来，股民心态极其不稳定，股市从反弹到反转经常会出现双脚形态，股价再向下探一次低位，回试一下第一次反弹时底部的支持力度。然后在日K线图上构成W底之后会有力攀升。所以，做短线反弹等大盘出现第二只脚后才跟进入货，这样也是一种比较稳健的做法。

图2-7

图2-7中的箭头所指的线，就是上证指数标准的W底部形态技术指标不能出现明显的底背离。

第五，亦可以参考MACD负线的形态，股价下跌负黑色线一天比一天长，当股价有止跌迹象时，负黑色线一天比一天短。这时亦是大盘见底的迹象。不过单看MACD负黑色线会比较容易出现骗线的情况，因此，要结合其他一些技术指标一起来看才不容易被骗。

图2-8

图2-8中的箭头所指的线，就是上证指数MACD负黑色线一天比一天短。我们看到MACD负黑色线，比大盘真正见底的时间，还要提前一些。所以，我们日后在运用MACD的技术指标判断底部时，必须要结合其他技术指标一起进行研判，才会比较稳定。

大盘经过上述技术形态和技术指标的观察分析，基本上可以判断是否已经跌透，这样急跌做反弹才会有胜算。

第二节 急跌后何时是进货的最好时机

上证指数在2015年6月15日，从高位5178点遇阻而进行了深幅调整，行情急促大跌，空仓的投资者，总是希望找到最好的时机进场补货。但是，由于行情受到消息面的严重干扰，股市后市走势也变得扑朔迷离，因而影响了他们进场补货的决心。在上一节中，我们已经介绍了，如何判断底部形态。在此笔者再介绍一些看盘技巧供广大投资者参考。

第一，股市运行是有其自身的运行规律的，股市总不可能一升到顶，一跌到底，当股价升跌到一个极限时，便会受到自然规律的限制而进行修正。例如，上证指数从5178点高位急跌下来，你必须了解上证指数是从1849点起步上升的，这时一旦出现调整行情，你便可以马上计算出回档目标位的价位。

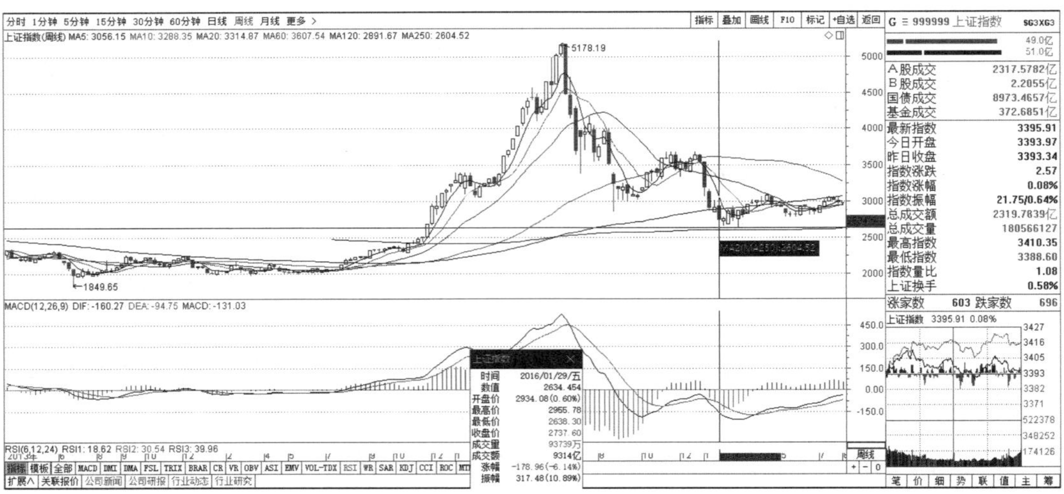

图2-9

为了让大家更清楚地看清股指的起步，我们选择了上证指数周线图（图2-9），从1849点升至5178点50%的回档位是3513点，61.8%的回档位是3120点，75%回档位是2681点，我们可以看到当股指75%回档位是2681点时，市场的获利盘，基本上消失，只要股指到达2681点以下，便可以分批建仓，股指最低见2638点。

第二，参考大盘各项技术指标是否跌到严重超卖区。如果大盘多项技术指标跌到严重超卖区，从另一个角度来讲，就是大盘这时已经基本上没有了获利盘，该斩仓的亦已经斩了仓，大盘的风险已经释放得差不多了，这时进场补货，赢面自然便会增大。

图2-10

图2-10，为上证指数周线图，我们看到周线级别6日RSI值已经跌到18的严重超卖区，这时大盘的风险已经释放得差不多了，这时进场补货，赢面自然便会增大。

第三，大盘下跌时，千万不要做第一次反弹，这是因为，大盘经过长时间的上升，获利盘已非常丰厚，而大多数中线盘都会等到大盘转势时才将持货平仓，这些中线投资者对大盘转势的确认是等大盘下跌后反弹无力才能确认大盘由升势转入跌势。所以，当大盘下跌反弹不创新高时会引来不少中线获利盘的平仓，所以，我们在操作时一般都不要在大盘第一次反弹时进货，那么，我们要等大盘反弹了几次后才能进货呢？笔者认为最好等大盘出现三次反弹后，在第四次准备反弹时进货最为合适。古语有云“一鼓作气、再而衰、三而竭”，大盘经过三次反弹后，风险已经变得相当小，这时进货才有获利的保证。

图2-11

图2-11是上证指数的日线图，从图中我们可以看到画线上的四次反弹，大盘只有到达第四次的反弹是时间最长，安全系数最高的。

第四，从消息面来看，最好是等到市场利空满天飞，大盘一片杀跌之时，才果断进场吸货。这是因为，行情会因受到利空消息的影响而下跌，而利空消息出得最劲的时候，大盘就会加速下跌，往往就是这种急促的下跌会将市场推向极端，所谓否极泰来，这时大盘经常会出现“山穷水复疑无路，柳暗花明又一村”的新境界。

所以，等大盘出现急促下跌时，你可以大胆吸货。你能够学会在市场气氛最悲观之时入货，不知不觉中你很自然地就站到赢家的行列。

第三节 急跌做反弹应选哪些股票

本章的前两节已经讲了急跌做反弹的原则，大方向把握好了，胜率便自然提高。但是，在具体的操作上，还是要落到个股的选择上来。沪深两个市场有几千只个股，大盘急跌，个股也基本上下跌，但是下跌的开头却是千姿百态，那么，在急跌行情中，我们应选择哪些股票来做反弹呢？

下面还是先让我们了解一下急跌行情的特点。急跌行情如球体高空落下，当球体撞到地面时，会很自然地产生反弹，从力学上讲就是作用力与反作用力的关系。这亦是一种自然的现象。因而，无论是牛市还是熊市，只要有急跌行情就会有强劲的反弹行情，只不过牛市与熊市不同的地方在于，熊市是以反弹告终，牛市是一波新的行情的开始。行情跌得越急，反弹的力度就会越大，做得好利润也来得越快。往往持有一段时间，反弹会有25%~35%的利润。短短的十几天时间，完全不亚于牛市里的一个波段行情。所以，每次的急跌行情，都会吸引不少勇于吃螃蟹的短线高手介入。

例如，深市创业板在2017年7月大跌，当时创业板是个股的重灾区，是很多股票跌幅太大所至。尤其是有某些创业板股票6日RSI值跌至6以下，这样的股票，反弹力度必然会更加大，升幅自然会比其他股票高，所以选好个股更是成功的关键。

图2-12

如图2-12所示，神州泰岳（300002）6日RSI值居然跌到5.46的严重超卖区，这种股票非常值得短线关注。

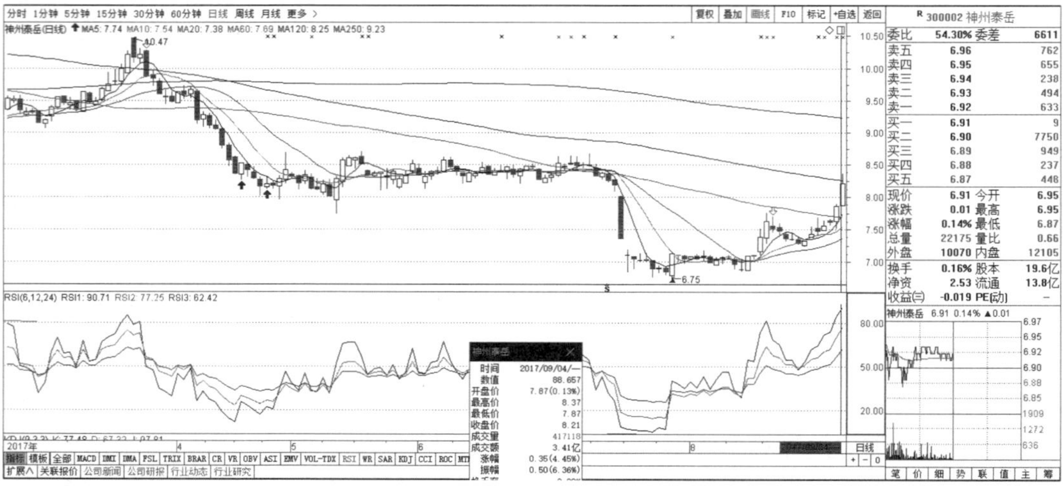

图2-13

如图2-13所示，当6日RSI值跌到5.46后，神州泰岳（300002）股价就慢慢进入反弹阶段，从6.75元反弹到8.21元，该股的反弹空间也有22%。

当我们知道急跌行情的特点之后，便很容易掌握选股的要领。因为是做短线反弹，这时可以不按业绩来选股，这里讲的不按业绩是不按绩优股、二线股、三线股和亏损垃圾股的业绩，但是，为了避免太大的风险，还是不要选那些亏损累累的股票。

行情急跌，有些股票会跌得小些、浅些；有些股票却会跌得深些、大些。我们应专门挑选那些严重超跌的个股来做。俗语讲："哪里有压迫，哪里就有反抗；压迫得越深，反抗得越厉害。"大盘日日下跌，有些个股经常会受到一些恐慌盘无理性的抛售，这时股价会跌得特别深，甚至有些个股跌到低于它的净资产值。只要我们找到这些股票来做反弹，利润一般都比那些跌幅小的绩优股会大。

图2-14

如图2-14所示，汉威科技（300007）股价从最高118元一路向下狂杀到33元，跌幅相当惊人，但细心的投资者会发现股价到达33元时，RSI出现底背离，这是一个相当好的短线介入位置，该股很快从33元反弹到57元。该股反弹的空间为72%。

在做股票超跌反弹时，投资者要注意的一个问题就是应尽量选择那些股价处于上升通道中的股票，而尽量避免选择股价走下降通道的股票。这是因为，股价处于下降通道中，一般反弹力度都会较弱，而股价处于上升通道中，反弹力度将会较下降通道的股票强，在选股买卖中，投资者应尽量选择强势股才会较易取胜。

第四节

急跌做反弹何时平仓出局

前几节已经讲了急跌做反弹的原则和选股的要领。最后便剩下最重要的一环就是急跌做反弹何时平仓出局的课题。作为一轮买卖操作，会买只是完成了操作的一半过程，会卖才是操作的最关键的一环。俗语说得好："会买的是徒弟，会卖的才是师傅！"

做急跌反弹由于是在市场一片恐慌和悲观的气氛中操作，最容易犯上过早离场的错误。好不容易等到一个急跌的行情，由于被市场恐慌气氛所影响，未能把握好出货时机，是股民普遍存在的一大问题，也是不成熟的一种表现。

那么，我们怎样才能把握好急跌做反弹的出货时机呢?

要做好出货这一环的操作，我们必须要正确区分行情的特点，急跌行情有可能出现在牛市和熊市，由于牛市的急跌，只是对一些获利丰厚盘的消化和吸收，急跌调整之后，经常又是一波新的上升行情的开始。牛市急跌见底往往是空头回补的最好时机，所以牛市急跌做反弹要平仓出局的时机较多，亦比较容易掌握。

图2-15

如图2-15所示，盾安环境（002011）是属于大底部后，牛市起动的第一波，股价从9元升上11元，然后又跌回9元，这时我们就可以大胆抄底买入。

图2–16

由于牛市的急跌只是对一些获利丰厚盘的消化和吸收，急跌调整之后，经常又是一波新的上升行情的开始。所以，牛市急跌见底往往是空头回补的最好时机，牛市急跌做反弹要平仓出局的时机较多。如图2–16所示，我们从盾安环境（002011）后市发展来看，买入后股价继续向上创出新高。这种情况应该是属于比较容易操作的短线抄底。

但是，熊市急跌做反弹要求的技巧就相当高了，因为，过早出局，会白白错失一段利润，太迟离场股价又会打回原形，赚不到钱，甚至会有被套的危险。所以，笔者还是着重介绍熊市急跌做反弹何时平仓出局的要领。

熊市急跌反弹回调的目标一般都不会超过50%，这亦是江恩理论中区别牛市反弹和熊市反弹的重要参考指标之一。熊市急跌反弹回调的目标位经常会出现在25%和38.2%。所以，当我们抓到急跌底部时，便可以马上用计算机计算出25%的价位是多少、38.2%的价位是多少、50%的价位是多少。这样亦使自己心中有数，反弹到哪个价位阻力会较大。

图2–17

如图2-17所示，三一重工（600031）从最高价14.33元急跌到5.75元，我们就可以马上用计算机计算出，反弹25%的价位是7.89元，反弹38.2%的价位是9.03元，我们看到该股冲到8.65元，就已经无力上升了。

笔者通过多次观察深沪两地股市发现，如果是经过急跌到了6日RSI值低于9时，反弹的价位一般都会超过25%。因而，在熊市急跌反弹中，我们多留意下38.2%和接近50%的价位。这样，我们做一次急跌反弹有38.2%~50%的利润，亦基本上达到合格的要求。

除了上述的回调百分比之外，亦可以参考一些短线的技术指标。

①如果6日RSI值跌至或低于9时，日后反弹时，6日RSI值都会冲到50以上。因而等到6日RSI值冲到50以上时，才考虑出货是可以避免犯过早离场的错误的。

图2-18

如图2-18所示，久联发展（002037）急跌时6日RSI值下跌至7.95严重超卖区，如果我们抄底买入后，应该持股到什么时候卖出呢？

图2-19

如图2-19所示，我们可以耐心等到6日RSI值冲到50以上才卖出，从画线那里，我们看到6日RSI值到达54时，股价从30元反弹到38元，刚好反弹26%。

②由于是熊市做短线反弹，亦可以参考日KDJ指标。一般日KDJ经过连续数日的急跌，已经到了严重超卖的程度，一旦行情出现反弹，日KDJ亦会从严重超卖区发生金叉出现买进信号。

这时，一般的教科书大多都是教人持股等到日KDJ在高位死叉后才出货，但是，桃源根据多年的实践经验发现，一般日KDJ的J线，是属于最快级别的线，我们可以用来研判短线出货的指标。如果要等到KDJ死叉时才出货，那么，就要损失一部分利润。桃源认为，可以不用等到KDJ死叉才出货，而是耐心等到J线冲击110~120时稍微掉头向下时出货，这样短线的利润是最大化的。所以，J线是在熊市急跌中把握短线买卖点的重要技术指标之一。

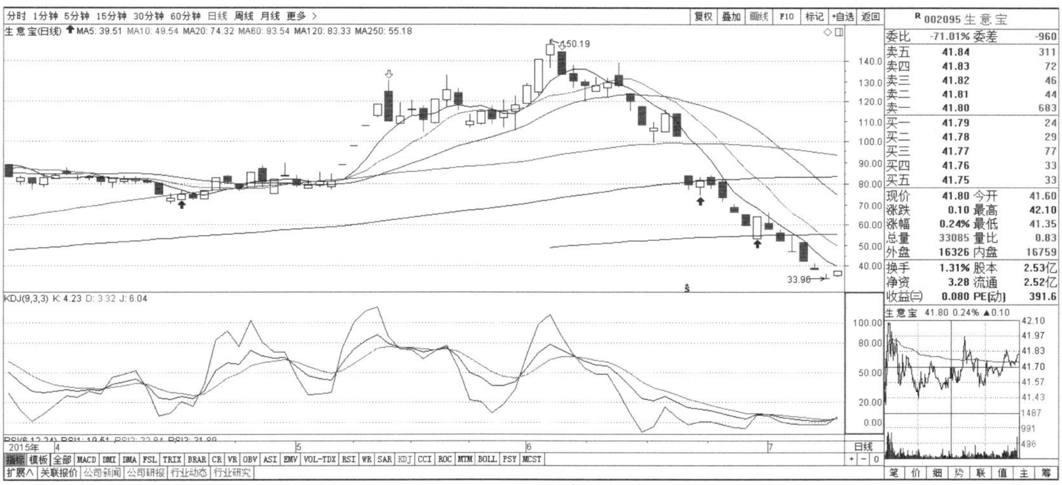

图2-20

如图2-20所示，生意宝（002095）的KDJ刚好在低位发出金叉买入信号，买入后我们应该怎样卖出才能做到利润最大化呢？按照以往的做法，就是等KDJ死叉时卖出，但是，桃源根据多年的实践经验发现，可以不用等到KDJ死叉才出货，而是耐心等到J线冲击110~120时出货，这样短线的利润是最大化的。我们来看图2-21。

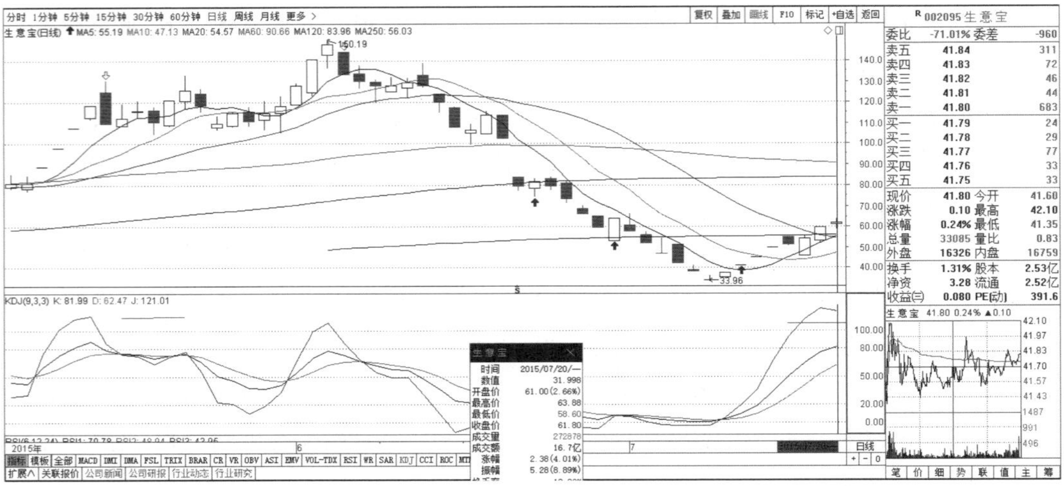

图2-21

如图2-21所示，我们看到KDJ的J线冲击121稍微掉头向下时，当天的收市价是61.80元，如果按照J线冲击121时卖出，那么，我们就会在61.80元时卖出。

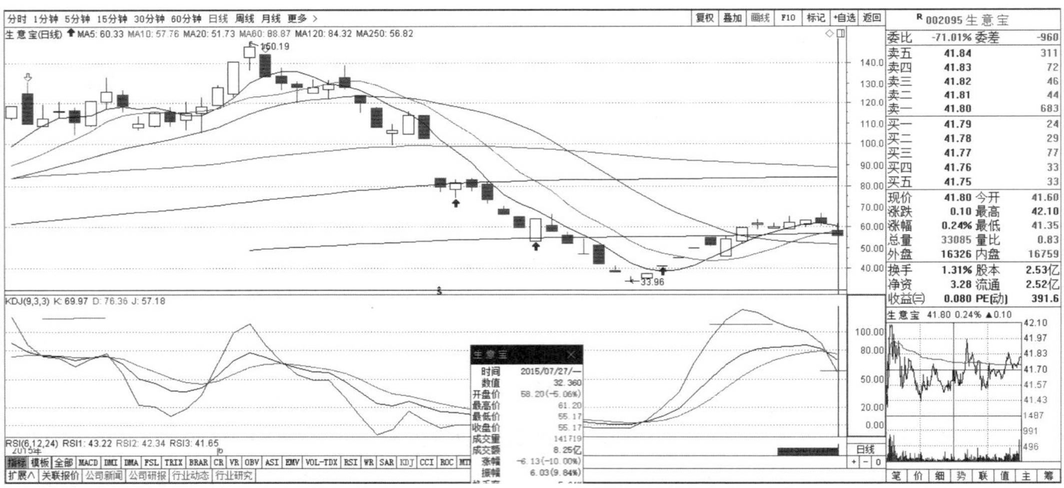

图2-22

现在我们再来观察一下，当KDJ死叉时卖出，当天收市价是55.20元，这样的卖出价就会比61.80元少了6.6元。我们通过这样的对比，让大家明白短线抄反弹用J线来研判，利润是最高。

关于熊市急跌做反弹还有其他的一些技术指标，但是，如果股民能够掌握好上述的要领，就已经把握了熊市急跌做反弹出货的基本要领。

第三章

知己知彼　百战百胜

◎了解庄家

◎庄家怎样收集筹码

◎庄家怎样拉高

◎庄家怎样出货

◎散户应该怎样跟庄

◎了解自己

◎战胜自己

第一节 了解庄家

广大投资者在股票市场上作战，自己真正的对手并不是其他股民而是庄家。因此，了解庄家、熟识庄家的坐庄手法，掌握庄家的操作思路，才能做到知己知彼，百战百胜。那么，庄家是怎样做庄的呢？我们怎样去认识庄家呢？

首先，庄家虽然拥有雄厚的资金和很多优秀的技术分析员，同时在资讯方面亦会比股民消息灵通，但是，最基本的一条就是庄家也是人，庄家同样怕输钱，这是我们认识庄家与广大股民一样的共通点。庄家在做庄的过程中最怕遇上一些意想不到的政策性利空。因此，庄家要在这变幻莫测的股票市场上取胜，同样与广大股民一样，必须要了解国家现时的政治和经济情况，进一步深入了解个股的经营业绩。所以，作为大资金进出的庄家，要保证在股票市场上赢钱，必须要做好深入细致的分析工作，使自己的操作能够得到“天时地利人和”的配合。

其次，庄家在透彻研究国家的宏观经济大气候能够允许大资金从容进出股市之后，接着便到了选股做庄的时候了。选股是非常重要的一环。因为，选股选好了做庄便成功了一半。

那么，庄家是从哪几个因素进行选股的呢？

（1）庄家是会优先选择上市公司中成长性好、年利润能大幅提高的股票。如万科，复星医药，贵州茅台等股票。庄家由于深入细致地分析了这些公司的高速成长性，因而，在炒作过程中便能得心应手，一呼百应。

图3-1

图3-1为万科A（000002）的周线图，该股由于公司业绩大幅增长，庄家在2014年2月最低见6.52元起步开始炒作，连续几年，不断向上推高股价，成为深沪两市像贵州茅台、复星科技等股票一样的大白马股。我们作为散户，要买就一定要选择这些业绩优秀、行业有独特性的股票进行长线持有，这样才能够战胜市场！

（2）流通股本在3000万股以上，总股本3亿股以下的股票。因为，流通股小，庄家比较容易控盘，便于轻松拉抬股价。另外，最好选择涉及高科技产业的企业，这样容易让人有想象空间。

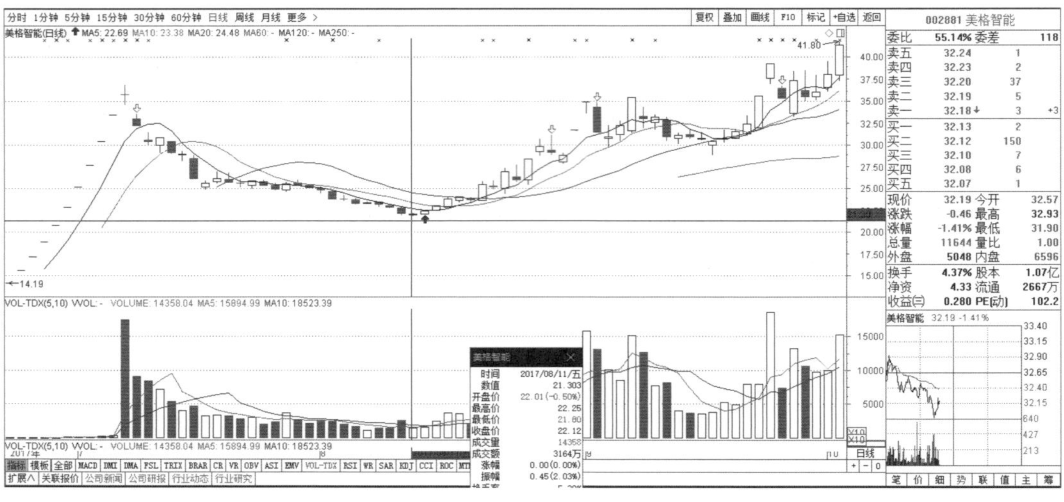

图3-2

美格智能（002881）主要从事计算机、通信和其他电子设备制造，属于高科技产业，2017年6月总股本1.07亿股，流通盘2667万股，对于这类行业独特、流通盘较少的股票，经常会有庄家关照。

（3）选择的公司业绩不能太差，庄家最怕在做庄炒作的过程中突然传出自己炒作股票的公司经营业绩急剧下滑。

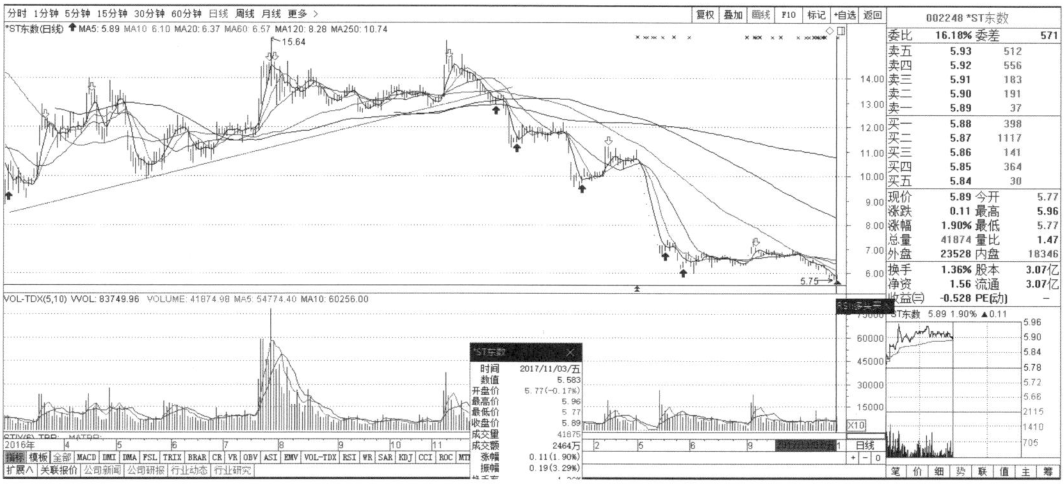

图3-3

我们从图3-3中的画线部分可以看出，ST东数（002248，现改为“华东数控”）的庄家是沿着一条上升通道向上炒作，谁知道公司突然传出有重大亏损的利空消息，于是，股价从15元一口气跌到5元，庄家损失惨重。所以，投资者在选择股票时，千万不要选择那些亏损特别严重的股票来操作。

（4）庄家喜欢选择企业自身有多种题材可供挖掘的上市公司。例如，华友钴业（603799），公司主要经营研发、生产、销售钴、镍、铜氧化物和钴、镍、铜盐类。公司属于钴产业龙头企业，公司形象优秀，后来，公司公告通过股权并购积极布局锂资源的特大利好消息，并且公司致力于掌握三元锂电池材料中极具战略意义的钴、锂环节，提升公司在锂电产业链上游的地位。种种利好为公司的股价不断上涨拓展空间，如图3-4所示。

图3-4

（5）选择有业绩的新股炒作。庄家对新股没有历史套牢盘等特点，事先对新上市的公司进行全面分析研究。例如，飞科电器（603868），公司为一家集剃须刀及个人护理电器和家居生活电器研发、制造、销售于一体的企业，已成为国内个人护理电器行业的领导品牌。庄家利用公司形象优良，盘子小，新发行上市，上边没有套牢盘等特点进行炒作，吸引短线盘的介入从而达到拉高出货的目的，如图3-5所示。

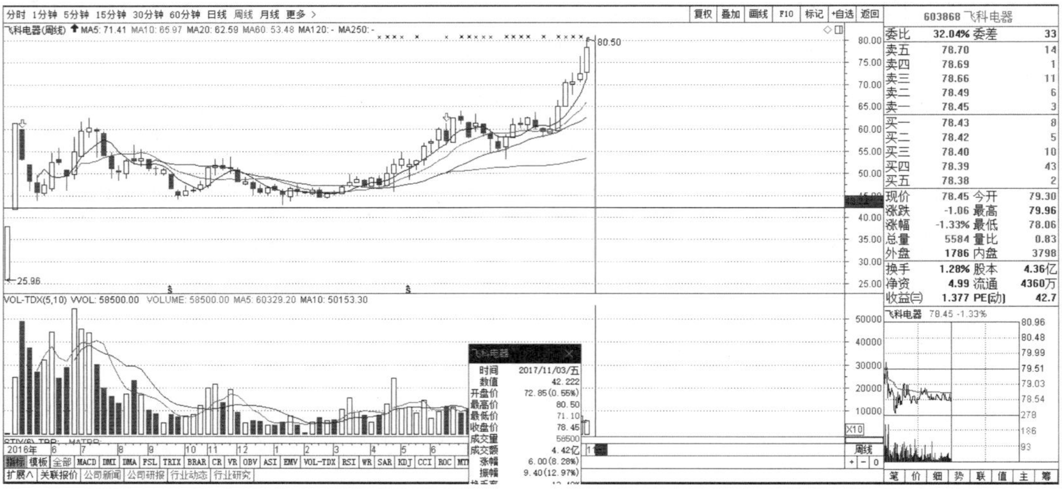

图3-5

从上述几点要领分析，投资者是不难掌握庄家选择黑马的思路的。

第二节 庄家怎样收集筹码

庄家经过认真的审时度势和精选个股之后，接着便开始下手做庄，做庄前必须要经过吸筹阶段。庄家手中不掌握该股大部分筹码是绝对不会拉抬的。所以，吸筹是庄家做庄的一个非常重要的环节。一般庄家看中某只个股，在下手之前都有一个试盘阶段。试盘的目的有两个：一个是试探一下该股有没有其他庄家在场，避免出现日后碰庄，两虎相斗、两败俱伤，猎人得利的局面；另一个目的是先掌握一定的筹码在手，留待日后打压震仓之用。庄家在进场前尽量做到不动声色，绝对严守机密，避免消息泄漏出去被人捣乱而破坏整盘吸筹计划。

当一切安排就绪之后，最为重要的就是下手吸筹的时机。虽然，庄家在试盘时已经掌握了该股的一些筹码，但是，这只是入庄的试探阶段，离大规模进军该股还有很远的一段距离。

那么，庄家进场的最好时机是何时呢?

第一步，就是等待大盘下跌人心惶惶之时进行，这是因为利空满天飞时，市场上一片恐慌气氛，散户抛货较坚决，庄家这时才会比较容易吸到低价货。但是，随着新一轮下跌之后，大盘转入反弹行情，这时，便是庄家表现的时机。一个成功的庄家会控制股价让该股反弹幅度远远低于大盘，反弹完毕之后，下跌要比大盘快，这是一种对付中长线投资者的操作技巧。

图3-6

图3-6为国投中鲁（600962），在2017年3月28日至11月3日的走势图，我们对比上证指数同一时段的走势图（图3-7），就非常清楚地看到，国投中鲁（600962）在3月份跟随大盘下跌后，最低见到11.86元后，就已经很难升回19.88元的高位了，每次反弹都非常弱势，我们看到最后一次下跌还跌穿了平行通道下轨。反观大盘，却是每每创出新高，让持有该股的股民，赚了指数，却输了钱，这样对投资者的持股信心，将会构成重大的打击。如果没有定力的投资者，将会全部清仓离场，庄家就是运用这种手法，将宝贵的筹码收集到手中。

图3-7

图3-7为上证指数在2017年3月28日至11月3日的走势图，我们看到，指数在3月

份下跌之后，就走出了一波又一波的上升通道。对比国投中鲁（600962）的走势，简直是一个上天堂，一个入地狱。

第二步，对于一些有较好业绩的个股，由于投资大众持股较有信心，所以，庄家经常要经过三五次的反弹之后，让该股的表现老是差于大盘，才能让投资者感觉该股是弱势无庄股，并且反弹幅度越来越小，最后连短线盘也对它没兴趣，这时庄家才完成了吸筹工作。

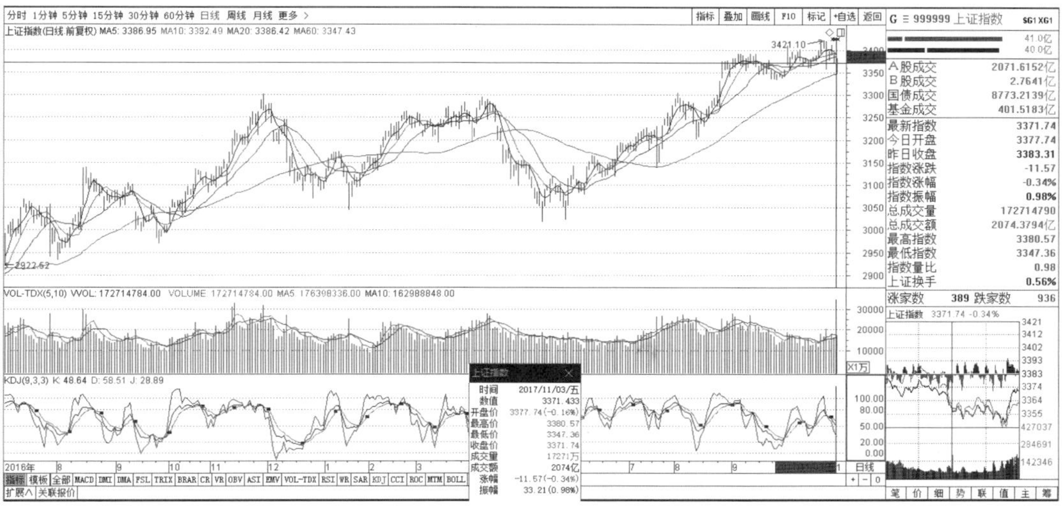

图3-8

图3-8为上证指数在2016年10月27日至2017年11月3日的走势图，大盘虽然有大幅下跌的行为，但是，基本上是沿着一条大的上升通道向上运行的。

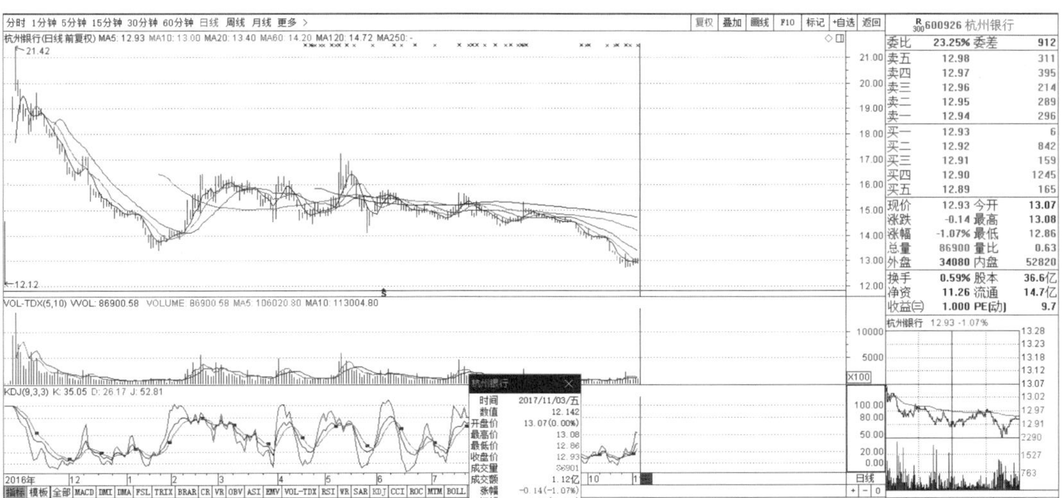

图3-9

图3-9为杭州银行（600926）2016年10月27日至2017年11月3日的走势图，该股属于新上市股票，由于是银行股，业绩较好，庄家难于在低位收集筹码。但是，聪明的庄家自有一套自己收集筹码的办法。我们看到该股逆大盘走势，不断创出新低，庄家塑造了该股是弱势无庄股的形象之后，就比较容易地收集到廉价的筹码。

庄家完成了塑造该股是弱势无庄股的坏形象之后。第三步，便是将价格控制在一个投机投资两相宜的低价区内反复进行吸纳。其最大特点是让你长时间赚了指数，亏了钱。这种吸筹手法相当有效，大多数投资者都是耐不住这种打击而放弃了对该股的持有。

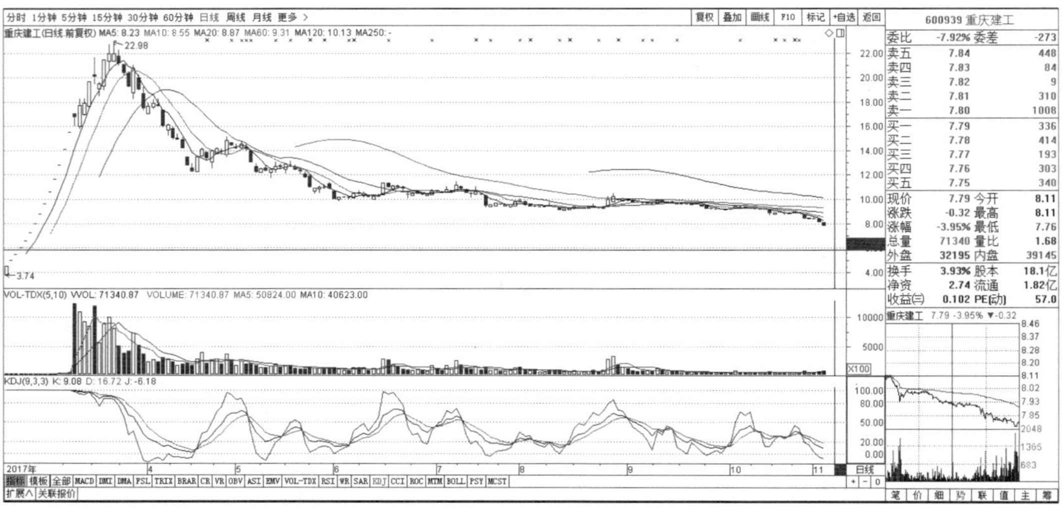

图3-10

如图3-10所示，重庆建工（600939）也是一只让你赚了指数，亏了钱的个股。如果庄家不是有心收集筹码，就不会天天下跌，让你失去持股的信心。

第四步，便到了小幅拉高打压震仓的阶段，这是对付一些亏了钱打死也不走的投资者。因为，庄家将该股打了下去，由于有不少投资者抱着输钱不走的心态，庄家还未能完全吸足筹码，因此，这时庄家将股价拉升到你买入价的区域上下震动，时而让你有小小浮利、时而让你出现亏损，三番四次进行威逼利诱，这是一种非常厉害的吸筹手法，到这时往往就有不少投资者忍受不了这种折磨而抛掉了一只大黑马。

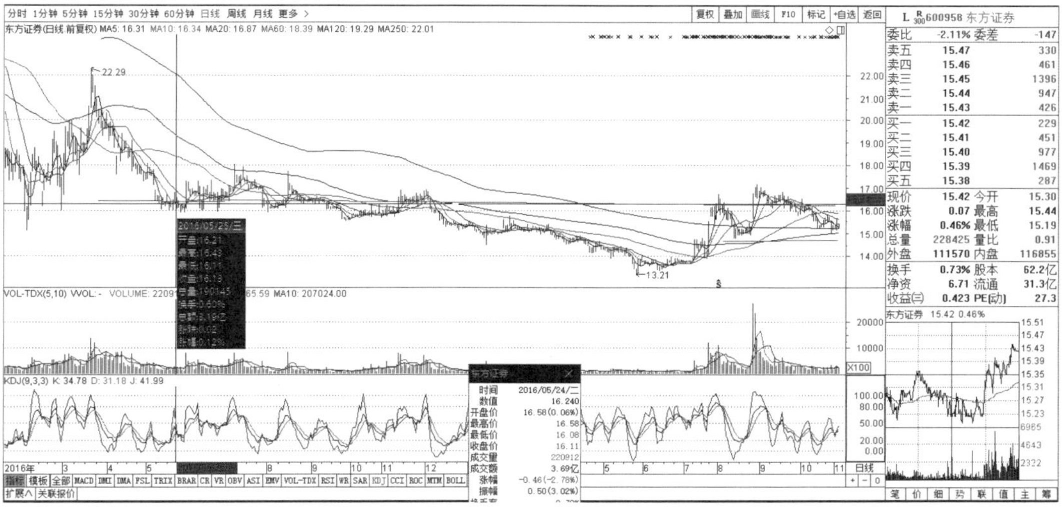

图3-11

如图3-11所示，我们从东方证券（600958）16元的画线部分看得非常清楚，在2016年5月份，如果投资者去抄16元的底部，那么，到2017年5月份，股价被庄家打到最低13元，令到抄底的全部投资者，一年时间出现亏损状态，当庄家吸饱筹码之后，我们终于正式见证了庄家手段厉害。在八九月份，庄家有两次拉回到16元上面，让你赚少少出货，如果你不出来，股价又快速跌回到16元之下，让你又回到亏损状态。令你持股一年，又回到非常沉重的状态，这种三番四次进行的威逼利诱，是一种非常厉害的吸筹手法。

该股经过上述的步骤后，庄家正式完成了极为艰辛的吸筹阶段。下一节将介绍庄家如何拉高股价，敬请股民朋友留意。

第三节
庄家怎样拉高

当庄家在低位打走了大部分的投资者，吸足了该股筹码之后，接着便到了拉高阶段。拉高的目的是为了远离吸筹的成本价，然后想尽办法在高位出逃，这样才能在股票市场中赚到股民的钱。这是股市中经常见到的亦是庄家不断循环反复进行的操作过程。我们去了解庄家，认识庄家，目的是为了战胜庄家。

那么，庄家是怎样拉高的呢？

成功和手法娴熟的庄家，他们都会精心选择拉抬的时机。当庄家经过三番四次反复折磨透了股民及吸饱了筹码之后，大多都会选择在行情低迷期的尾段拉升。这是因为广大投资者还处在悲观心态之中，而且刚刚抛掉手中的筹码。这时庄家果断大幅拉高，大多数投资者都不敢跟进，大部分筹码在庄家手上，拉高亦相当轻松。

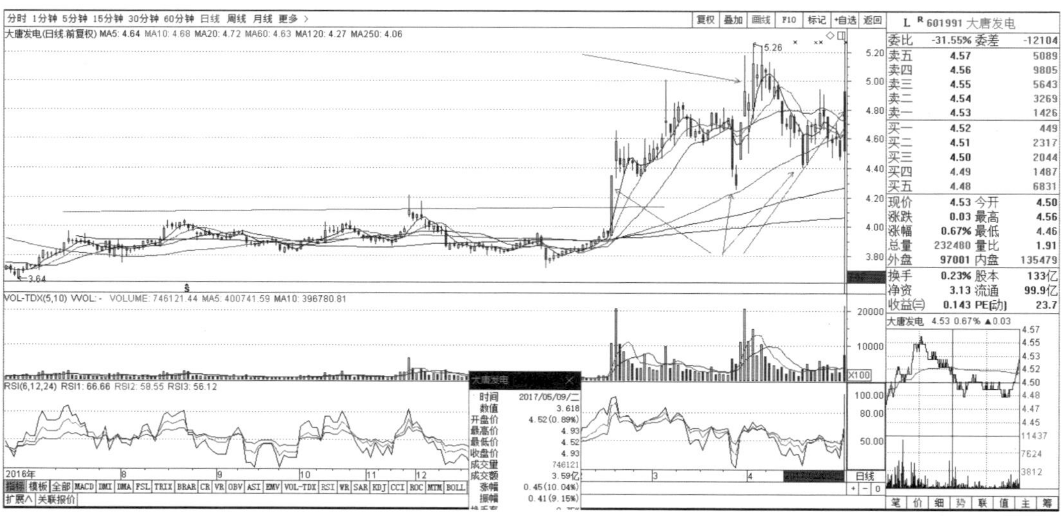

图3-12

如图3-12所示，我们可以看到大唐发电（601991）庄家在底部吸饱筹码之后，快速拉离平台，让刚刚斩了仓的投资者，无法在低位回补。另外，箭头所指的部分是股价再上一个台阶后，庄家利用快速拉抬，快速打压的手法进行清洗浮筹，这也是一种吸纳筹码的手法。

从技术操作方面来看，庄家在拉高时，都会果断突破关键的阻力区，甚至不惜制造当日缺口，形成突破性缺口。突破性缺口出来后拉升两三天便会马上杀个回马枪，一来将短线盘打走，二来趁价位还不算太高，在缺口之上的关键点位进行护盘，给人一种该股跌不下去的感觉。这是一项在拉高过程中非常重要的工作，亦是为日后能否找到轿夫，高位能否吸引到散户接货的关键一步，形象塑造好了后市才会有戏可唱。

图3-13

从图3-13中，我们可以看到箭头所指的是中科曙光（603019）两次跳空向上突破的缺口，但是，庄家在该股回调的过程中，积极进行护盘，每次股价都没有跌破黄线下方突破性缺口的价位，这样就为该股形成一条标准的上升通道，打下了良好的基础。

这一步如果做不好，一方面说明庄家操作手法还未达到炉火纯青的境界或是刚好遇上重大利空；另一方面亦说明庄家可能资金不足或可能在资金分配方面不合理以致出现头重脚轻的现象。这是庄家在吸足筹码之后拉高的一大忌。

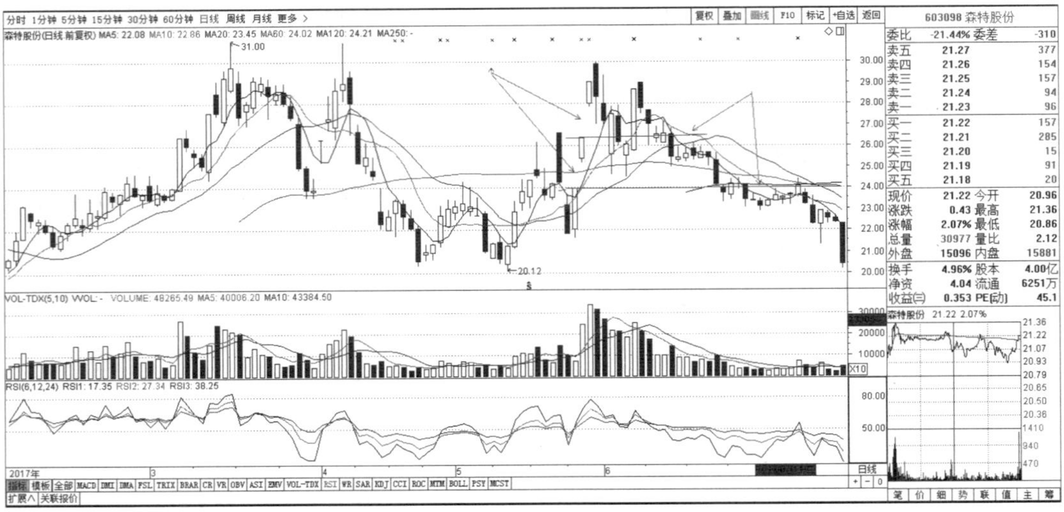

图3-14

如图3-14所示，森特股份（603098）是一个失败的庄家案例，为什么这样说呢？我们来同大家一起进行分析。本来该股有两次跳空向上突破的缺口，这是一种强势向上的走势。但是，庄家在股价调整的过程中，并没有进行护盘，任由股价连续两次跌落到突破缺口的下方，终于导致该股出现了破位下行的被动局面。将之前拉升的大好局面白白地付之东流，真的是太可惜了。

从时间上看，庄家要吸足筹码，时间跨度都会比较长，特别是到了吸筹者的成本价与庄家的成本价差不多时，最好的做法就是要迅速拉高，拉高时切忌在关键阻力位畏缩不前，重要阻力位冲破了，当投资大众发现有主力进场时，抛压便会减轻。

图3-15

如图3-15所示，康尼机电（603111）是一个成功的操盘典范，我们看到箭头所指的那部分，是该股跳空高开高走的走势，当庄家拉上一个高度之后，基本上在画线上方进行横盘整理，将一部分浮动筹码洗出来，另外，又促使另一部分看好该股的投资者上马。

以上步骤做好之后，接着便会进行正式的拉抬。一般庄家在拉到一定高度时或前期的阻力位时，都会进行洗盘，将一部分浮动筹码洗出来，另外又促使另一部分的投资者上马。每一次拉高洗盘都给人一种该股后市还非常之好的感觉，有些个股由于庄家实力强劲，筹码绝大部分被庄家收去，所以在拉抬的过程中，都不需要有成交量的配合。

图3-16

如图3-16所示，景旺电子（603228）也是一个成功的庄家操作，我们看到股价沿着上升平行线向上运动，但是，成交量却不用放得太大，这也是庄家高度控盘后，才可以形成无量上升的状态。

第四节
庄家怎样出货

出货历来都是庄家的一大难关，一个成功的庄家是必须要将低价区吸到的筹码拉高后，在高位出货才能真正完成一次交易。因此，对于出货这一环节庄家历来都非常谨慎。不然抓了一书包的货，被广大投资者发现出不了货，其后果真是不堪设想。所以，顶部形态比底部形态较为复杂、较难于把握。

那么，我们怎样才能发现庄家在暗中出货呢？

首先，庄家从吸筹到拉高，接着便是到了将股性变活的时候，股性变活了出货才会容易，要将股性变活就是使该股的成交量急剧放大，放大成交量庄家通常是用对敲的方式来进行的，而且庄家会不断制造该股的获利盘，使人产生一种做该股能赚钱的惰性的贪婪心理。特别是到了最后的拉高时段，庄家务必要使大多数持有该股的股民认为这只股票还会上升而不愿出货，令未持有该股的股民有一种杀入做一把短线的冲动。

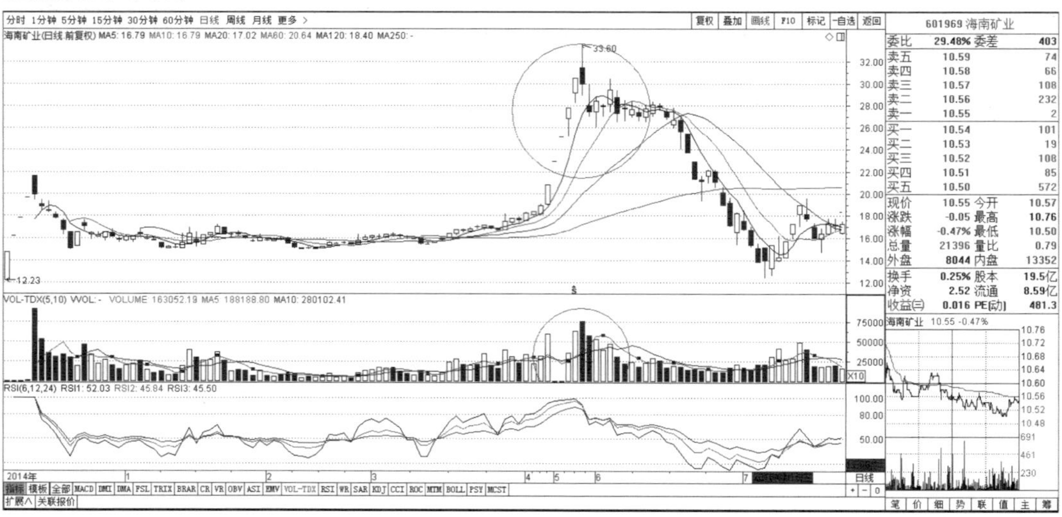

图3-17

如图3-17所示，这是庄家最标准的出货形态。第一，成交量急剧放大；第二，股价创出历史新高33.60元；第三，高位收阴线，一看就是明显的单日反转形态。

这种现象历来都是庄家正准备全身而退的最大特点。因此，日后股民朋友看见某一只个股经过一段时间的拉抬后，突然间成交量急剧放大又拉出长阳，这时就要对该股特别警惕，手上有货的，一定要先出货，而手上没有货的千万不要贪一时的蝇头小利而落入陷阱。

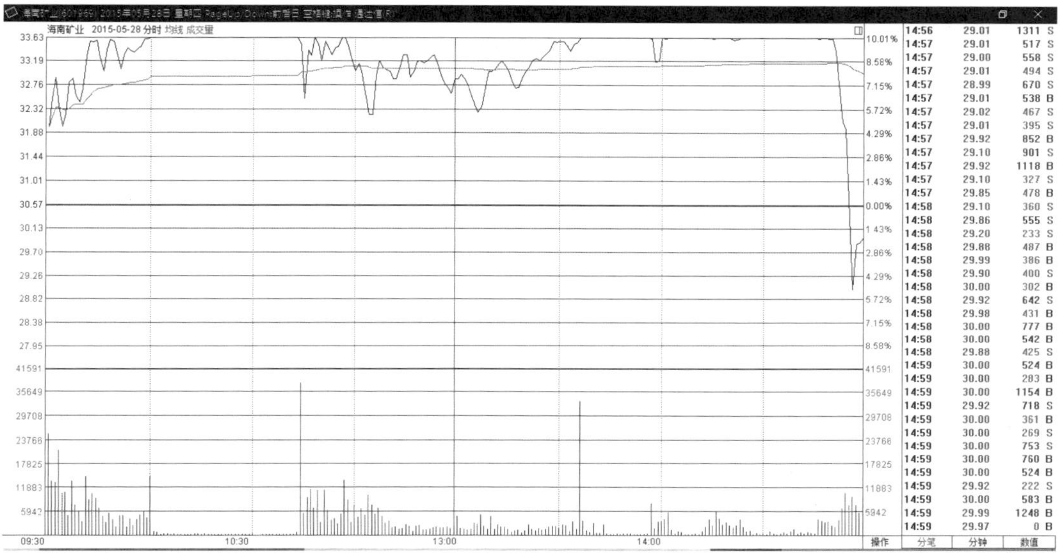

图3–18

我们再来看看海南矿业（601969）创出历史新高33.60元的分时图（图3–18）就非常清楚了，该股当天连续多次打开涨停板，接着又再封涨停，让人感觉非常强劲，谁知道在临收市的十分钟突然放量下跌，到此，这条大阴棒彻底击碎了该股继续上升的黄粱美梦。

其次，从技术上讲，庄家要出货通常都有一个最后的拉升过程，由于这时出货是真，拉高是假。庄家为了用最小的资金达到拉高的目的，往往都会等到临收盘前才用对敲的手法进行迅速拉高。然后，在次日开盘先是稍稍低开，消化一下浮筹，便又快速拉高股价创出一个新高，接着便进行大举派发。

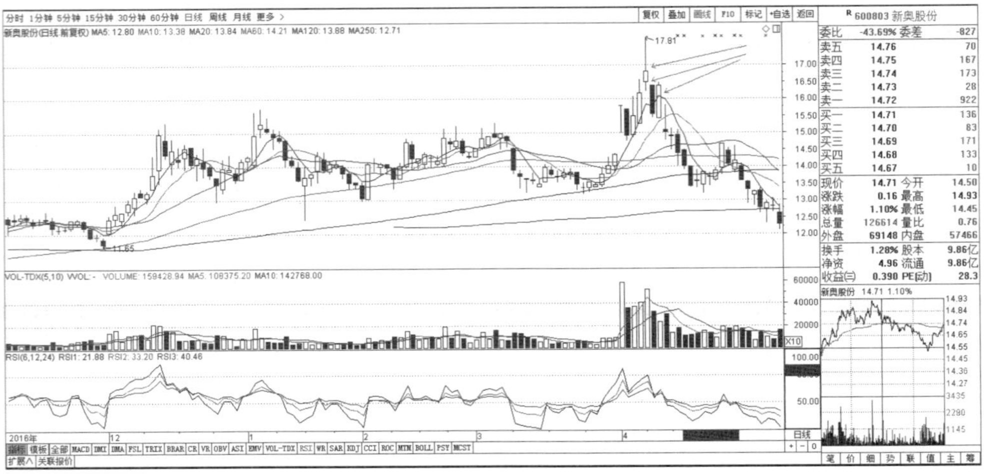

图3-19

如图3-19所示，这也是庄家出货手法之一。新奥股份（600803）创出17.81元的高位之后，第二天便大举派发，收出大阴线，第三天，虽然收出大阳线，但是股价不能到达17.81元的高位。让等着最高价才舍得出货的散户，根本没有心情来出货。

再次，对于散户来讲，当他见到一个新高价后，便会产生一种再见此高价才愿卖出的心理，庄家就是有意利用散户的惜售心理，而自己却是在这个新高价之下进行悄然派发。一些手法凶悍的庄家更是创出一个新高之后，便马上来个高台跳水，股价悬在半空中，每次反弹都见不到这个新高价，而庄家却成功地在半空中的每次反弹顺利出逃。

图3-20

如图3-20所示，这是一种标准的顶部形态，叫作三重顶。我们可以看到，当上海物贸（600822）创出新高22.30元之后，后面的反弹一次比一次低，这个庄家的操盘手法，算是非常善良了，最起码让学习过顶部形态的投资者，能够按照图形顺利出货。

另外，从技巧上讲，庄家的出货一般都会巧妙地安排在形势一片大好，人气高涨之时。这时候市场气氛良好，投资者买卖都比较活跃，恰恰就在这个时候，庄家才能轻松出货。而且，大好形势，机不可失，庄家这时出货都较为坚决。

图3-21

如图3-21所示，益民集团（600824），庄家利用大盘形势一片大好之时，在圆圈部分拼命出货，就算是后来的反弹也到不了7.89元的最高位，但是，庄家的这种出货手法，散户还是可以看得出来，最起码在图形上，有M头顶部形态出现，大家还是比较容易通过辨认图形来出货的。

从这一点上看，亦是印证了大多数股民必定输钱的道理。相反理论就是基于此而产生的。所以，股民朋友日后看见市场人声鼎沸，一片叫好之时，就必须要战胜自己的贪婪心理，同庄家一起坚决以出货为主，这样才会成为大赢家。

图3-22

如图3-22所示，这是最阴险的庄家的出货手法，我们可以看到当万盛股份（603010）冲击最高价40.77元之后，就连续三天以跌停板走势来套人，这种走势散户根本没有办法能出货。

第五节 散户应该怎样跟庄

当我们了解了庄家怎样选股、吸筹、拉高、出货等一系列的技巧和手法之后，我们最终的目的便是怎样去跟庄赚钱。我们在看盘的时候，发现了庄家在暗地里吸筹，我们便算是找到了庄家的踪影。但是，我们怎样上马跟庄，赚到庄家的钱呢？这里就有一个技术上和技巧上的问题。

首先，在庄家吸筹的阶段，该股都会有一个上下打压震仓的时候，当我们发现该股在每一次打压下来到一个低位时，都被一股神秘的力量承托着的时候，我们便可以判断该股已经有庄家在暗中吸货。我们可以等该股再次打下来的时候在低位果断买入。买入后可以有两种操作手法：第一种是跟着庄家的打压震仓节奏进行高抛低吸，直到该股很难有短线进出为止；第二种是入货后耐心等待庄家的拉抬，这种做法比较适合上班一族及不能经常到股市看盘的股民朋友。

图3-23

如图3-23所示，大豪科技（603025）跌到23.20元时，我们看到画线的部分，股价每次跌到接近23.20元就跌不下去，总是被一股神秘的力量承托住。这时我们首先想到的应该是庄家，在股市中散户是不可能承托得住股价的下跌的，如果这里没有庄家暗中吸纳，是根本不可能令股价横盘的，通过这样的观察，我们在茫茫股海中，终于发现了庄家的踪影。

其次，是可以待庄家拉高突破阻力位时大胆跟进。这种做法比在低位买入风险要高些，但是，好处是能骑到快马。一般在庄家突破时，要仔细判断庄家是否搞假突破。因为，历来广大股民炒股都有一种“上贼船容易下贼船难”的体会。我们要在股海中达到炉火纯青的境界，就必须要做到与庄家心心相印。要达到这一境界，我们每时每刻都要设身处地地想想：假如自己是庄家，此时此刻应该怎样操作？我们通过反复地看盘实现与庄家心灵相通，做到行家里手，达到一伸手便知有没有的最高境界。一般当我们发现某只个股突然间突破平台或突破历史顶部时，我们千万要忍着追高的冲动，因为，一个手法成熟的庄家当股价突破平台或突破历史顶部的时候，接着都会有一个严厉的洗盘行为。一来可以趁价位低吸多些货，二来可以塑造该股跌不下去的形象。如果我们一时冲动在庄家刚刚突破之时杀了进去，当庄家洗盘时，特意来个假突破，破位下行我们便会有一种上了贼船的感觉。

图3-24

如图3-24所示，当中国重工（601989）股价突破横线的阻力位时，我们怎样跟进才能避免上了贼船的感觉呢？当我们发现某只个股突然间突破平台时，我们千万要忍着追高的冲动，因为，一个手法成熟的庄家当股价突破平台的时候，接着都会有一个严厉的洗盘行为。图中两个方块的部分就是庄家突破后连续震荡洗盘的过程，但是，无论股价怎样震荡，都是跌不破横线，我们认为，这就是庄家震荡洗盘的过程，这时大家可以大胆买进。

根据笔者多年的操盘经验，这时应该耐心等待庄家洗盘后在平台或顶部之上得到有力支持之后，才可以大胆杀入。这是因为如果庄家是搞假突破，庄家绝对不会给你一个高位出货的机会。所以，等庄家在平台或顶部之上温和放量食货之时进场，就会安全得多，而且亦证明庄家日后会看好该股。以往有很多股民上当受骗就是没有仔细观察庄家的操作手法而落入圈套。

图3-25

如图3-25所示，当我们发现，大豪科技（603025）向上突破横线时，作为一个成熟的投资者，我们应该怎样正确地上马跟庄呢？那就是耐心等待股价震荡回调到横线。大家请看，图中箭头所指，有两处股价向下调整，但是，总是没有跌破黄线，这就是庄家在暗中护盘，这个时候的买入是最安全的。

当我们上马之后，时刻要想着的就是怎样下马了——在高位出逃。你要赚庄家的钱，就一定要了解庄家的弱点，一般庄家手上持货都比较多，庄家不可能一次出清手上的持货。这便是庄家与股民的区别，亦是庄家的弱点。所以，当我们发现庄家突破平台或突破历史顶部之后，出现两三次拉高洗盘后，便要准备下马。如果看到庄家到最后放巨量连拉大阳的时候，便要坚决卖出。

图3-26

如图3-26所示，当音飞储存（603066）股价一路向上拉升的时候，我们作为跟庄的投资者，这时就应该要密切留意庄家的一举一动，只要发现庄家有出货的行为，我们就应该立即获利了结，从图中的方块里，我们可以看到股价已经无力上升，这时我们就应该立即卖出将利润兑现。

总之，尽管日后庄家还会花样百出，不断变换手法来赚股民的钱，但是，万变不离其宗，就是一定要经过吸筹、拉高、出货的阶段，只要我们不断总结经验，熟识庄家、了解庄家的操作手法，精明的股民朋友是可以战胜庄家的。

第六节
了解自己

每个投资者都知道股票买卖是最浅显而易懂的事，但却又是最难做的生意。投资者都希望凭着自己的智慧和果断捉摸到股市跳动的脉搏，从而捕捉到股市发财的良机。但是，往往事与愿违，大都败在不知己不知彼的市场中。从今天起，笔者同大家一起探讨股市取胜之道。

孙子曰：知彼知己者，百战不殆；不知彼而知己，一胜一负；不知彼、不知己，每战必殆。

投资者在股市里操作最大的敌人就是自己。不了解自己如同喝醉酒的司机，在道路上乱撞。一旦进入市场，便毫无准备地面临着一个非常危险的境地。当市场发生急剧变化的时候，人性的弱点如贪婪、恐惧、急躁、犹豫、自负、自卑、从众、赌性等表露无遗。

贪婪就是贪得无厌，当股价上升时，虽然股价已升到其目标价位，但是，见行情火爆自己的内心又改变了原来的出货标准，每次都总是希望股价再升高些才肯卖出。谁知市况逆转而错过获利的出货良机。同样，在下跌市中，股价已经跌至新低位，而这类人还总是希望股价再往下跌，或是希望买到市场的最低价，当行情出现反弹时而错失买入股票的大好时机。

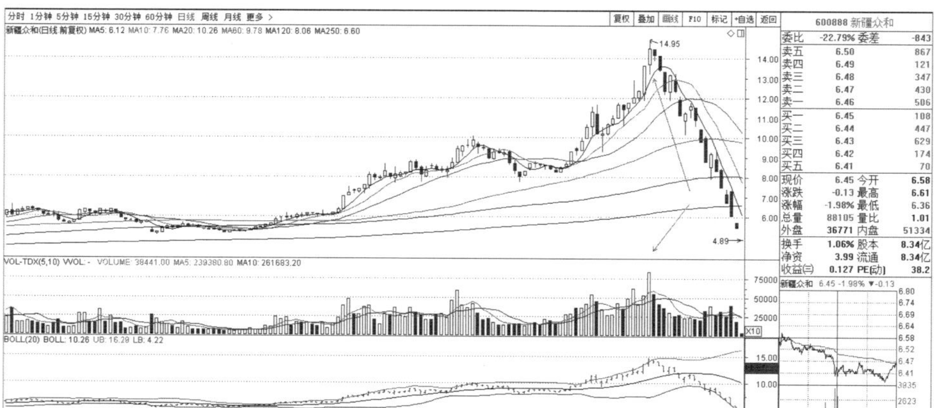

图3-27

如图3-27所示，箭头所指的是新疆众和（600888）放出巨量，创出天价，而且，布林通道技术指标见顶，这个时候我们就要克服贪婪，果断出货。

恐惧：在股票市场中，这类人主要表现为只想高收益，不愿承担高风险，整天惶惶恐恐，四处打探“消息”，经常受谣言的影响对股市前景失去信心、毫无理智地在低位加入“恐慌性抛售”的行列，而蒙受巨大损失；或是当股市由熊转牛的初段，怯场而斩掉所有股票；或是，买入股票后，整天六神无主，升也不是，跌也不是。

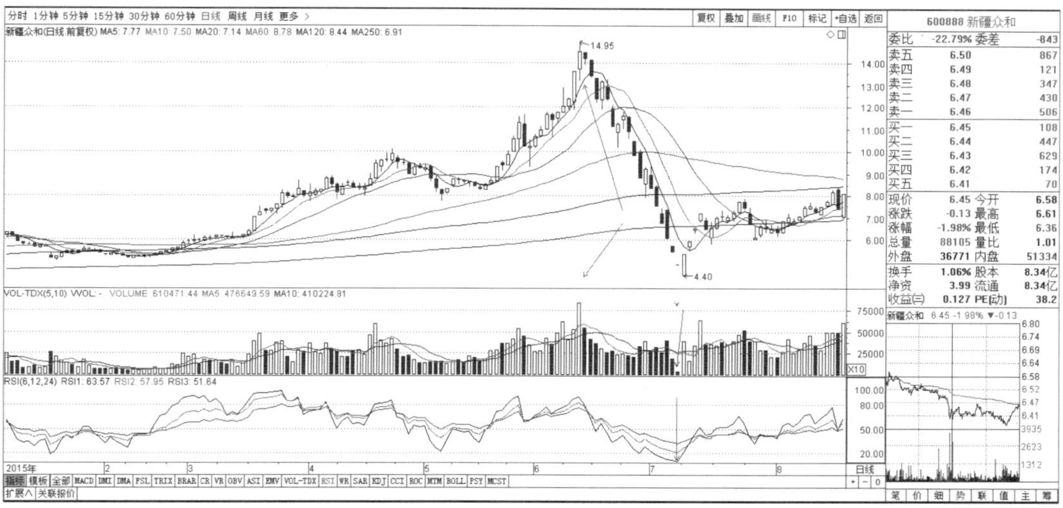

图3-28

如图3-28所示，箭头所指新疆众和（600888）RSI创出新低，股价缩量下跌到最极限，也就是我们通常所说的地量，地量之后马上见地价4.40元，这时，我们就要克服恐惧和犹豫不决的心理，大胆果断买入。

急躁：在股市中受不了盘局的折磨，总想一下子赢把大的，在盘局中心浮气躁，经常踩错节拍，变成高追低杀，反复出错。

犹豫：犹豫是恐惧所引发的恶果，因为心中害怕而不能安静有序地处理问题，同时又因为恐慌而不能做出正确的判断。在股市中，由于急剧下跌，当反弹后形成底部时，内心还受外界的恐慌气氛影响而犹豫不决；当行情见顶时，又被人气鼎盛的气氛影响而错失出货机会。

自负：最突出的表现为别人行，我比别人更行，并且根本听不进别人的一点意见，当行情发生变化时，还固执己见地坚持自己错误的分析和判断，以致在错误的道上越滑越远。在操作时，并不是以行情的趋势来做出决策，而是以某人的操作为标准。

图3-29

如图3-29所示，在这段行情中最高14.60元，最低8.22元。甲抛14元，他要抛15元；某人8元买进，他一定要到7元以下才买，非要胜某人一筹不可。如果一定要这样操作的话，那么，就根本上不用买卖了。

自卑：经常在股市中赔钱的人慢慢地便会变得自卑，自己瞧不起自己，甚至痛恨自己，自卑常常导致盲从和迷信，表现为操作上无主见，盲目相信别人，盲目相信股评家，更有甚者操作前找算命先生起卦等，操作时根本不相信自己的分析和研究。

从众：在股市中，常有你买我也买，你卖我也卖，结果大家一起去买，大家一起去卖，这种从众心态常发生在新入市的投资者身上，他们还美其名为“大家一齐死，自己也死得荣幸”“有大家抱着死，自己也死而无怨”等，谁知在股票投资上，却犯上了“相反理论”之兵家大忌。投资大众往往是抱团去死。

赌性：在股市投资中将自己降格为赌徒，这类人认为股市不可测，一切全为赌，把股市与赌场相提并论，来到股市不做分析、不去深入研究、全凭当天掷硬币来抉择买卖，因此，在股市中浸淫多时，不知怎样会赢，也不知为何会输。

上述种种性格，都会影响自己在股海中取胜。

第七节
战胜自己

投资大师巴菲特讲“当人们贪婪或者受到惊吓的时候，他们时常会以愚蠢的价格买进或卖出股票”，在股市操作中，并没有人用枪指着我们去进行操作，但是，为什么一样会有一大批投资者用最高价买进，用最低价斩仓，最后，以失败告终呢？其中的原因并不是别人而是自己。

因此，要在股市中赚钱，首要的问题是要先战胜自己——向自己挑战。

股市是一个没有硝烟的战场，投资者既是战士又是最高指挥官。良好的心理素质是你成为胜利者的必备条件，贪婪和恐惧会使你错失良机，犹豫和自卑会使你毫无建树，急躁和自负会使你落入圈套，从众和赌性会使你一败涂地。

投资者必须要战胜自己性格上的弱点和不足，在股海中，从游泳中学习游泳，并且逐渐将自己锻炼成具有冷静、不贪、果断、自信、谦虚、耐心、顾全大局的优良品格的理性投资者。

冷静：源于理智的分析、源于聪明的变通。只有冷静，才不会被市场的狂热或悲观所干扰，才不会人云亦云，才有独立的决断，所以，冷静是一个成功投资者的第一品质。

不贪：因为有了冷静的分析、细致的思考，才会有战略上的部署，才会做到不为市势所左右，才不会因为贪婪而贻误战机。

果断：当断则断，决不犹豫、急躁才是英雄好汉，股市中机会稍纵即逝，只有果断、敏捷才能抓住获胜的良机。

自信：来源于刻苦的钻研、来源于真正的思考、来源于全面的分析。只有自信才能站在一定的高度来研判市势的特点，确定投资方向和投资策略。

耐心：一经确定，便要有足够的耐心去等待，方会尝到久等之后的甜美收获。反映在操作上，买进要谨慎多思，持股要经得起主力的反复震仓，抛出要果断坚决。有涵养才能稳操胜券。

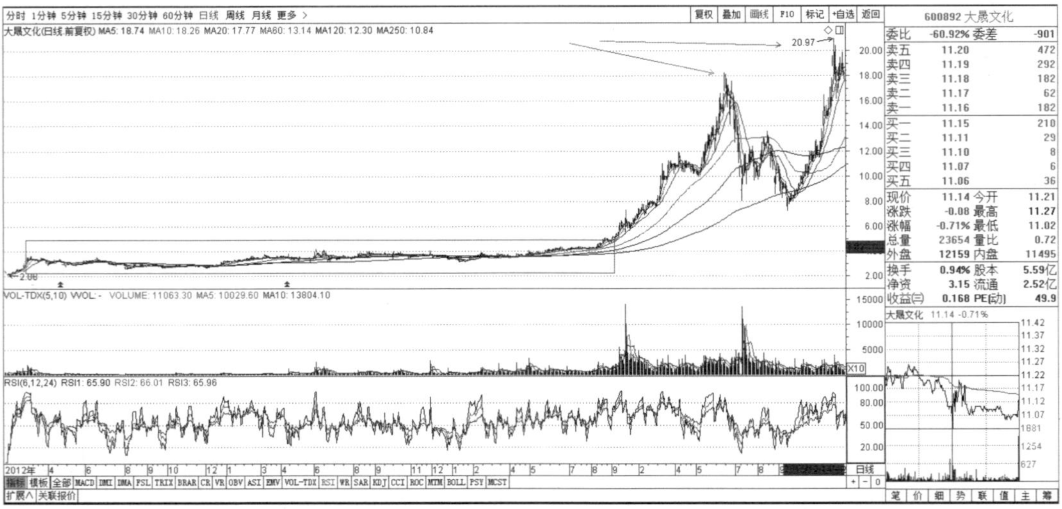

图3-30

如图3-30所示，大晟文化（600892）在2012年2月至2014年9月这两年半时间内，股价在3~4元窄幅波动，如果投资者没有足够的耐心，就很难等到20元的高价，后面甜美的收获就与你无关。

谦虚：海纳百川，谦虚的人，才会听进不同的意见，汇集众家之长为我所用。

顾全大局：心有全局，进退才会自如。不为一时的一城一池的得失而改变投资策略或影响冷静的分析，才能立于不败之地。

只有不断地挑战自我，才能以豁达、开朗、洒脱的心境面对股市的升跌。努力使自己达到升也安然、跌也泰然，不是神仙、胜似神仙的新境界，这时你才会发现自己慢慢地成了股市上的真正大赢家。

第四章

相反理论

◎相反理论与重心定律

◎相反理论的精华

◎庄家为什么会是大赢家

第一节
相反理论与重心定律

相反理论在股市操作中就是走与大众相反的路线，股市有句名言：“群众永远是错的！”近段时间深沪两地股市都是在人气高涨，证券部门前人声鼎沸之时演出了两幕急促下跌的悲剧，在这两幕悲剧中，却有不少精明的投资者巧妙运用相反理论安全退出了悲剧中的角色，避过了两场灾难性的下跌。那么，在我们运用相反理论时是参考什么原理作为依据呢？下面笔者向股民朋友介绍重心定律的原理。

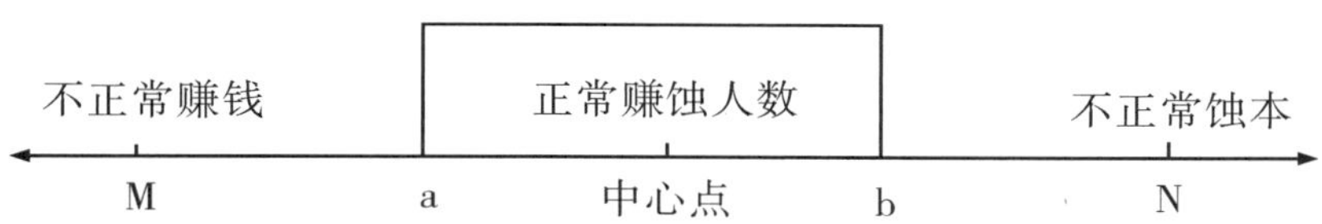

图4-1

这个重心定律原理将股票市场清楚细致地划分为：a点赚钱的人较多，在b点蚀本的人较多，中心点附近赚蚀的人都有，是一个正常区域。当股价在市场中出现严重偏差时，股价在M点，股市中全部人都赚大钱，这就脱离了核心范围太远。同样，股价在N点时，股市中全部人都在蚀本，这也是一种不正常现象，市场随时都会进行自动矫正。

重心定律讲明了一个道理，当股价升得高人人都赚钱时，我们反而要出货，特别是经过长时间上升的市场要更加留意，千万不要在狂态毕露时追货。

图4-2

如图4-2所示，上证指数在圆圈部分为2007年10月创下的历史新高位6124点，大家回忆一下在5500点升上6124点的这段时间，是不是人人都在赚钱，当时的茶楼酒宴，基本上每张台谈论的都是股票，个个都说赚了大钱。这时的股票市场是不是处于一种极不正常的状态？大家只要细心想一想，如果这样的情形都可以成立的话，那么，社会最基层的工作，谁又愿意去做呢？社会必然会瘫痪，这样的一种社会状态，政府也不愿意看到股票天天大涨，肯定会出手打压股市。按照相反理论，我们应该果断出货，成为一名聪明成熟的投资者。

同样，当股市急促下跌，跌得深时，人人蚀本时反而是入货的好时机，不要因为恐惧而错失良机。

图4-3

如图4-3所示，在2008年9月，股指从2000点向下杀跌到10月份的1664点，市场处于极度恐慌的状态。当时的气氛是每个人都谈“股”色变。用相反理论来衡量，这时便是最佳的买入时机。这就是巴菲特所说的“别人恐惧我贪婪”。

在运用重心定律走相反路线时，要注意一个问题就是进出的时间问题，在投资决策上要冒上过早离开市场，赚少了利润，或过早投入市场，市价仍然在跌而导致损失的风险。

对于这个理论上的缺点，我们可以结合一些技术指标和技术形态帮助分析股市见顶或是见底，这样再运用相反理论效果会更好。关于股市见顶的文章，可参考本书第五章第九节（逃顶的艺术）的内容；关于股市见底的文章，可参考本书第二章第一节（急跌做反弹的原则）的内容，这里就不再论述了。

第二节 相反理论的精华

相反理论的基本要点是投资买卖决定全部基于群众的行为。它指出不论股市还是期货市场，当所有人都看好时，就是牛市开始到顶。当人人看淡时，熊市已经见底。只要你和群众意见相反的话，致富机会永远站在你这一边。

相反理论的基本精神

（1）相反理论并非只是大部分人看好，我们就要看淡，或大众看淡时我们便要看好。相反理论会考虑这些看好看淡比例的趋势，这是一个动态概念。

（2）相反理论并不是说大众一定是错的。群众通常都在主要趋势上看得对。大部分人看好，市势会因这些看好情绪变成实质购买力而上升。这个现象有可能维持很久。直到所有人看好情绪趋于一致时，市势就会发生质的变化——供求的失衡。培利尔（Humphrey・Neil）说过：当每一个人都有相同想法时，每一个人都错。

（3）相反理论从实际市场研究中，发现赚大钱的人只占5%，95%都是输家。要做赢家只可以和群众思想路线相背，切不可以同流。

（4）相反理论的论据就是在市场行情将转势，由牛市转入熊市前一刻，每一个人都看好，都觉得价位会再上升，无止境地升。大家都有这个共识时候，大家会尽量买入了，升势消耗了买家的购买力，直到想买入的人都已经买入了，而后资金却无以为继。牛市就会在所有人看好声中完结。相反，在熊市转入牛市时，就是市场一片淡风，所有看淡的人士都想沽货，直到他们全部都沽了货，市场已经再无看淡的人采取行动，市场就会在所有人都沽清货时见到了谷底。

（5）在牛市最疯狂的时候，但行将死亡之前，大众媒介如报刊、电视、杂志等都反映了普通大众的意见，尽量宣传市场的看好情绪。人人热情高涨时，就是市场暴跌的先兆。相反，大众媒介懒得去报道市场消息，市场已经没有人去理会，当报刊新闻上全部是市场坏消息时，就是市场黎明的前兆，这时也是最沉寂最黑暗的时候，曙光就在前面。大众媒介永远都采取群众路线，所以正好与相反理论原则相违背，这反而可以成为相反理论借鉴的资料。

所以，当大众媒介全面看好的时候，我们就要看淡；当大众媒介全部看淡的时候，反而是我们入市的最好时机。

关于两个数据指标的运用

上述所说的，只是相反理论的精神。我们怎么知道大家的看法是看好还是看淡呢？单凭直觉印象或者想象并不足够。运用相反理论时，真正的数据通常有两个：一是好友指数（Bullish Consensus）；另一个叫作市场情绪指标（Market Sentiment Index）。这两个指标都来源于一些专业投资机构的股票部门收集的资料。资料来源于各大专业投资通讯录，甚至是报纸、杂志的评论，以便计算出看好和看淡情绪的比例。

就以好友指数为例，指数由零开始，即所有人都绝对看淡，直到100%为止，即人人看好，包括基金，大经纪行，投资机构，报纸杂志的报道。如果好友指数在50%左右，则表示看好看淡情绪参半。指数通常会在30%~80%升跌。如果一面倒的看好看淡，显示牛市或熊市已经走到尽头，行将转角。

因为好友指数在0~100%都有不同启示，详细的分析将会给投资者一个更清晰的概念，运用相反理论时也较有把握。

好友指数的应用

0~5%

一个主要的上升趋势已经就在当前，为期不远。人人看淡时，所有要沽货的已经你也沽我也沽，以致沽无可沽，大市淡无可淡，这就是转势的时机。把握时机入货，博取无穷利润，就是在这个时候！用一句话概括：黑暗即将过去，黎明就在眼前。

5%~20%

这是一个不明的区域，大部分人看淡，只有少部分人看好。这些看淡的人足够以压倒性姿势将大市推低。但因为看淡的人比例大，市势亦可以随时见底。很多时候，转势情形都会在这个区域产生。投资人士可以辅之以图表，成交量等去探测大市是否已经见底，当成交量越来越少，再加上RSI出现底背离的时候，市场离真正的底部已经非常接近了！也就是桃源所说的：转折点。这个时候就是曙光初现的时刻。

20%~40%

看淡的人在比例上仍然高于保持乐观情绪的人。从统计数字可以看出，继续看淡赢面机会较大。如果在这一个区域，大市不再向下，市势就会变得十分不明朗，要忍手为上。如果在这个区域，大市转势上升，通常升幅会十分凌厉，而且创出新高点。因为大众看淡时，却看错了，市势一升就一发不可收拾。创新高点机会大于一切。

40%~55%

市价可以向上也向下，绝对不明朗。在这个区域，投资人士一定要忍手，切勿轻率入市做买卖，因为赢面和输面比例差不多。在以保本为第一原则之下，不做买卖反而更加安全。

55%~75%

看好的人占多数，但又并非绝大多数。市势发展有很大的上升余地。但如果这个比例看好的人多，大市却不升反跌，一定会是急促而且令人害怕的。通常大家看好时下跌，多数会出现低点。

75%~95%

市场未得十分明朗。很多时市场都会在这个区域转势向下，但仍然有机会在看好情绪一路高涨之下，一路高歌猛进攀升一段时间直到百分之百的人都看好为止。所以利用图表分析作为辅助工具就比较安全。这个时候成交量有一个激增推高股价，然后再缩量上升的过程，在技术上RSI出现顶背离现象。

95%~100%

大市已经出现全人类看好的局面，投资的本钱已经全部投入大市，此时是弹尽粮绝，强弩之末之兆，大市转势迫在眉睫。这个时候市场人声鼎沸，成交量激增，茶楼饭市人人高谈股市的赚钱之道。再加上之前出现过RSI顶背离，这时桃源认为：你一定要保持清醒的头脑，坚决出货。这时离崩盘的直线下跌已经很近很近了。你一定要像远离毒品那样，远离此时的股市。

第三节

庄家为什么会是大赢家

一些精明的投资者都会明白一个道理，在股市中要获得厚利，在操作中必须要走相反理论的路线，才会站到庄家的行列，在股市中赢到大钱。今天，笔者在谈相反理论的同时，反过来去论述庄家为什么会成为大赢家。从而去论证股市中相反理论的可行性和准确性。

首先，庄家与投资大众在操作上是对着干的，庄家在低位吸筹时，经常将该股翻来覆去地进行打压震仓。例如，河钢股份（000709）在2014年1月至7月，股价老是在1.70~1.90元波动，让买到该股的投资者痛苦地等待了大半年的时间（见图4-4）。

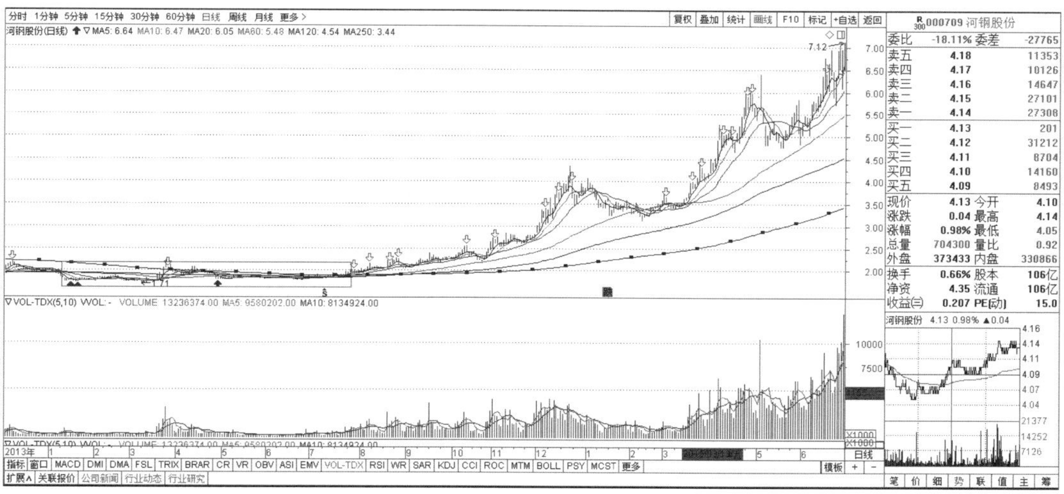

图4-4

让你在半年时间里白白赚了指数却赚不了钱，这种长时间的心理折磨，基本上把绝大多数投资者给考住了。因此，经常在股票市场里听到不少投资者慨叹："我守了该股大半年，刚把股票抛了，股价便立即升了上来，我不抛时，该股老是原地踏步。庄家好像是专门同自己作对似的。"当庄家静悄悄地在低位吸饱筹码之后便拼命拉抬，然后在报纸、电台、电视台等传媒上大肆宣传该股如何如何好，让投资大众在高位接走庄家抛出来的货。最为引诱的地方就是庄家在大力宣传的同时，天天拉升该股，就是这样，不少投资大众上当了——在高位接了庄家的货，由于庄家日日拉升，接了货的散户还希望该股再升高一些，所以，当股价猛砸下来时，也不知道要出货，心里还老记挂着到那个最高价时才出货。就这样庄家令广大投资者在不知不觉中输钱，而庄家却赢了大钱。

其次，庄家在暗，散户在明，庄家对散户的一举一动都看得一清二楚，甚至连散户在哪个价位吸了多少股票都知道得非常清楚。看到这里可能有不少投资者不相信，其实很简单，只要庄家打开电脑内存分析盘，便会看到哪个席位哪个账号拥有该股多少筹码。大家想想每年的分红派息，各位股民朋友持有该股的派息及红股，电脑都准能一分不差地派到各位的账户上。你说，庄家在这一点上，是不是比散户更胜一筹。同样是开大开小的一副牌，庄家是看定大头才下手开牌，是升还是跌。

例如，中国中铁（601390）的庄家更为阴险，在2011年7月至2014年10月，股价在2.30~3.50元窄幅波动，长达三年多的时间，令所有持有该股的投资者都伤心欲绝，纷纷在低位认赔出局。谁知道，在2015年的大牛市中，股价狂升到最高价23元，从最低位2.30元计算足足翻了十倍，可见越是折磨人的股票，升幅越厉害。这正应了股市一句名言：“横有多长，竖有多高。”因此，该股在下跌市中，跌幅比大盘少，上升比大盘快，最高时还炒到23元。该股为什么要盘整这么长的时间？就是因为庄家能够看到散户是否持有该股，你不把大部分的筹码抛给庄家，庄家就绝对不会拉抬，宁愿在那里横盘等待，这就是庄家的优势！从这只股的案例中，又一次证明了相反理论的正确，庄家最终还是最大的赢家（见图4–5）。

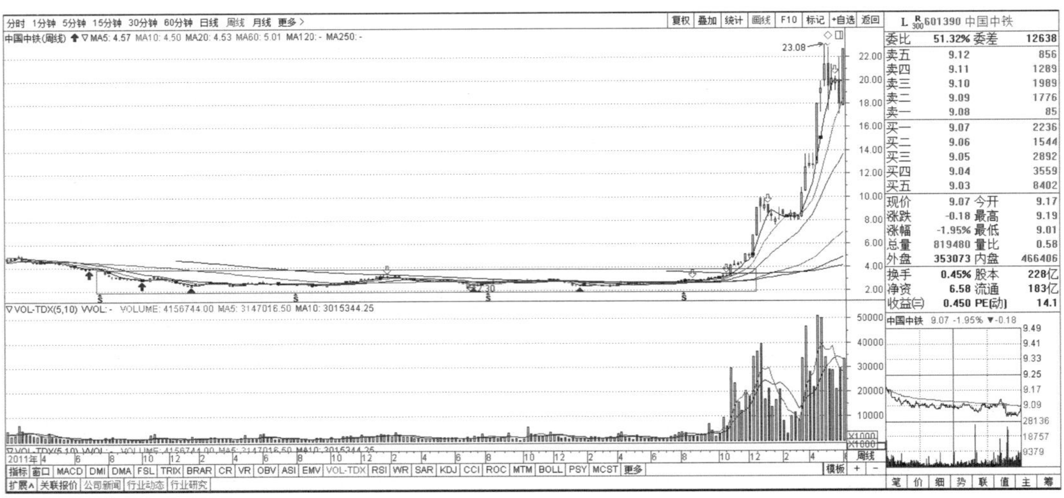

图4–5

因此，当我们明白了庄家为什么会成为大赢家之后，我们便要学会灵活运用相反理论，总结出一套与投资大众不同的操作方法，时时刻刻与投资大众相反地操作，这样才能在股票买卖中站到庄家的行列，同庄家一起赚到大钱。

第五章

抄底逃顶篇

◎如何判断大盘底部

◎下跌途中怎样判断底部

◎如何把握抄双底及平仓的最佳时机

◎根据黑马股的表现判断大盘顶部

◎行情起跌阶段的处理方法

◎大盘升而手上的股票不升，应先平仓观望

◎如何判断大盘是反弹还是反转

◎如何判断大盘顶部

◎逃顶的艺术

◎最为直观的判断顶底的方法

第一节 如何判断大盘底部

大盘何时见底或何处是底，其实这样的提问，在实际生活中，时常听到、也有不少的股评文章进行预测或分析。但是，能够准确言中底部的文章并不多。其原因很简单，就是市场不以人们的意志为转移。

笔者认为，最好的办法是应该让市场自然产生底部，才可以杀入股市，不然都有犯上盲目言底，被市场欺骗的可能。

那么，市场出现底部又有哪些迹象呢？笔者认为，有以下因素可以进行参考。

（1）大盘跌无可跌出现缩量横盘整理形态。

图5-1

如图5-1所示，方框部分就表示股价跌无可跌，出现的缩量横盘整理状态。

（2）利空不断传出，令全部散户都失去持股信心，纷纷斩仓出局。

（3）股评文章纷纷指出，还要跌到多少点才会到达底部。

（4）大盘令所有投资者都不敢抢反弹。

（5）庄家有通过上下振动的吸货行为。

（6）技术形态上出现双底、三重底、头肩底、弧型底等底部形态。

图5-2

如图5-2所示，方框部分就是三重底的技术形态，庄家就在这三重底的形成过程中，通过上下振动来吸货。

（7）所有短线技术指标在低位出现钝化，股价没有了参考技术指标。

（8）远离密集套牢区。

（9）成交量较火爆的日子有明显的萎缩。

（10）技术指标多次出现底背驰现象。

图5-3

如图5-3所示，上面的方块表示股价不断向下走低，但是，下面的方块的RSI指标，却不愿意跟随股价向下走低，这样，就形成了技术指标出现的底背驰现象。这也是股价将要见底的一种特征。

（11）市场经过长时间下跌后突然连续三天以上放出巨量。

图5-4

如图5-4所示，厦门国贸（600755）在震荡筑底之后，突然，连续三四天成交量不断放大，推高股价上扬。这样就是底部的最大特征。

（12）大盘有整体走强板块，市场产生新的热点板块，出现领头羊板块。

根据以上特征基本可以判断大盘或者个股处于底部状态。

第二节 下跌途中怎样判断底部

一般当大盘或个股向下调整时，在下跌途中应如何判断底部的出现呢？经过笔者多年的观察，发现一种特征较容易走出底部形态。

在大盘下跌途中，可能会出现三次转向十字星（如图5-5）。第一个十字星是一种底部陷阱，第二个十字星是下跌中继形态。但是，在连续出现两个底部十字星后的第三个十字星便有可能成为短期的真正底部转向形态。

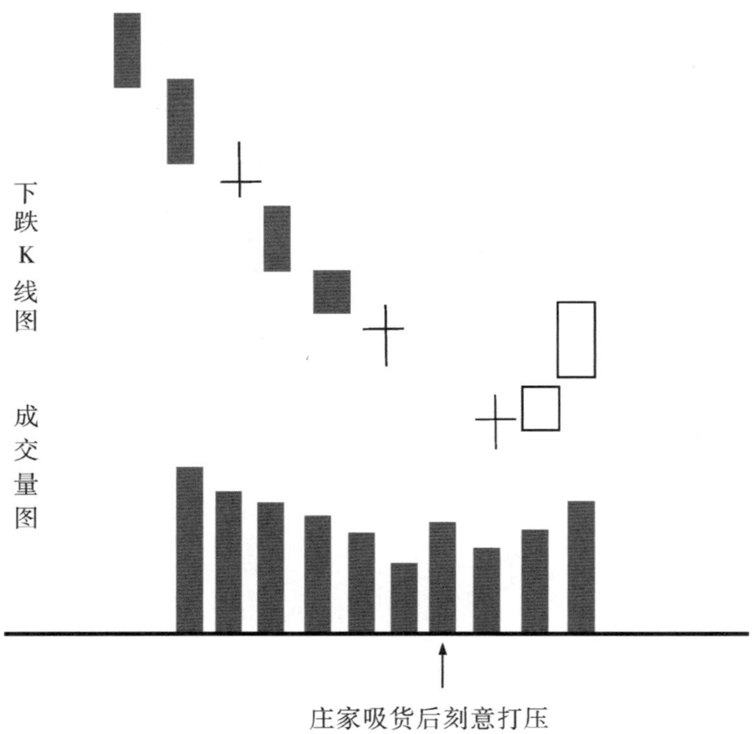

图5-5

在成交量方面，当大盘下跌时，成交量会逐渐减少，但是当股价到达底部前一两天时，成交量却经常是突然放大，然后再出现底部十字星，这样才会真正见到一个重要底部（如图5-6）。这种缩量下跌后，再突然放量下跌，据笔者观察，估计是庄家大举抄底的前奏。为什么放量还会下跌呢？其原因是大盘经过连续下跌后，大部分散户都被下跌吓怕了。这时，庄家吃完货后，只要再用很少的筹码便可以向下打压，大盘最后便以绿盘报收。因此，庄家在当天上午大举扫货后，由于市场心态恐慌，下午用小量筹码打压，便形成了放量收阴盘的技术形态。从价量关系上讲，便形成了放量下跌的假象。其实这是庄家欺骗散户的一个技术陷阱。

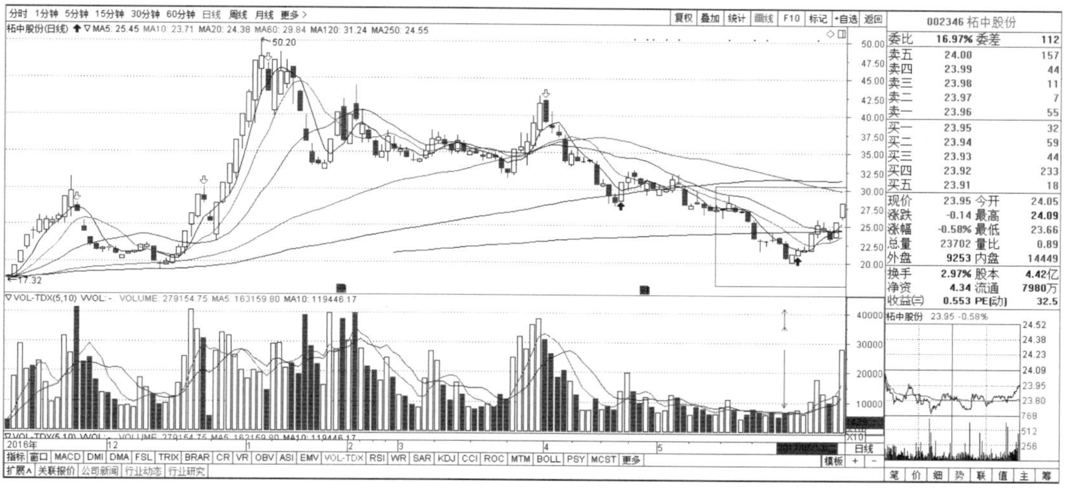

图5-6

请看图5-6，就是实战中的下跌途中的底部形态。

第三节 如何把握抄双底及平仓的最佳时机

（1）如果市场从一个大的升势转入快速下跌势，这样的下跌，市场将会很容易产生双底形态。

（2）当大盘出现第一次放量反弹后，就要随时留意大盘再次下跌到前期低位时，是否有出现十字星等转向K线形态。一般来说，如果大盘在两次探底后出现十字星，当天临收市前3分钟基本上可以确认是十字星收市，若发现转向十字星收市，大盘有产生双重底的可能，这时可果断入市，并且寻找那些6日RSI值最低的个股买入。

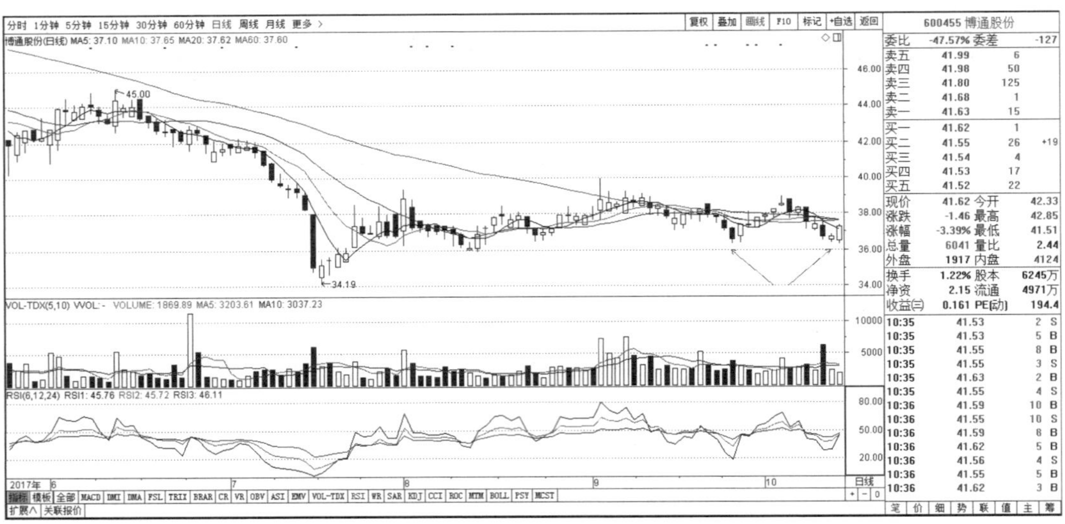

图5-7

如图5-7所示，第一个箭头所指有望形成双底形态，我们再进一步分析，第二个箭头所指，就是我们通常所说的转向十字星。

（3）如果错过当天的十字星买入时机，一般第二天上午开市大盘还有一个打压洗盘的过程，这时，如果大盘打压没有创出比昨日收市时的新低，就可以大胆跟进。这样买入虽然没有前天买入的价位低，但是，较为安全也不失为抄底的最佳时机。

图5-8

如图5-8所示，当博通股份（600455）股价出现了转向十字星之后，第二天红盘的买入也是一个较安全的买入点位。

买入后从个股最低价计算，如果股价有15%~20%的利润，就应随时准备下马，如果有25%以上的利润更应果断平仓出局。因为，作为短线买卖，一般时间较短，一些个股有时10天便达到30%的利润，有时3天达到30%的利润，但是现在因涨跌停板制度的限制，一般要4~5个交易日才能达到。

图5-9

如图5-9所示，博通股份（600455）从36.30元反弹到41.95元，第一波的反弹空间是15%。

（5）当股价形成双底突破颈线位之后，股价都有一个对颈线位回抽确认的过程，这时也是双底技术形态形成之后的一个最好的买入时机。

图5-10

如图5-10所示，当博通股份（600455）股价第一波向上突破之后，这时是双底技术形态形成之后的一个最好的买入时机。

（6）平仓出局后，应耐心等待大盘下一次的短线机会，因为大盘从高空快速掷下来，庄家在低位没有吸筹，手中没有多少低位筹码，庄家不会轻易将股价做得太高，所以，庄家为了要吸纳更多的低位筹码，必须再次向下打压洗盘。

图5-11

如图5-11所示，博通股份（600455）第二波反弹的高位是44.88元，该股从36.30元反弹到44.88元，两波反弹的空间大约是23%。所以，短线抄反弹如果有20%以上的利润，应该随时准备获利平仓了结。

第四节
根据黑马股的表现判断大盘顶部

一般当大盘进行了一段时间的调整之后，行情会逐渐见底回升，大盘向上反弹也好，抑或是反转也好，这时都会有不少黑马跑出。那么怎样可以通过观察这些黑马的表现来判断大盘的顶部呢？根据笔者多年的观察得出以下一种心得。

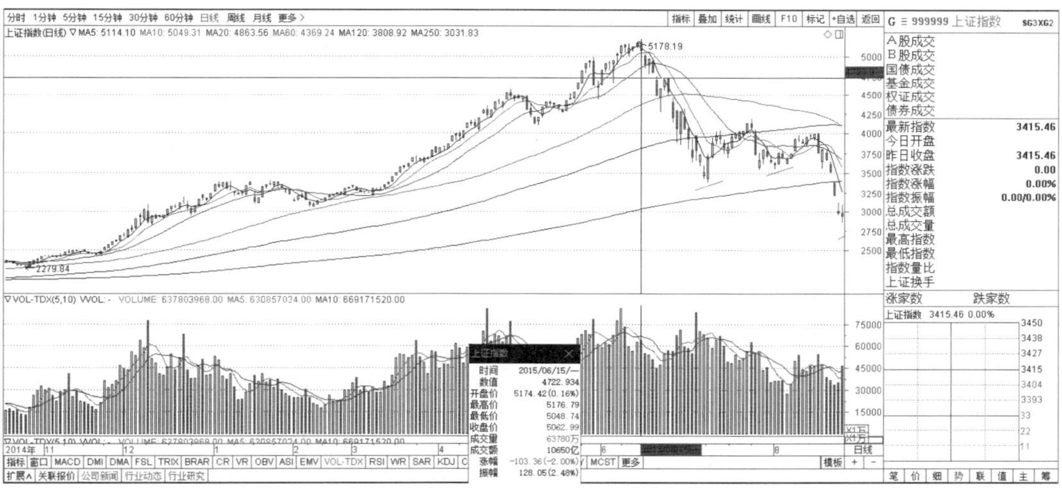

图5-12

从图5-12中我们见到大盘是在2015年6月15日见到顶部，但是，当时的南车北车，中国中铁等龙头股，他们又是什么时候见顶的呢？

若大盘处于上升初期或中期，这时由于行情火爆、人气较盛，一些黑马股都有一个放量上冲，然后还有一小段缩量上冲的过程，这是因为庄家利用大市好、人气足在暗中减磅出货，但是，庄家并没有急于撤退，而是慢慢护盘出货，所以，有缩量上升的过程。

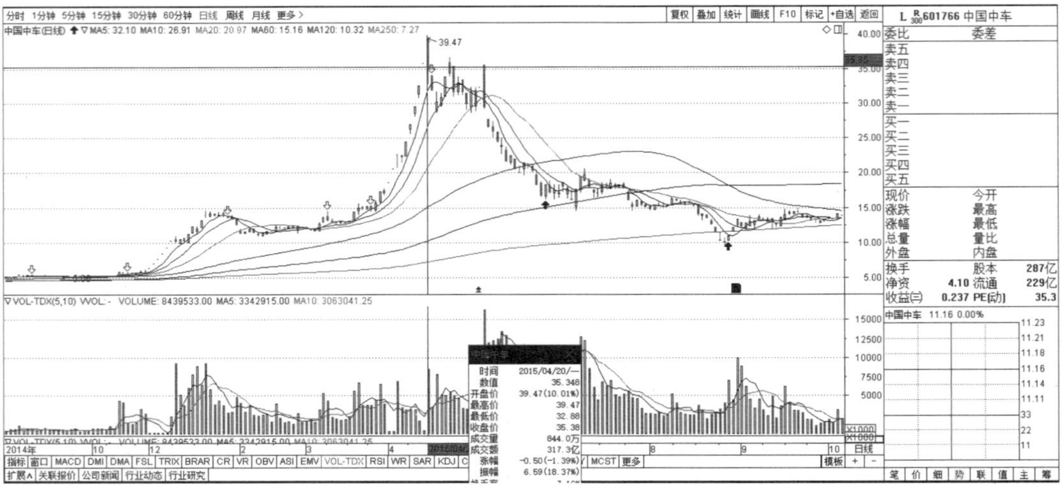

图5-13

中国中车（601766）由南车北车合并而成，该股是2015年第一大龙头股，我们从图5-13中可以看到，该股在2015年4月20日，创下39.47元新高之后就见顶了。当时的第一大龙头股，比大盘见顶的时间——6月15日，提早了将近两个月。

但是，当大盘上升到一定的时间之后，股价开始上涨乏力，这时，庄家怕被市场套牢，一放量拉高便急着拼命出货，因此，没有了一段缩量上升的过程。庄家较散户早知道大盘将要见顶或这时已离顶部较近，庄家怕拉高后，若缩量冲高没有多少散户跟进，到头来自己出不了货。

图5-14

如图5-14所示，中国中铁（601390）是2015年的第二大龙头股，该股在6月9日创下24元新高之后，马上见顶回落，中国中铁比大盘见顶的时间——6月15日，足足提早了一周。因此，我们在判断大盘顶部的时候，首先要观察龙头股的见顶时间，如果，龙头股已经见顶，那么，大盘亦很快将会见到顶部。我们从图5-14可以看到，当中国中铁（601390）创下24元新高时成交量已经比之前减少了很多。

于是，庄家在散户认为放量上涨追高买进时出货，所以没有了缩量上升的一段。一般当投资者发现大盘的强势股，经常做出放量上升后，第二天便马上下跌。特别是当龙头股纷纷见顶之后，这时，便要注意大盘将要见顶了。这是一种“春江水暖鸭先知”的自然现象，如果各路庄家都不敢做出放量上冲，那便证明庄家感觉到大盘已经不妙了。

第五节 行情起跌阶段的处理方法

大牛市一升便是连续几个月的行情，获利盘日积月累，行情一旦出现调整，下跌幅度都比较大。广大股民朋友经常近距离面对股市，每天追逐黑马很容易在繁忙的操作中，只见树木不见森林，追到个股市大顶也全然不知；而且，经常在股市中追逐黑马赚取差价的投资者，都非常喜欢在市势上升，人气高涨之时来选股炒作，因为这时交投活跃、行情火爆、个股上下波动幅度大，容易寻找买卖点。但是，由于股市不断上升，风险也随之大增，如果短线投资者买入后，刚好碰着行情下跌，大势发生了逆转，投资者怎样在这紧急关头，采取有效的措施来保护自己呢？

笔者认为，果断斩仓离场，实行“壮士断臂”保存实力最为重要。因为行情连续上升，获利盘非常之丰厚，市势发生逆转，日后要跌的时间还比较长，这时果断清仓，虽然有些小损失，但是保存了有生力量，以后做一个小反弹也能把损失赢回来，最为重要的是避过一场股市大跌，保护了胜利果实，本身亦是一种赢的策略。资金在手，操作灵活主动，日后待股市跌无可跌、风险减小时，才能抓准机会重新入市，这才是股市操作智者之选。

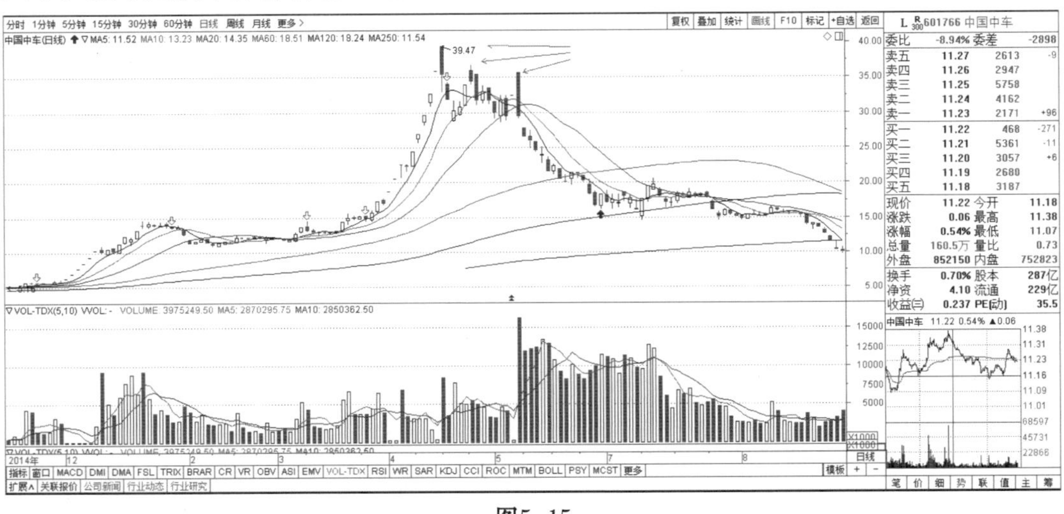

图5-15

我们从图5-15中的三个箭头可以看出中国中车（601766）股价已一次比一次走低，无力再创出新高，这是股价构筑顶部的过程，投资者如果在此时错误买入，应该利用股价冲高止损离场。

要知道输去本金的10%，以剩余资金作战，只要赢取10%便可以打和，但是输去本金50%的话，便要赢得100%才可以复原。如输去80%的本金，则要赢得四倍的利润才可以收复所失之地，这便成了一件极为艰巨的操作。在此提醒广大股民朋友注意，行情起跌阶段，必须忍痛果断清仓离场。

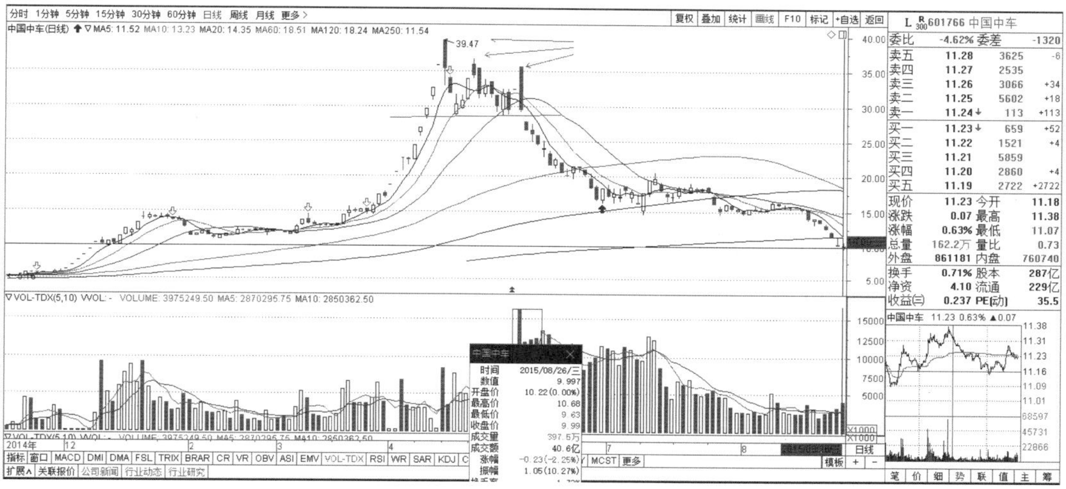

图5-16

如图5-16所示，中国中车（601766），就算退一步，投资者没有利用三次冲高出货，但当股价跌破横线30元的支持位，这时也要在30元止损离场。如果你不肯止损，那么，股价最低跌到9元，从9元要升回到30元的价位，股价要翻两倍，操作难度巨大，最正确的方法，还是要及时止损离场。

第六节

大盘升而手上的股票不升，应先平仓观望

凡是大盘上升而手上持有的股票不升，这时最好先平仓出局，因为，如果大盘日后转势下跌，这时你手上不升的个股必定会率先下跌。出现这种情况的主要有两类股票：一类是见顶先兆的股票，另一类是庄家还想震仓吸筹的股票。

下面笔者向大家详细介绍。

有一类个股由于一些精明的庄家洞察先机，把握了大势的发展方向，在大盘将要启动前已经将个别股票向上炒作，当股价经过一段时间的拉抬后，将整个大盘从复苏、起动、拉抬，最后引向火爆，这些先于大盘起动炒作的个股，庄家亦趁大盘人气高涨之时，悄悄在高位暗中出货，所以才会出现大盘在升而个股不升的现象。这些先于大盘起动的股票，升幅都比较大，这是因为，这些个股将大盘从复苏一路引向火爆需要一段时间，而这段时间亦足够庄家拉出一个100%的行情，有些凶悍的庄家还拉出了300%的幅度。

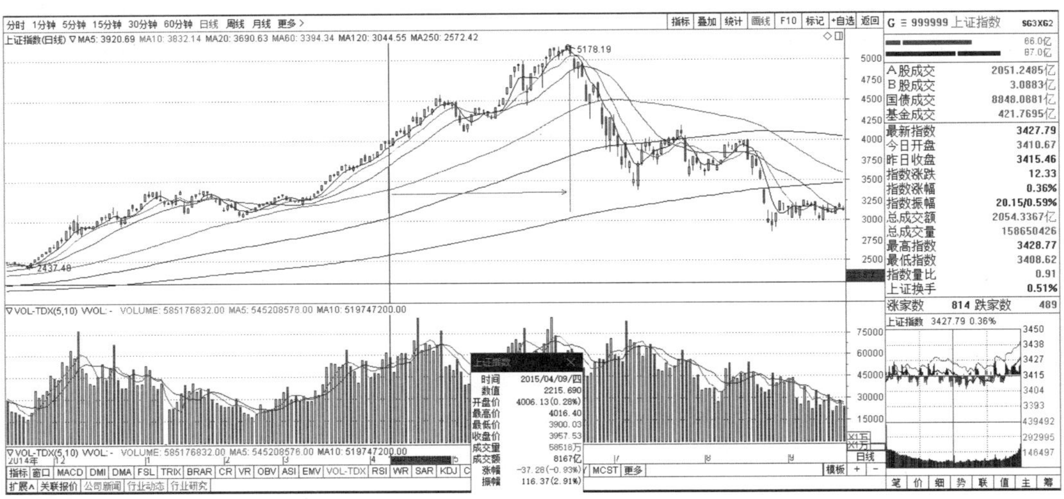

图5-17

如图5-17所示，从4月9日至6月15日，上证指数从4000点一路向上升到5178点，大盘一路高歌猛进。

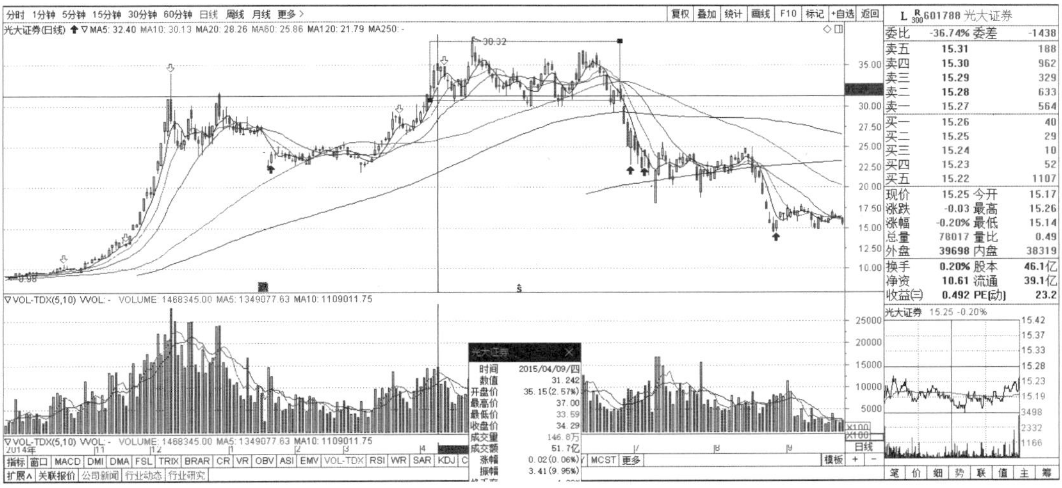

图5-18

如图5-18所示，从4月9日至6月15日，光大证券（601788）股价基本上在31~38元上下震荡，这是一路先知先觉的大庄家，他们已经赚到盆满钵满，所以，他们利用大盘继续向上冲击的时候拼命出货。因此，日后当你发现大盘升而手上持有的股票不升时，应果断平仓出局，这是因为随着大盘其他股票补升完毕，当大盘下跌时，这些个股必定率先下跌。

另一类是庄家还在打压震仓阶段的股票。虽然大盘升幅可观，而这些个股远远背离了大盘走势，升幅甚少，但是，当大盘一旦见顶下跌时，庄家亦会趁大盘下跌，人心恐慌之时，进行最后的打压震仓。因为，大盘日日上升而这些个股不升，已经折磨了一些股民，但是，还有很多股民心有不甘地继续持股，反正大盘在升，心里也没多少害怕，一旦大盘见顶转跌，庄家趁势打压震仓便来得逼真、来得凶狠，因为这时的吸筹才会收到较好的效果。

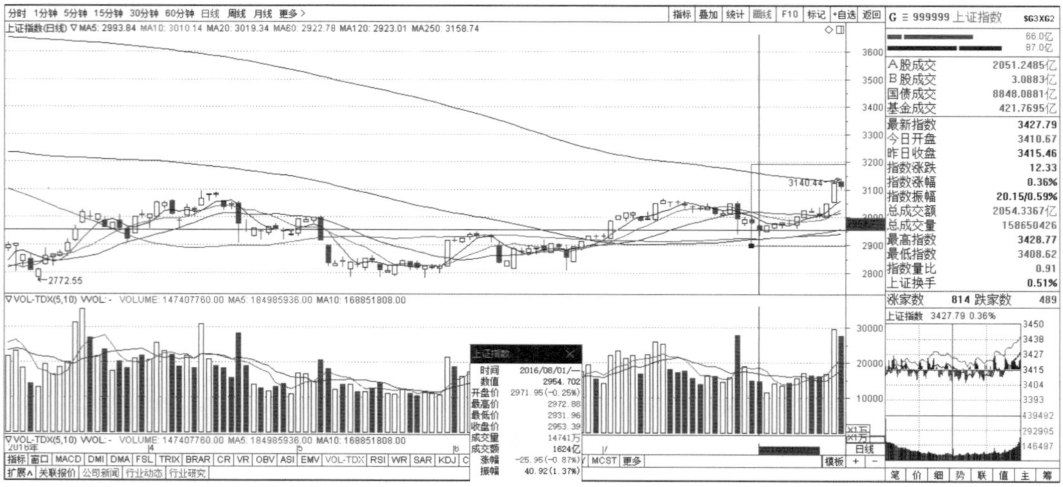

图5-19

如图5-19所示，2016年8月1日至8月22日，大盘指数从2930点向3140点，慢慢向上爬升。

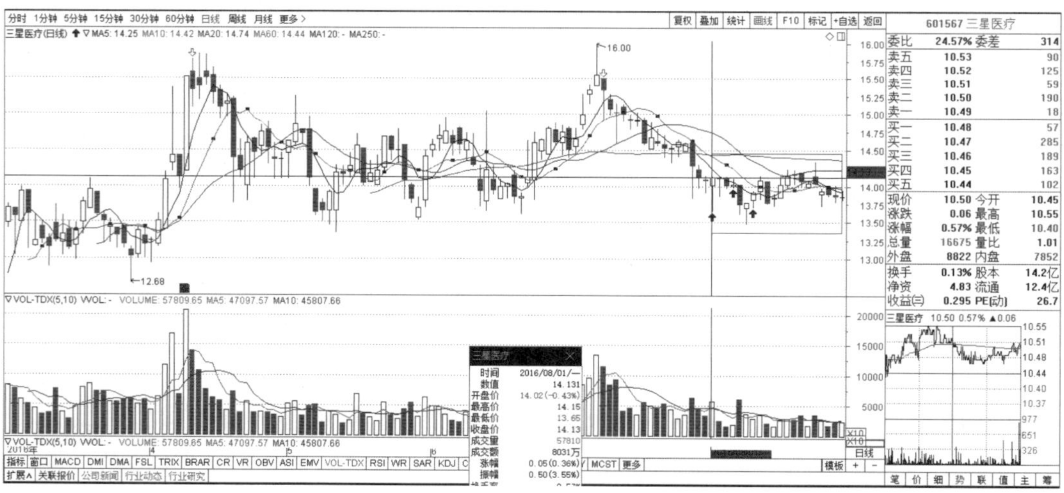

图5-20

如图5-20所示，2016年8月1日至8月22日，三星医疗（601567）在这段时间，并没有跟随大盘向上攀升，与大盘走势极不一致，当这种情况发生时，我们作为短线投资者应该提高警惕谨慎处理。当大盘下跌时，如果该股跌破支撑线，应止损离场。

图5-21

从图5-21我们可以看到三星医疗（601567）慢慢向下步步走低。根据桃源多年的观察，这种情况，大多出现在庄家还在打压吸筹之中，所以，作为短线的投资者，这时应该止损离场观望，等待日后有底部形态出现时再重新买入也不迟。

所以，当你发觉大盘在升而手上持有的个股不升时，虽然这些个股升幅远远差于大盘，但是，当大盘下跌时，为了安全起见，还是先平仓出局观望为妙，待日后大盘跌势停止以后再重新进场，这样亦是一种回避风险的做法。

当然，这类还在底部震仓吸筹的股票，对于做长线投资者是个例外，上述是针对短线盘而言的。

第七节 如何判断大盘是反弹还是反转

行情一到，大盘上升，由于股票众多，同以前股票少的时候已经有本质的区别，如今的大盘上升并不是每只股票一齐上升，现在，只能是以板块轮涨的方式进行。

为什么大盘上升而不能股票齐涨呢?

这是因为如果所有股票全面上升，很容易令大盘指数急速上扬，大盘升不了多久便使人产生了一种居高思危的恐惧心理；而且，所有股票统统一块儿上涨，涨完之后大盘怎么办？行情又将会以怎样的方式发展下去呢？其下跌的方式又将会怎样呢？因此，为了使行情能够延续，如今的股市只能是以板块轮涨的方式进行。只有以这种方式运行，上升行情才能持久，才能细水长流，才能发展下去。这种板块轮涨的方式，将会运行很长很长的一段时间，而且不会改变。

因此，以后广大投资者便可以利用这一特点来区分大盘是反弹还是反转。如果大盘所有股票一齐上涨，不用几天大盘必定会跌回来，这时果断平仓大多不会错，日后必定有低位补货的机会，因为这是反弹行情。

如果大盘是某一板块在动，而大部分板块微动或不动，这时便可以判断是大行情的来临。这时，便可以大胆跟进热点板块，沉着应战，直到所有板块被炒动过为止，这种方式操作得当，有时会跑赢大盘指数。这种情况的出现，是大行情走势的最大特征。

例如，1996年的大牛市其运动方式是这样的：

（1）深圳大盘指数从1000点起步上升到1200点，首先是基金板块在十几天内创出100%以上的上升行情。

（2）深圳大盘指数从1200点到1500点，深科技等一批科技股板块走出100%的升幅。

（3）深圳大盘指数从1500点至1300点的下跌调整市，深市绩优股和二线股逆市上升100%。

（4）深圳大盘指数从1300点上升至1800点时，深市本地绩优股走出100%的上升行情。

（5）深圳大盘指数从1800点上升至2800点时，二线股走出100%的上升行情。

（6）深圳大盘指数从2800点跌至2400点的下跌行情时，新股板块走出100%的上升行情，如黔轮胎。

（7）深圳大盘指数从2400上升至3500点时，三线股走出100%的上升行情。

（8）深圳大盘指数从3500上升至4500点时，亏损垃圾股走出100%的上升行情。

从上述大盘板块运行的分析可以看出，深证指数从1000点上涨到4500点，升幅是350%，时间约9个月，但是从板块创造的翻倍能力来看却是800%。因此，日后广大投资者要炒赢大市的最佳方法就是要紧跟热点板块，在不同的时期紧跟庄家的热门股票，只有这样才可以在一波行情上，赚上几倍的钱。

最后，我们来总结一下，凡是以股票齐涨齐跌的方式运行时，大多都是反弹行情。凡是以板块轮动的方式上涨时，才有望是反转行情。

第八节

如何判断大盘顶部

（1）看领涨板块是否真正在高位疲软。

（2）看大盘个股是否出现一闪而过的最高价。

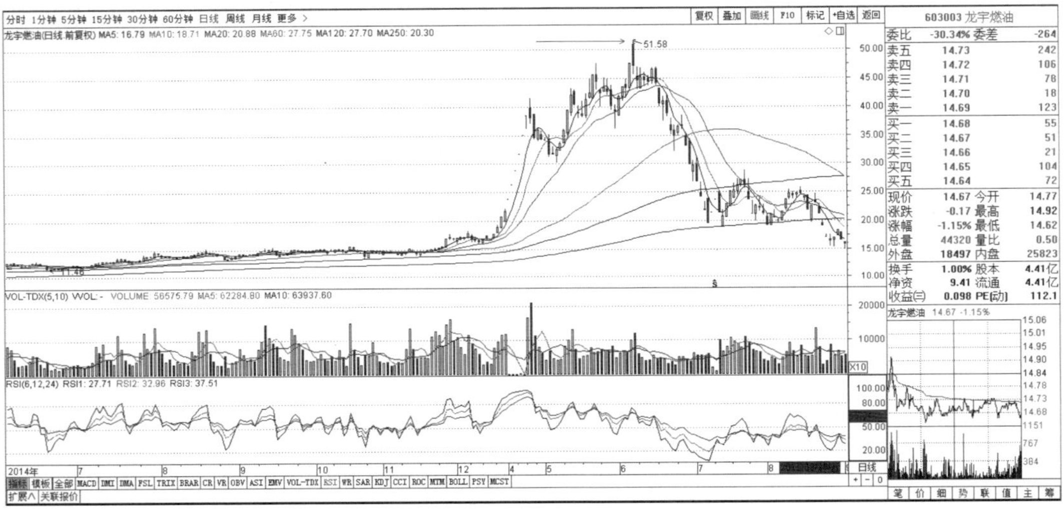

图5-22

如图5-22所示，龙宇燃油（603003）在一路爬升的过程中，突然闪了一个最高价51.58元，然后就高开低走，可以肯定这个最高价只有庄家自己可以出到货，大部分的投资者是出不了货的。庄家为什么要这样做？就是希望投资者，等这个价才出货，而不要同庄家争跑道来出货，庄家自己却是拼命地出货。

（3）看老牌“乌龟股”是否连续拉出长阳。

（4）看绩优股是否滞涨，高价股是否急冲。

（5）看RSI、OBV是否有顶背驰迹象。

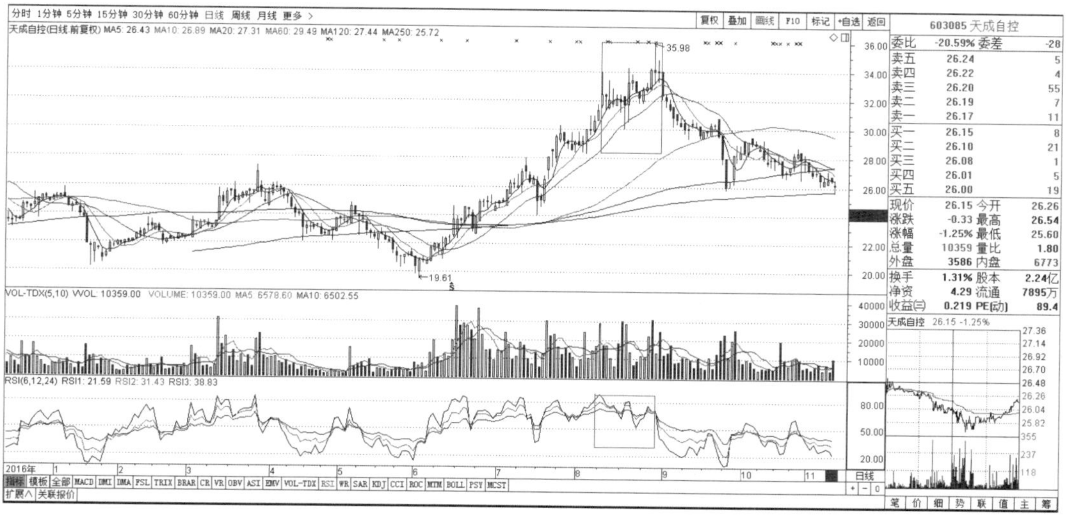

图5-23

请看图5-23中的两个方块，上边是股价不断地走高，下面RSI值却是不断地走低，这就是顶背驰迹象。投资者日后如果见到这种现象，应该戒掉贪念果断卖出。

（6）看ST板块等垃圾股是否突然走强。

（7）看新股发行是否加快。

（8）看出重大利好消息，大盘是否在高位滞涨。

（9）看大盘是否上攻无量或缩量。

（10）看K线形态是否出现双顶、三重顶、头肩顶等顶部形态。

图5-24

如图5-24所示，横线上面形成了双顶形态，当中煤能源（601898）股价跌破横线时，投资者应止损离场。

图5-25

如图5-25所示，横线上面形成了标准的头肩顶形态，当中国银河（601881）股价跌破横线时，投资者应该止损出局。

（11）看股市中人是否绝大部分都鬼鬼祟祟买入，并且在不知不觉间满仓，这时离大顶部不远了。

第九节
逃顶的艺术

作为股海中人，无论怎样抄底、骑黑马、骑白马，最终也要平仓获利了结，完成一个圆满的交易，钱才会真正放在口袋里，不然谈得再多怎样骑黑马、骑白马，最终不会下马，也是白费心机，空欢喜一场。当你卖出股票之后，股价一个劲地往下急跌，这时你就会有一种成功的感觉，所以逃顶才叫艺术。

顶部就是指当你出完货后，股价下跌，在一段时期内，再难以见到的价位。

一般庄家都会经过吸筹——拉高——出货这三个阶段。庄家在吸筹阶段时，由于股价已经大幅下跌，割肉斩仓的人会越来越少，成交量亦会逐渐减少。所以庄家要在成交量稀小的情况下吸筹，都要极其有耐心，而且在形态上以横盘形式出现较多。因而底部较容易判断。

下面我们用青岛啤酒（600600），进行案例分析。

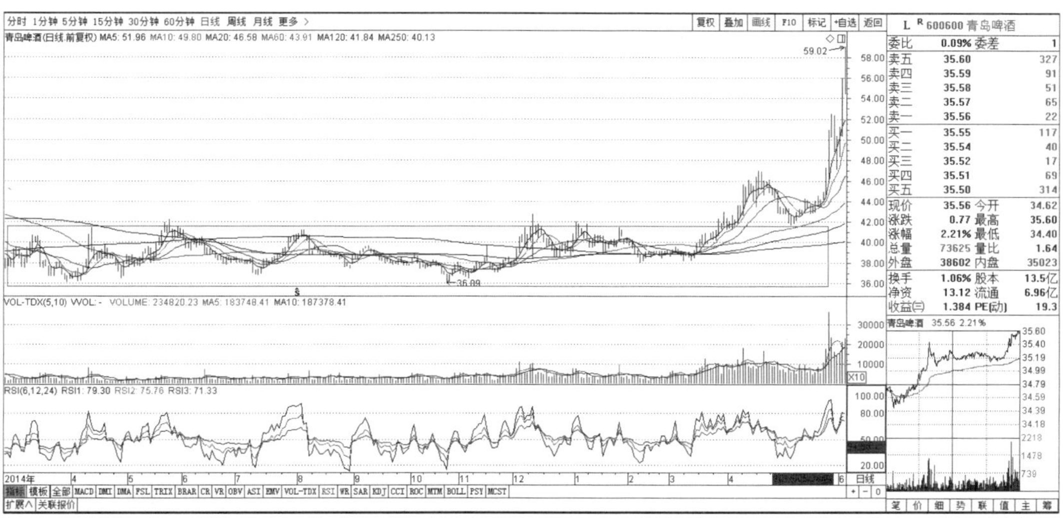

图5-26

如图5-26所示，2014年至2015年，青岛啤酒（600600）的庄家足足用了一年多的时间，非常有耐心地进行打压震仓，高抛低吸地吸筹。

当庄家经过横盘打压震仓之后便到了拉抬阶段，这时庄家会开始利用舆论工具，宣传该股来帮他找轿夫，这时只要快进快出骑上一程，不要太贪，赚一把马上出来也问题不大。

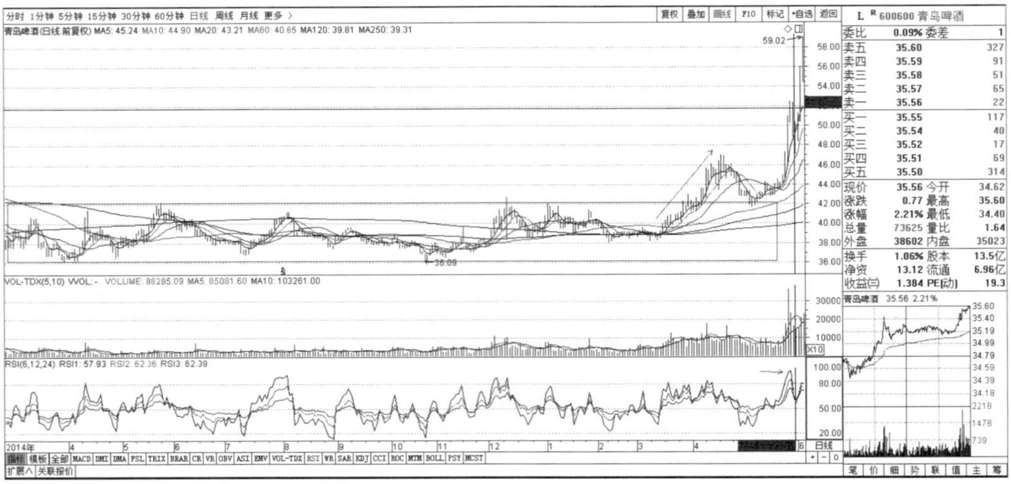

图5-27

如图5-27所示，箭头所指的是庄家经过一年多的吸筹阶段之后，进行第一波拉离成本的推高过程。

但是到了庄家出货阶段时，手法更是花样百出，层出不穷，在这生死关头，务必出到货为止，不然被散户发现了出不了货，后果真是不堪设想。所以，顶部形态较底部形态难以发现，更难以掌握。

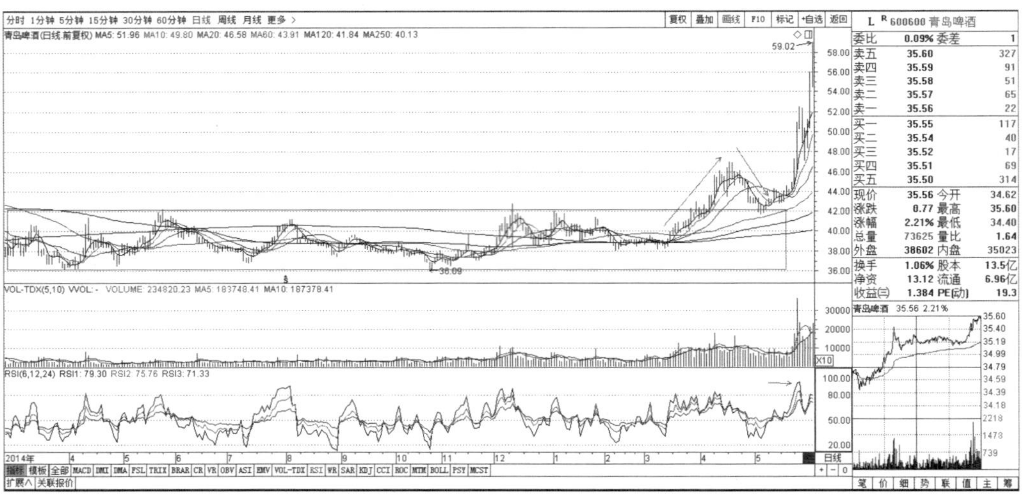

图5-28

如图5-28所示，第二个箭头所指的是，庄家拉离平台顶部之后，是股价正常的对平台顶部的回试过程，这时是一个非常好的短线买入机会。这样讲是不是不能发现顶部？

根据桃源多年的实战经验，顶部，还是有迹可循的。庄家大兵团作战，要撤退还是会留下不少蛛丝马迹的。我们只要细心观察还是会发现顶部的一些特征的。

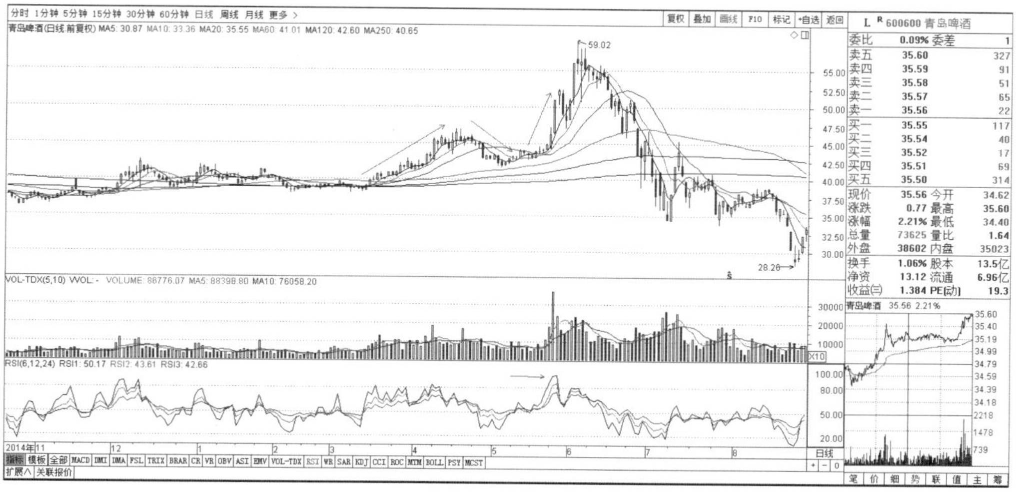

图5-29

如图5-29所示，第三个箭头所指的是庄家回试平台顶部之后，进行的第二段快速拉离成本的操作，这是投资者享受坐快车赚钱的快乐感觉。

首先，要看大盘的领涨股票是否在高位疲软。其最大特点就是这些股票在高位上冲无力，一副疲乏不堪的样子，整个大盘靠三线垃圾股来推高指数。

图5-30

如图5-30所示，通过这两个箭头，我们清楚地看到，当股价快速向上拉抬的时候，RSI技术指标也是同步向上创出新高。这是一段最健康的放量拉高的过程。

其次，是看高价股是否出现急冲行情。其特点是成交量忽然大增，股价迅速拉高，之后成交量不再增加，这样亦表示需求已达到极限，同时意味着供给逐渐超过需求。庄家在股价冲到高峰位时，趁机大量出货。

最后，看三线垃圾股是否连续拉出长阳。三线垃圾股全线上升亦说明大盘基本上都是获利盘，此时离大调整不远。

另外，从技术形态来讲，有没有双顶、三重顶或头肩顶等顶部形态出现，在技术指标中RSI、OBV是否有顶背离迹象。只要股民细心研究，顶部特征还是会被及时发现的。

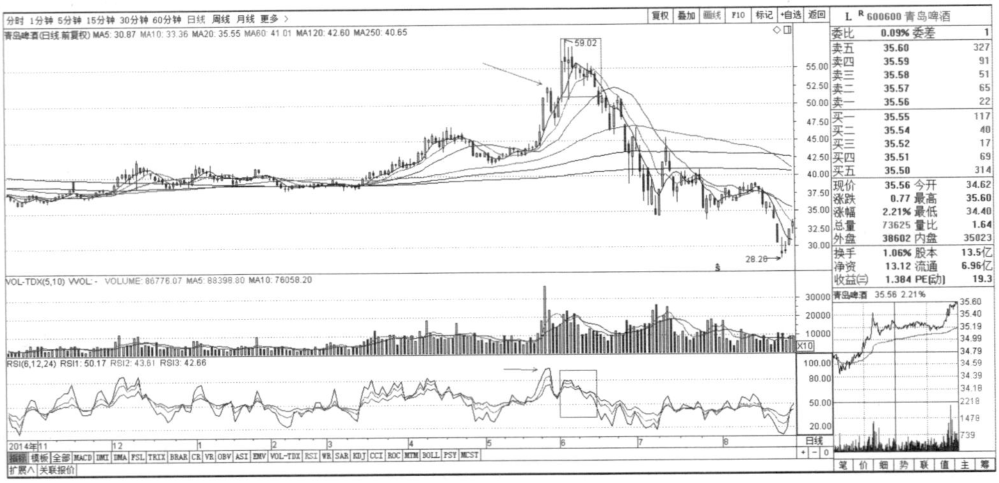

图5-31

如图5-31所示，我们通过上下两个方块可以看出，当股价向上创出新高的时候，RSI技术指标并没有跟随向上创出新高，这是一段极不正常的拉高过程，聪明的投资者，马上感觉到这是顶背离迹象。为什么会出现背离现象呢？这是因为全部散户冲高买入，而庄家暗中出货，所以，才会形成背离现象。

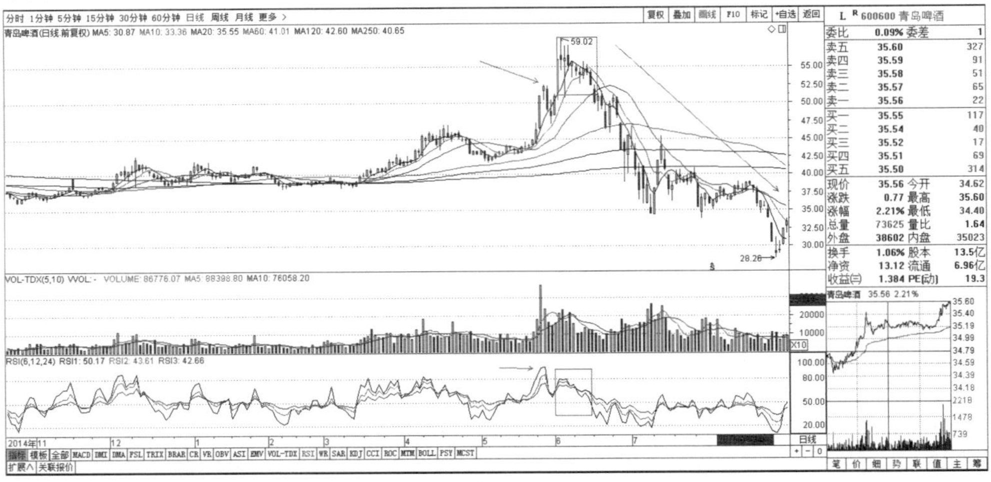

图5-32

日后，当我们发现顶背离出现时，我们应该比庄家更加坚决地卖出，只有这样，才能够战胜庄家，战胜市场。图5-32中箭头所指的是卖出后股价大幅下跌的过程。

第十节 最为直观的判断顶底的方法

桃源根据多年的实战经验，总结出一种最为直观的判断顶底的方法。

当股价创出新高，如果7~10个交易日内，不能再刷写新高，该股一般都会见顶回落，这时如果发现RSI值没有跟随股价再创新高的话，那么，顶部特征更为明显，投资者应坚决卖出。下面我们用华电重工（601226）举例说明。

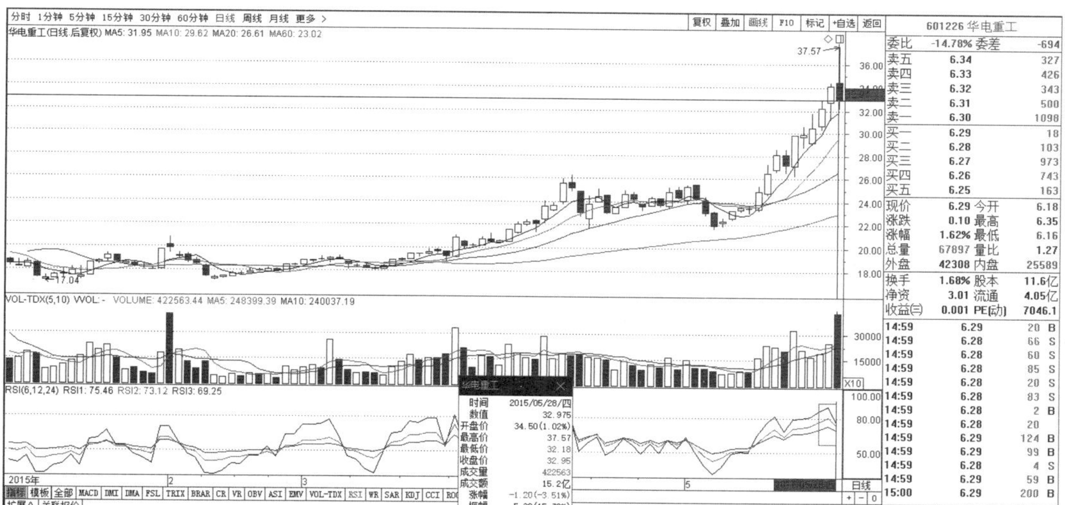

图5-33

如图5-33所示，华电重工（601226）在2015年5月28日，创出新高37.57元，股价就开始见顶回落了，但是，这个最高价是不是真正的顶部呢？我们用10个交易日来进行观察。

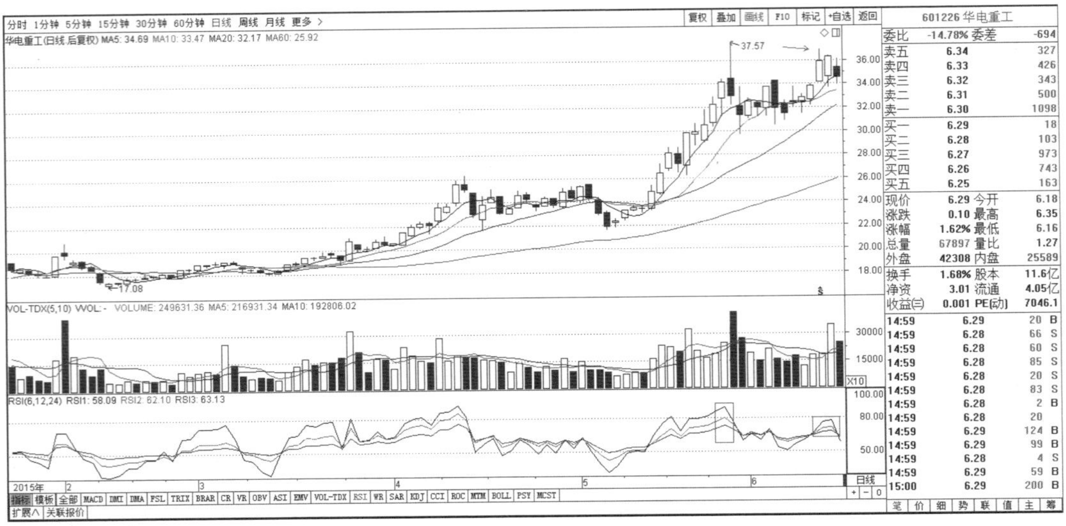

图5-34

从图5-34中我们可以看到该股在10个交易日内，并没有再刷写37.57元的新高，下面我们再从RSI技术指标进行观察，发现第二个RSI值，并没有超过第一个RSI值，也就是说，股价已经失去了再创新高的动力，所以，这时应该果断卖出。

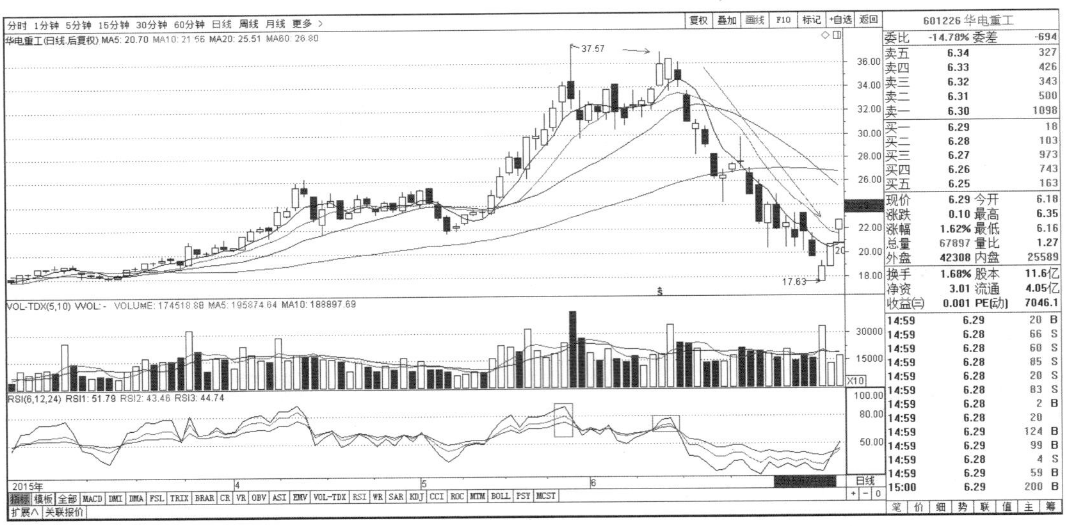

图5-35

如图5-35所示，从后市我们可以看到，股价快速下跌到17.63元，这是多么大的跌幅啊！

反过来，当股价创出新低，如果7~10个交易日内，不能再刷写新低，该股一般都会见底回升，这时如果发现RSI值没有跟随股价再创新低的话，那么，底部特征更为明显，投资者可以分批买入。下面我们用平安银行（000001）举例说明。

图5-36

如图5-36所示，我们可以看到平安银行（000001）在2017年5月跌到8.38元时，该股的RSI值也同步跌到了9.59的严重超卖区，那么，这个最低价是不是底部呢？我们还是用10个交易日来进行观察。

图5-37

如图5-37所示，10个交易日后，我们发现该股并没有再创出8.38元的新低，同时，RSI值也没有再创低位，我们从图中方块可以看到，第二个RSI值比第一个RSI值高了一些，这就充分证明该股底部开始确立，投资者可以大胆分批买进。

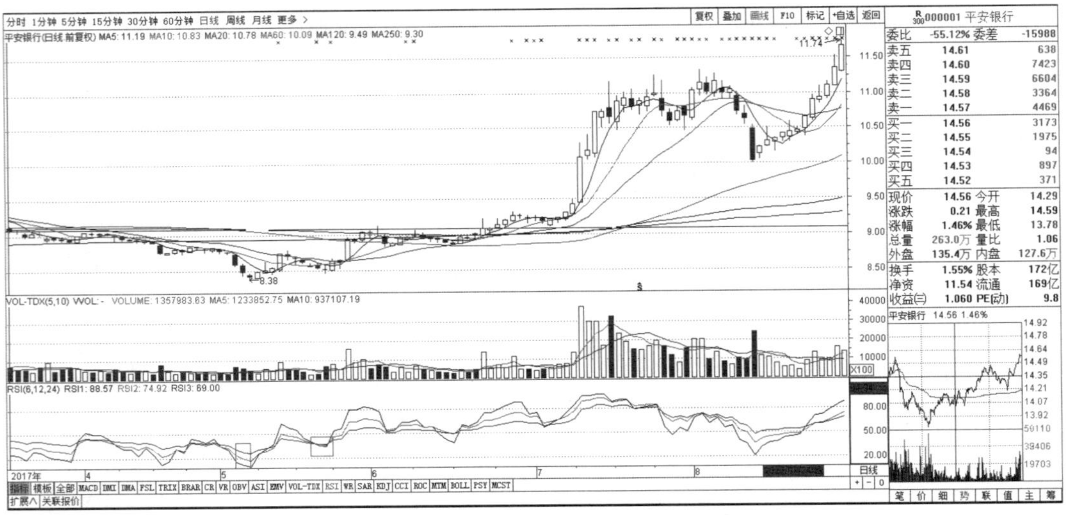

图5-38

如图5-38所示，果然，该股见底之后，步步走高形成了一条标准的上升通道。

为什么我们将最为直观的判断顶底的方法集中在这一节里边讲解呢？就是因为这个方法非常特别，所以，我们专门开一个小节进行重点讲解让大家重视起来。

第六章 选股篇

◎进货前的几点要领

◎短线选股策略

◎成败乃选股一线之间

◎要密切留意身边人向你诉苦的股票

◎哪些股票会首先有行情

◎关于股票无量上升的分析

◎炒股时必须重视“质、势、时”

◎留意曾有直线上升行情的股票

◎高价股经大跌后股价不跌，后市必定有戏

◎卖出要坚决果断，买入要认真三思

第一节
进货前的几点要领

进货前除了要按照以前讲过的一些技术要求，如30分钟KDJ图、日KDJ图、日成交量、周线图和移动平均线外，还要注意以下几点要领：

第一，进货前先要看看该股有没有经过横盘整理阶段。一般庄家有进行过横盘整理，亦即是有经过耐心吸筹阶段，有经过吸筹的庄家成本价与市场平均成本价基本上趋于一致，因而日后庄家打压震仓时，一般都不会打穿横盘时的底部。如果没有横盘整理的个股，先不要去做，因为该股临升前，庄家一般都会进行震仓打压，这时心里就没有了底；而且又不知道庄家的成本价在哪里，股价向下一打，根本上就很难区分庄家这时是打压吸筹还是打低出货。所以我们不要打无把握的仗。

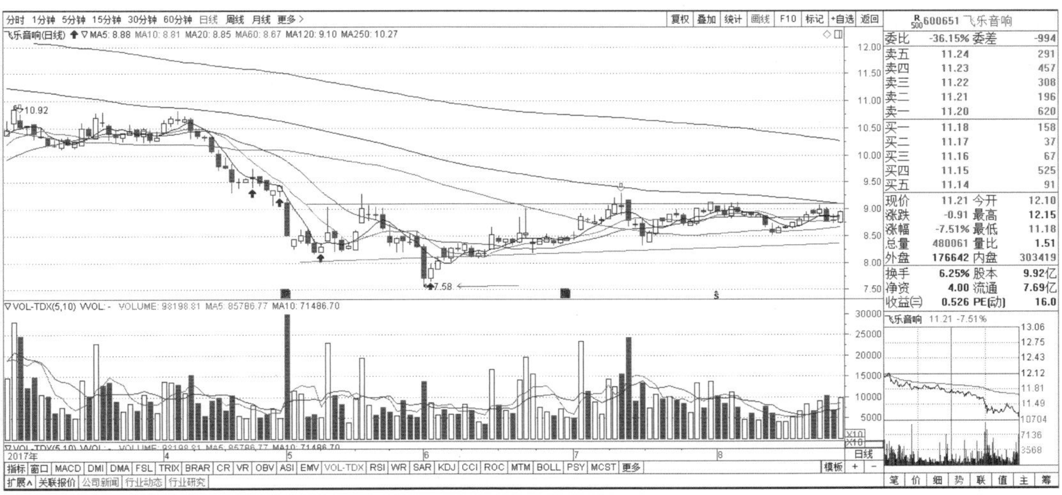

图6-1

如图6-1所示，飞乐音响（600651）跌到7.58元之后，庄家进行横盘震荡吸筹阶段。

第二，进货前先要看看有没有经过打压震仓洗盘，如果没有，先不要去做。因为，庄家在横盘吸筹时，一定有不少散户见该股跌不下去买了进来，而庄家临拉升前必定要狠命地进行震仓打压，迫使这部分的散户或短线投资者赚了一点就出来，不然庄家包袱太重，拉升时抛压重会很吃力。

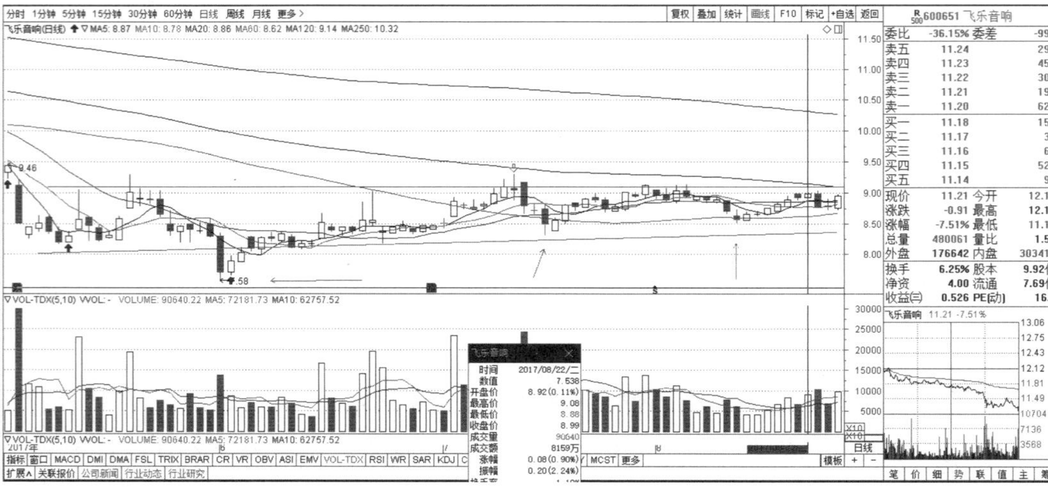

图6-2

如图6-2中的两个箭头所指的就是庄家打压震仓的行为，但是，无论怎样下跌，股价都没有跌破7.58元。

第三，经过以上两点筛选之后，最后就是挑选一些有突破性缺口的个股来做。这里的缺口是指颈线突破缺口和突破平台顶部缺口。一般有突破性缺口的个股，说明庄家已经完成横盘打压吸筹阶段或该股有突发性利好消息。通常这种缺口的出现，表明该股上涨的力度较强，而且上升的空间会较大。购买这类股票胜算较高。

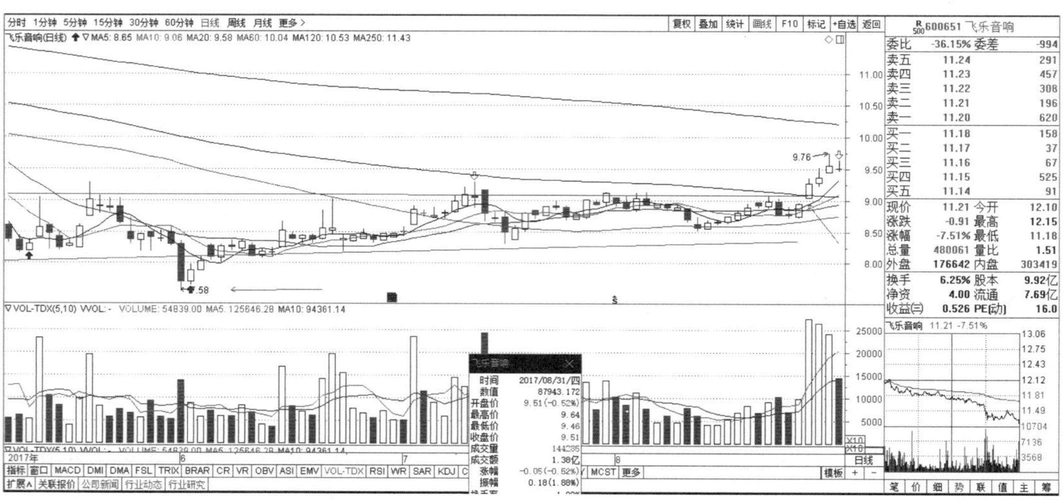

图6-3

如图6-3所示，经过一段时间的横盘震荡吸筹阶段之后，飞乐音响（600651）终于迎来了向上的突破性缺口，图中第二个箭头所指的地方，是向上突破性缺口。

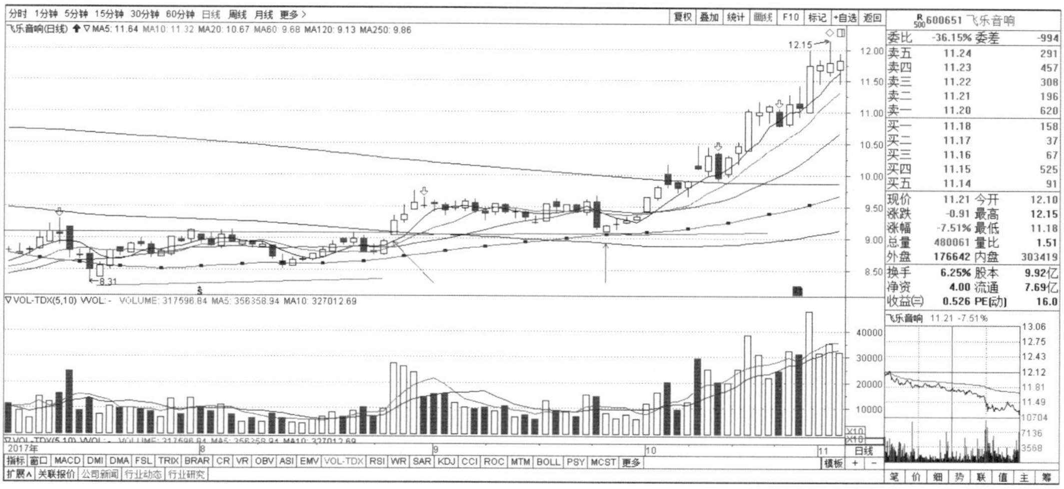

图6-4

当股价向上涨之后，股价通常都会对平台顶部进行回试，图6-4中的第二个箭头所指，就是股价回试平台顶部的过程，这时也是短线最好的买入时机，买入后终于迎来了一波快速上涨的行情。

第二节 短线选股策略

身在股市，远离消息源，当真正的利好或利空消息传到你身边，其股价已经做出反映，那么，我们怎样才可以在消息出来之前，及早发现行情呢？其实股价运行的内在规律已经讲明该股日后必定有利好或利空消息出台。如近段时间横盘不跌的贵州茅台（600519）就足以证明该股日后必定有利好消息支持，虽然现在还没有消息。但是，后面一定会有利好消息支持股价的上升。

那么我们怎样在深沪两市几千只股票中，挑选黑马、快马呢？

下面介绍一些方法，供大家参考。

首先，先看大盘走势，大盘好转然后才开始挑选个股。

第一，先从大盘中查找每个个股的30分钟KDJ图，如果30分钟KDJ发出黄金交叉的买入信号，这时先把这些股票用纸记下来，有多少只记多少只。

图6-5

如图6-5所示，科森科技（603626）在2017年11月6日，30分钟KDJ刚好发出黄金交叉的买入信号，但是，我们还不能确定，该股中长期是否还会上升，所以，我们马上去查看日KDJ图。

第二，将记下来的个股，去查日KDJ图，如果是高位死叉，而30分钟KDJ金叉，这些个股，大多只是反弹行情，反弹完毕股价还会再下一个台阶，所以去掉那些日KDJ死叉的股票，把日KDJ在低位区发出金叉的股票留下。

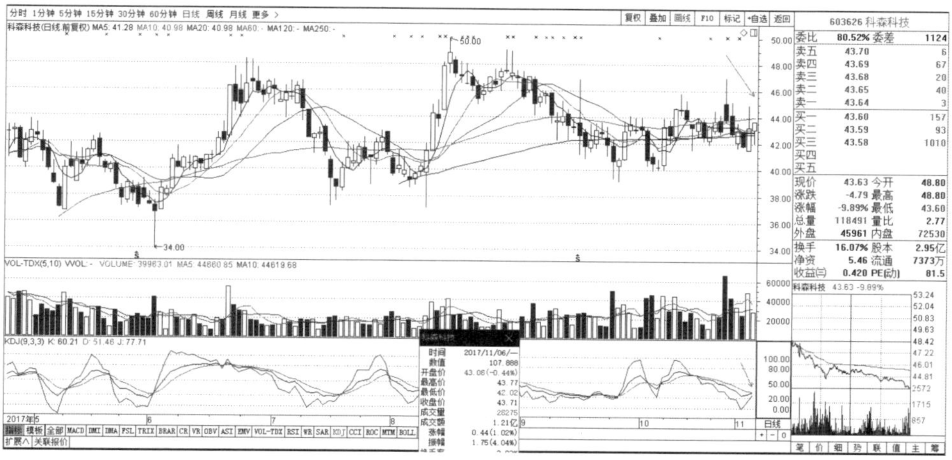

图6-6

从图6-6中我们可以看到科森科技（603626）日KDJ也是刚刚从低位正准备向上发出黄金交叉的买入信号，这样就为我们对30分钟KDJ发出的买入信号，有了短线向上的保证。但是，我们为了对这一次买入更加有信心，最好还是对成交量做进一步的观察。

第三，再去查留下的股票的日成交量，如果之前有巨额成交量，而这两三天做短期调整，这只个股必定有实力非凡的大庄家进场，可先考虑做这些股票。其次是每日成交量温和放大的股票也可以考虑。

图6-7

我们通过图6-7中方框部分表示的成交量观察到，这几天的成交量较之前的成交量有所放大，这就是向上拉升最有力的保证。

第四，经过上述的方法筛选后还有三四只股票不知选哪只时，就要查看这几只股票的周KDJ图，如果周KDJ在高位死叉的先把这只股票剔除，周KDJ最好是在低位金叉或在金叉途中才选择，因为周线形态好是上升动力的保证。

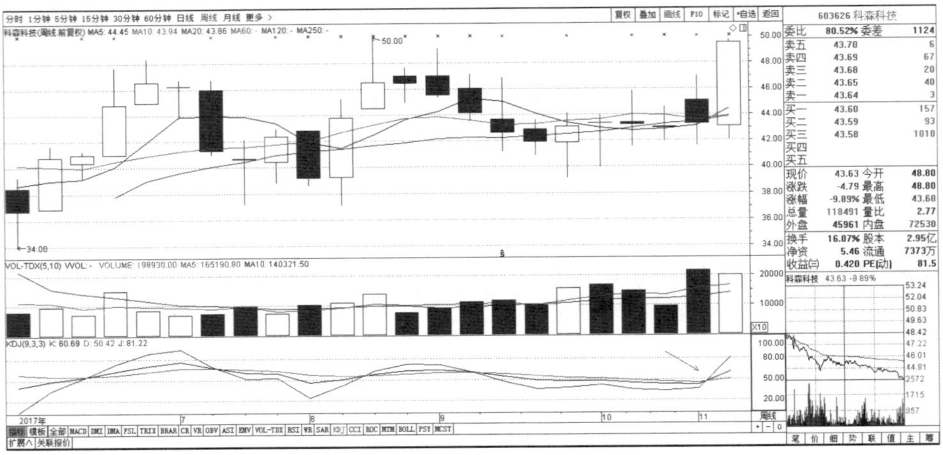

图6-8

最后，我们对周KDJ进行一次检查，发现周线级别的技术指标也是发出买入信号，这样我们对于一只短线的个股，进行了多重验证分析之后，确定这就是最好的短线选股的买入原则。

最后是将选好的股票再检查一下该股的移动平均线，一般移动平均线有5天、10天、30天、60天等。如果该股的移动平均线从下而上正准备向上发散，股价被5天、10天、30天的移动平均线，自下而上有序地承托着，这只股票就是好股票。只要逢低买入，抓上一两个星期，基本上可有15%以上的升幅。

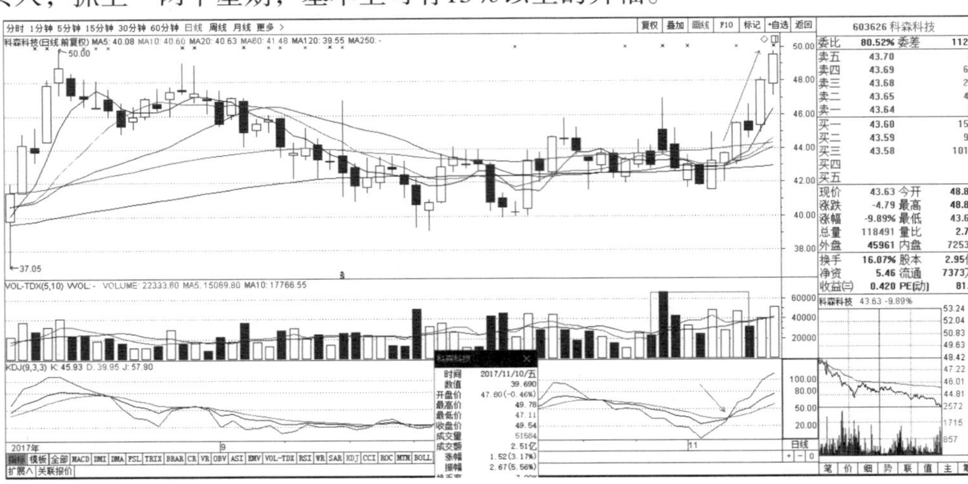

图6-9

从图6-9我们可以看到科森科技（603626）股价被5天、10天、30天的移动平均线，自下而上有序地承托着，该股从43元一路拉升到50元，短线升幅16%。

第三节
成败乃选股一线之间

深沪股市发展到今日，已经不是以前几十只股齐涨齐跌的股市了，股市特征变成了大盘升而有相当部分的个股不升，大盘跌而又有相当部分的个股不跌反升。因此，炒股最为关键的问题就是选股的问题。

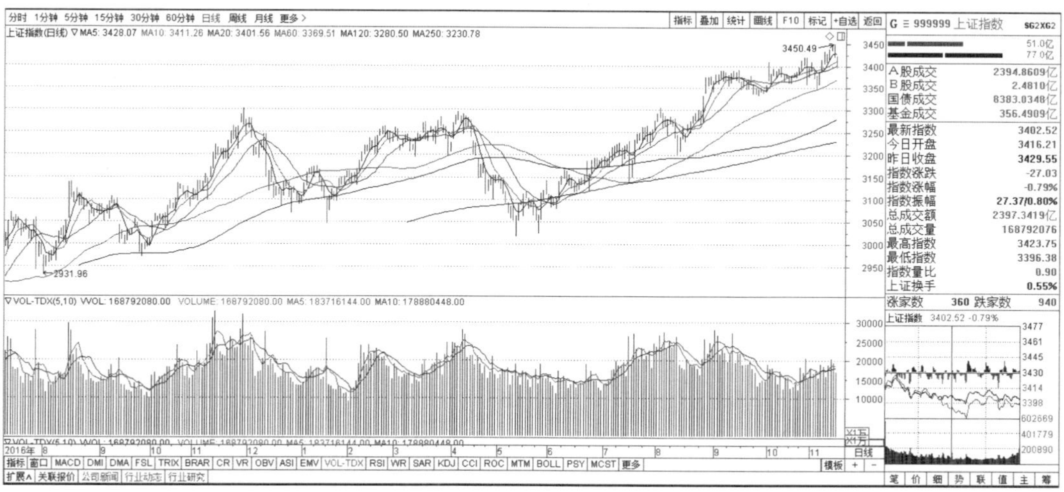

图6-10

如图6-10所示，上证指数2017年从2830点上升到3450点，走了一波震荡向上的牛市，但是，有不少个股是逆势不断走熊，例如，百隆东方、通用股份、广电电气、上海银行、江苏银行等一大批个股逆大盘而下跌，投资者只有买对了股票才能赚到钱。例如，中国平安、环旭电子、贵州茅台、五粮液、古井贡等一批个股是跟随大盘向上走牛市的。

股选好了，炒股便成功了一半。据笔者观察，历来的大行情都有一部分的死亡板块，如2017年的小牛市，上证指数从2830点上升到3450点，而百隆东方、通用股份、广电电气、上海银行、江苏银行等一大批个股却是逆大盘而下跌，若在大牛市买了这些板块，不但赚不到一分钱，还要在牛市中亏钱。这样一个惨痛教训，应该值得广大投资者深思。

2017年的牛股有中国平安、环旭电子、贵州茅台、五粮液、古井贡等一批个股，是跟随大盘向上走牛市的，我们只有在买对股票的时候，才能够跟着指数赚到钱。

图6-11

如图6-11所示，广电电气（601616）最高见7.48元之后，就一步步地向下走低，广电电气同上证指数相比简直是一个上天堂，一个入地狱。

图6-12

如图6-12所示，百隆东方（601339）从7.20元向着5元，步步震荡走低，买了该股的投资者眼睁睁地看着指数上升，手上的股票却是天天亏钱，内心的痛苦可想而知。

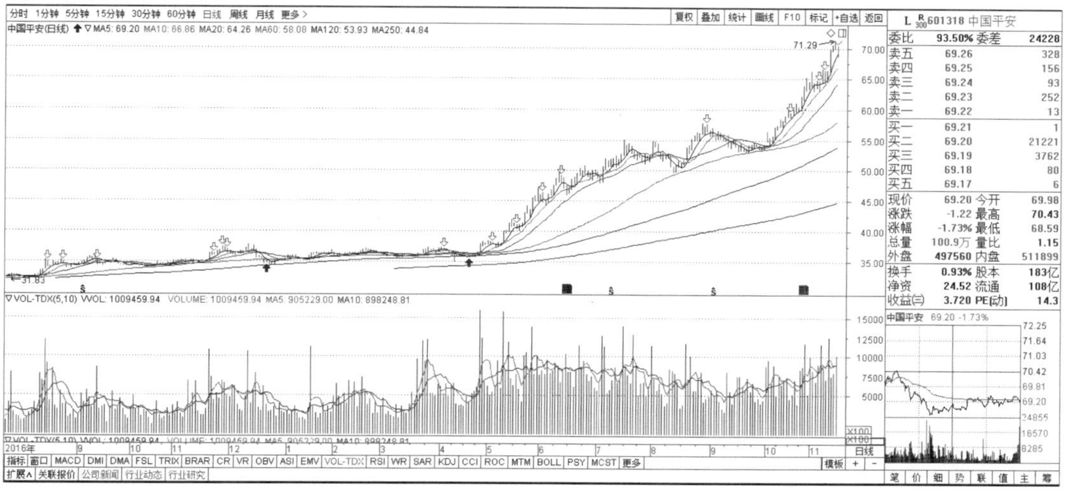

图6-13

如图6-13所示，中国平安（601318）是2017年的大牛股，从31元向71元进发，买了该股的投资者无不欢欣鼓舞。

图6-14

如图6-14所示，环旭电子（601231）从8.40元一路震荡走高升到17.50元，股价翻了一倍，也是一只非常对得起指数的大牛股。

因此，在股市中打滚，广大投资者应该将选股放在第一位，操作时应该选择强势股，远离弱势股或正在走下降通道的股票，并且要时刻关注市场不断出现的热点板块，只有选股选对了，这样投资才有望走向成功。

第四节 要密切留意身边人向你诉苦的股票

有时候股票这东西是很难用技术分析完全弄清楚的，但是，有一样指标是比技术分析还要精确的，那就是人气指标。

大家曾有这样的体会，就是经常会有一些朋友向你诉说自己买入的股票如今已套牢了一年的时间，庄家如何如何差劲，如何如何“阴湿”，大盘升的时候该股不升或只是微微上升，当大盘下跌之时，它却带头下跌，持股一年不但一分钱没有赚到，还在牛市中亏了钱。“你告诉我，什么时间斩仓出局最好，或是你介绍一只黑马给我，我换股算了。反正，我今年买了这只股票算我倒霉就是了。”

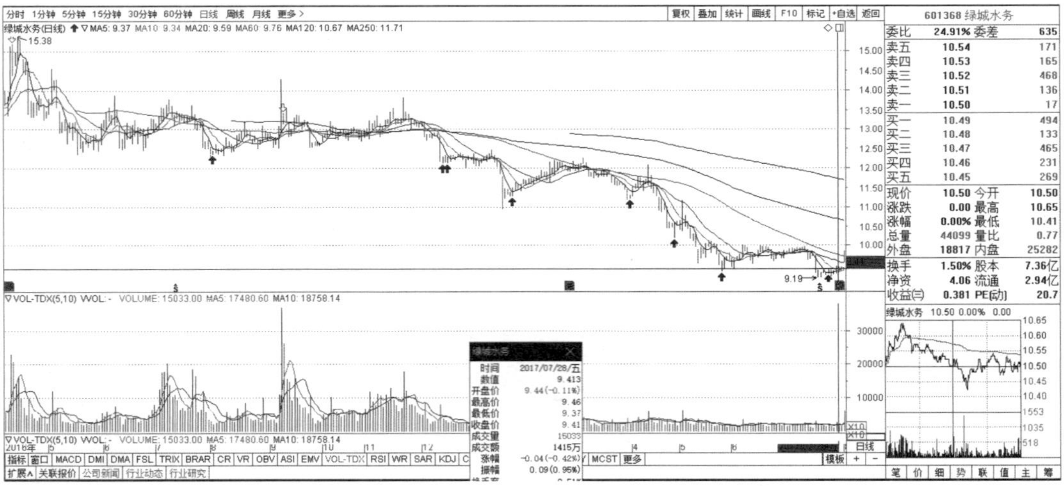

图6-15

如图6-15所示，绿城水务（601368）在2017年天天下跌不断向下创出新低，笔者听到不少股友诉说：“该股如何如何差劲，我今年买了这只股票算我倒大霉了。”于是，笔者就对这只股票进行了密切跟踪。

每当有人向你诉说自己买入的股票较差时，你便要密切留意该股的走势，据笔者观察，日后该股必定是大黑马，这是因为庄家已经折磨透了广大投资者，暗中吸饱了筹码。例如，1996年初的琼海虹（000503），当时大盘强劲上升，该股大半年在2.5~4元徘徊，后来股价狂炒到70元；1998年的阿城钢铁（600799）股价也是4元多，后来也狂炒了上去，股价翻了六七倍；1999年的渝汰白，股价从2.50元炒到6.7元，也是翻了几倍，等等，笔者不一一列举。总之，你要在股市中赢利，必须在股市中做个细心人。

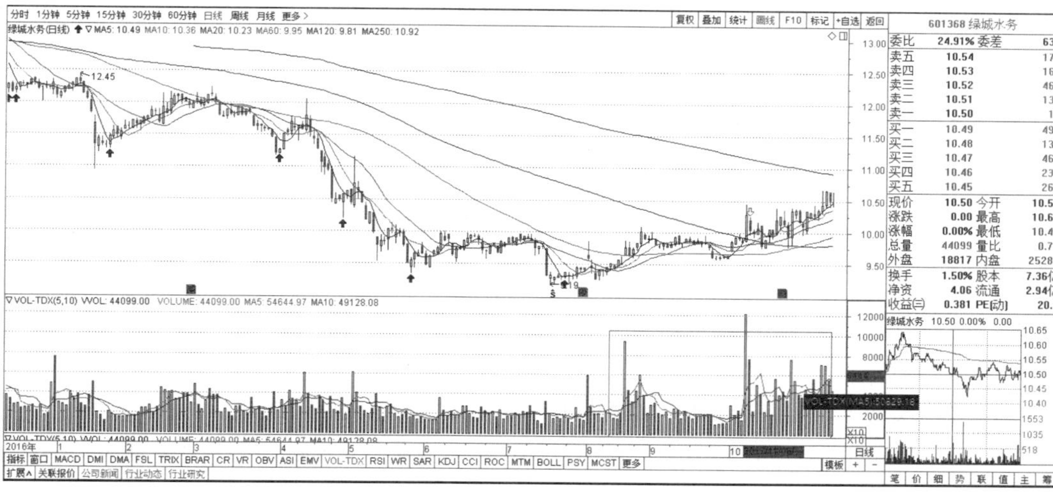

图6-16

如图6-16所示，我们终于发现绿城水务（601368）在底部不断有成交量放大，并且慢慢形成了一条上升通道，对于这样的股票，笔者认为，该股已经改变了下跌趋势，有望走出上升行情。

第五节
哪些股票会首先有行情

笔者经过多年的观察，发现了这样一种有趣的现象：如果有些股票经过长时间的下跌之后，走稳进入横盘阶段，一旦股价慢慢盘升上穿下降压力线时，都会有一定力度的向上突破行情。例如1999年的本钢板材、深华发、锦州石化，2000年的北京化二、深天地、深南玻等股票，它们的一个共同特点就是都经过了一段较长时间的下跌，然后慢慢突破长期下降压力线，而后走出一波强劲的上升行情。特别是那些突破压力线后，伴随着大的成交量的股票，其上升空间会更加惊人。

例如，茂硕电源（002660），该股在2017年8月份，股价逐步摆脱长期下降压力线之后，在底部有成交量放出，从而确定了8.28元的底部。

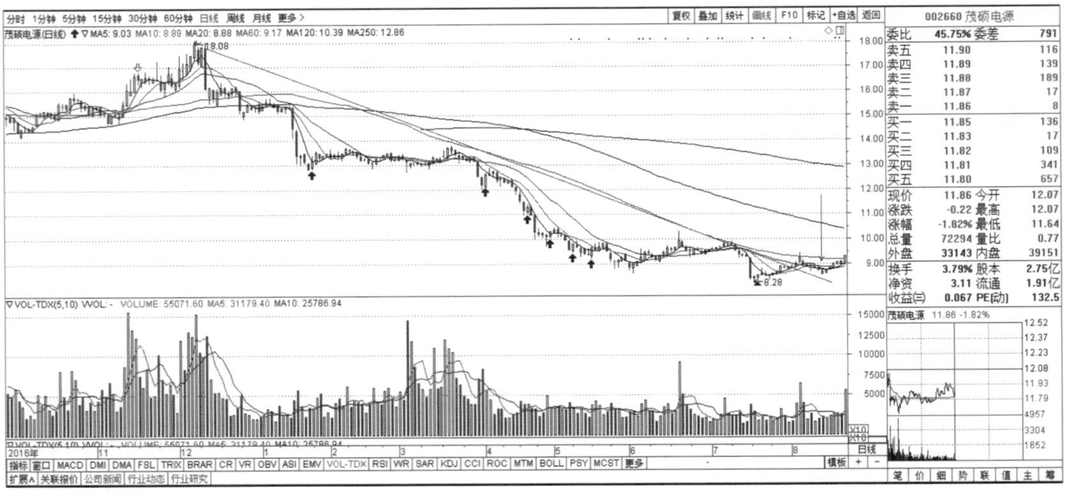

图6-17

如图6-17所示，茂硕电源（002660）在2017年8月，股价逐步摆脱长期下降压力线，图中箭头所指的是股价对该压力线的回试，这是一个非常好的短线介入机会。

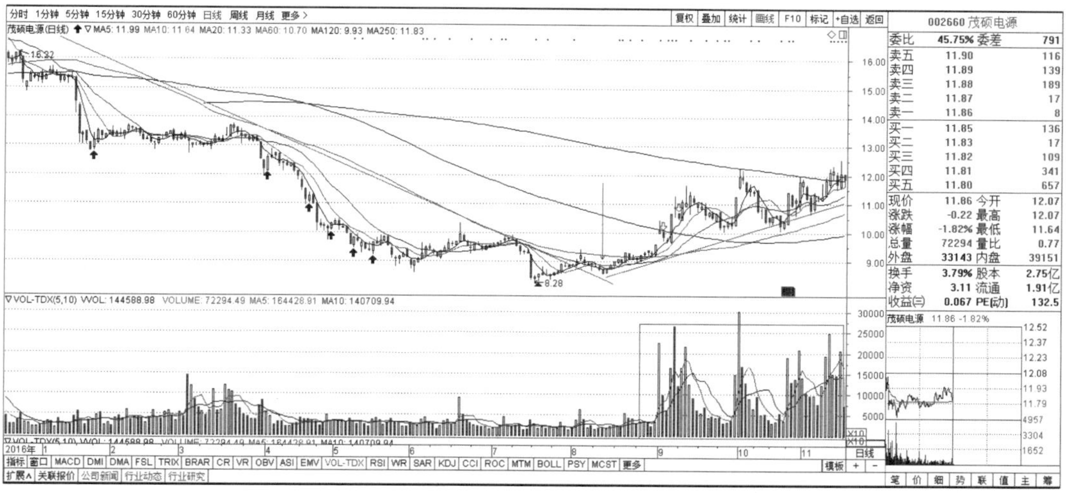

图6-18

当我们短线买入后，投资者需要密切关注成交量的变化，如果成交量能有效放大推动股价上升，那么，这就是正常的股票拉升行情。如果成交量没有跟上，那么，就只能快进快出，不能中线持有。请看图6-18中的方框部分，成交量较之前放大了很多，这就充分说明了该股有大资金跟进，我们可以中线看好。

因此，日后广大投资者应该密切留意经过长时间下跌后的一些股票是否突破下降压力线，若有突破应首先大胆介入这些股票，因为，这些股票是将会成为近期最有爆发力的股票，同时也不排除会成为下一阶段的市场热点板块。

第六节
关于股票无量上升的分析

股票无量上升，在技术指标中很容易出现顶背驰现象，按照传统无量上升的原则，理应出货。但是，在实战操作中，往往发现不少个股是无量上升的。如果一定按照无量上升就出货的原则，往往损失一大波获厚利的机会。那么怎样才能区别无量上升行情，哪次是真升可以不出货，哪次是假升必须出货呢？

首先，我们要从股价运行的状态来分析，一般股价在某个价位上下整理横盘时，如3~5元横盘整理，当股价从3元再次上冲5元价位时，如果股价要过5元关口位，这时一定要放量上冲才是真升，如果量缩去冲的话，这时一般都是假升行情，理应先出货为妙，股价很快就会跌回5元以下的价位。

所以股票经过一段时间的横盘整理后，向上突破这时一定要放量上升才是真升行情。当股价拉离成本价后，这时你发现股票日日在缩量，而股价却是日日上升，这时，你便可以放心持股，因为，这时庄家手上都是持满该股的筹码，庄家根本就不想出货。庄家只想继续拉升，直至远离成本才会考虑出货。

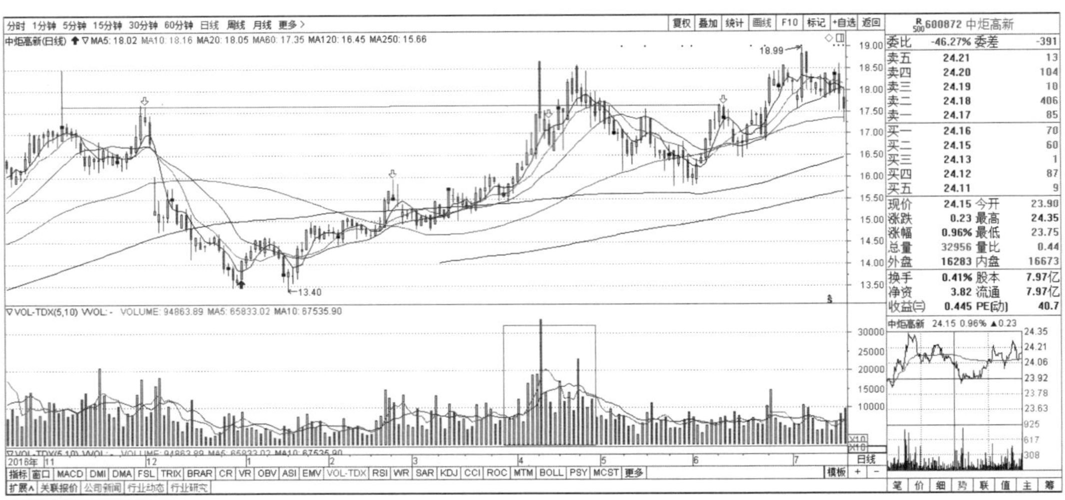

图6-19

如图6-19所示，中炬高新（600872）在突破17.50元时，我们看到成交量比之前的平台有所放大，在回调的过程中成交量马上缩小，这是庄家高度控盘的一种迹象。

那么，对于这类股票我们怎样才能发现庄家什么时候开始出货呢？我认为最起码的一条就是在拉升过程中该股突然放出巨量，这时就是庄家出货的第一个信号。

如中炬高新（600872）在2017年1~5月，该股庄家在13.40~17.50元经过打压震仓等手法吸饱了筹码，然后放量突破前期的高位，在高位整理了五天时间消化了一些获利盘，之后该股便呈日日缩量拉升之势。这段拉升行情，如果按照以往的无量上升理应出货的原则，可能在17~18元就出了货，因为在17~18元该股低开低收，高开低收整理了两周左右的时间。但是该股为什么跌不下去还能继续上升到24元呢？

因为庄家已吸饱了筹码，如果庄家这时出货，离成本价太近，赢利太少。因为该股筹码大部分在庄家手里，所以拉升自然就不用量的配合，往往对冲几笔便能将股价拉高，所以才有这类无量上升的股票。那么这类股票怎样才是最佳的出货时机呢？笔者认为是庄家放量拉出长上影的小阳或放量不升时是最佳的出货时机。因为在拉升过程中突然放量，这时庄家已到了该撤退的时候了。

图6-20

大家从图6-20中的方框可以看到，该股在17~18元高开低收，低开高收，整理了两周左右的时间，令很多不坚定的散户抛出手中的筹码，所以，庄家为后来的无量拉升奠定了坚实的基础。

第七节 炒股时必须重视“质、势、时”

深沪股市发展到今时今日，已经不像以前那样，指数涨时，股票齐齐涨，指数跌时，股票全部下跌。而今天的深沪两市，却是别有一番天地，指数大幅攀升时，却有不少个股下跌；指数下跌时，却又有不少个股逆势上升。在这样一种新的炒股格局中，作为投资者应该怎样去认识当今的股市，重新将自己调整到一个有利的投资心态上来呢？

例如，2017年中国股市从根本上发生了变化，那就是股市指数不断向上创出新高，而90%的股票，却是不断向下创出新低，这种投资格局令90%的投资者赚了指数亏了钱，这是一个多么令人痛心的行情！下面我们用两幅图来反映当时的实际情况。

图6-21

图6-21为上证指数周线图，从2016年至2017年，股指从2600点一路向上走上升通道冲击3400点，指数给大家的感觉是非常繁荣的市场，但是，实际情况是怎样呢？

图6–22

图6–22为新华传媒（600825）的周线图，该股却是从13元一直向5元的方向步步下跌，全年下跌60%以上，这就是当时90%的股票的代表形态，指数的上升全靠8%的权重股带动向上上升，这就是2017年绝大部分投资者亏损的实际惨况！

那么，呼之欲出的问题便是要分清自己的投资动机和目的。而投资动机和目的归纳到点子上来就是股市中的“质”“势”“时”的问题。

所谓“质”就是股票发行公司的经营本质，“势”就是股票市场价格变动的趋势，“时”就是买卖股票的时机。

“质、势、时”反映到投资者的投资动机上就是长线、中线、短线的问题。一般而言，对于长线投资者来说，买卖何种股票比何时买卖更重要，因为当你准备长期投资时，选择股利优厚的绩优股作为投资对象收益会更大。

例如，贵州茅台上市至今，股市指数虽然经历了多次的大幅下落，而贵州茅台的股价却是稳步攀升，真正体现出长线是金的优点。

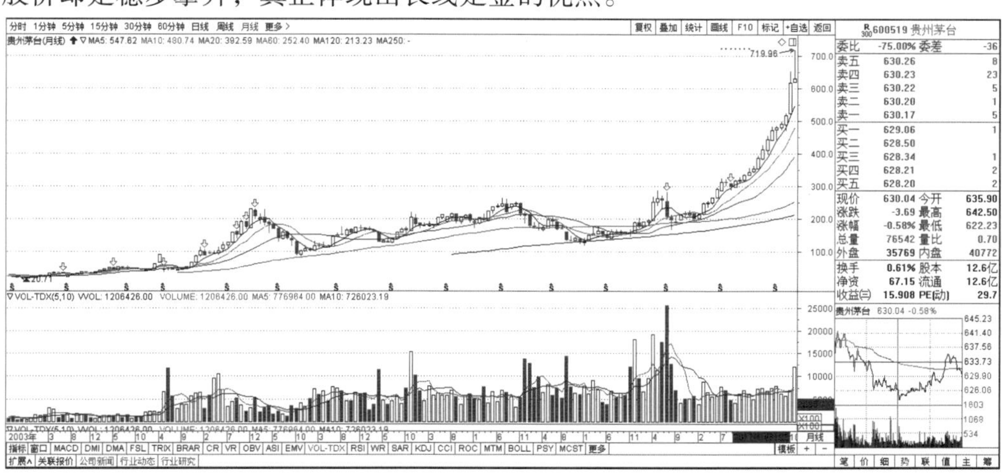

图6–23

图6-23为贵州茅台（600519）的月线图，由于该股有垄断的品牌经营项目，在市场上具有非常高的竞争优势，所以，公司有非常大的利润收益，我们认为贵州茅台是一只质地非常优秀的股票，该股在这十几年间，股价从20元一直上升到700多元，真正体现了长线是金的投资理念。因此，日后广大投资者要做长线投资的话，就必须要重点选择质地好的股票进行投资。

对于中线投资者而言，就应当在重视“质”的同时，更应该重点考虑“势”，作为中线的波段操作者，当股市见底之时应择股买入，当股市上升趋势发展到尾声之时，全仓清出。严格来讲，这种操作方法较适合于中国股市，因中国股市较易受政策性影响而产生大幅波动，操作得好投资者会赚得更多。

图6-24

请看图6-24中的方框，当复星医药（600196）股价见底之后，形成了一个上升趋势，作为中线的投资者，必须要重视趋势的选择，当上升趋势确立后，就是中线投资者最好的买入时机。

而对于短线投资者来讲，何时买卖股票比买卖何种股票更为重要，因为当你准备短期投资时，应该重点选择市场性较强的投机股作为投资对象。但是，此种操作方法对于投资者的看盘操作技巧要求较高。

图6-25

作为短线投资者，是怎样进行短线选股操作的呢？下面我们用中国银河（601881）作为案例详细分析。首先，我们怎样才能判断一只股票有庄家介入，那就是成交量的放大，只要有成交量放大，我们就认为有庄家介入，这就是最好的短线操作品种，图6-25中的方框所指的就是成交量比以往成倍地放大。当发现有庄家介入股票时，我们要耐心待股价回调，当股价有止跌形态时，箭头所指可以短线买入。

对于短线投资者而言，可以不太注重股票的“质”。只要某只股票技术形态好，走势强劲，放量有庄家介入，便是最好的买进时机。在近期公报亏损的股票中在跌停板价上，有庄家几千手、大手笔食货，当这些股票，第二次打压下来不破第一个低点形成W底时，便可以短线跟进，同庄家“傻”一回，但是，自己要保持清醒的头脑，赚一把就要出来。

图6-26

如图6-26所示，当中国银河（601881）股价创出新高，而成交量并没有创新高时，这时图中箭头所指的就是短线最好的卖出时机。

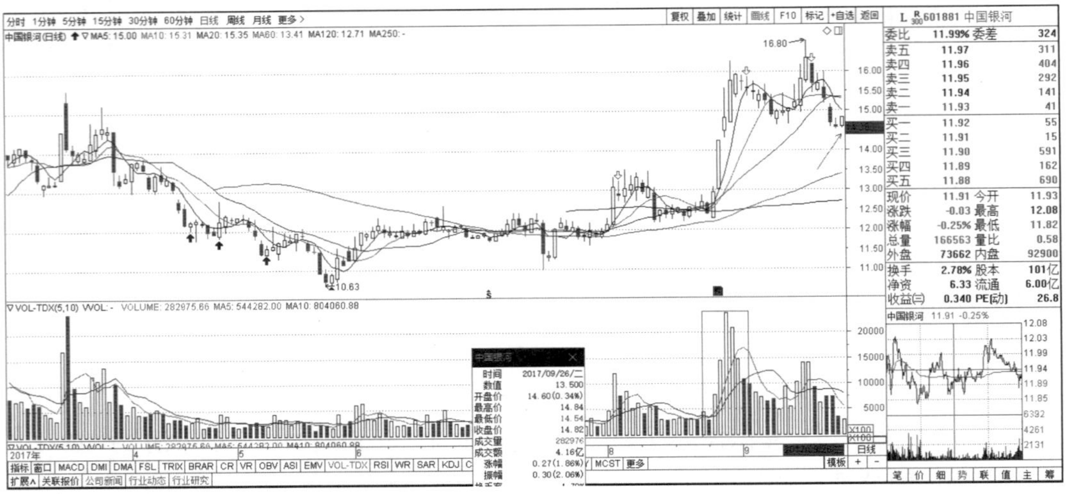

图6-27

如图6-27所示，当中国银河（601881）股价从高位再次向下回调的时候，发现了第二次止跌信号时，我们就可以进行第二次短线介入。

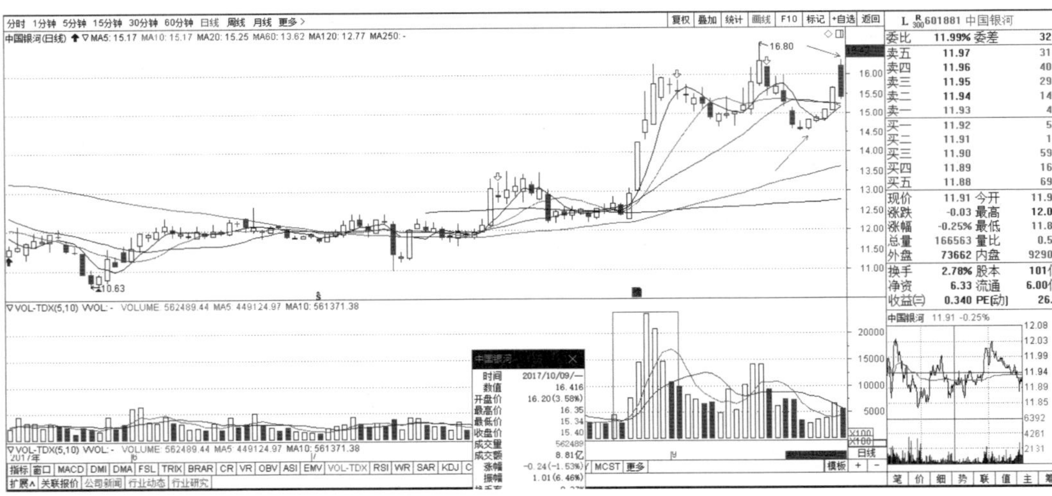

图6-28

如图6-28所示，第二次买入后，当股价冲高乏力时，马上要短线卖出。

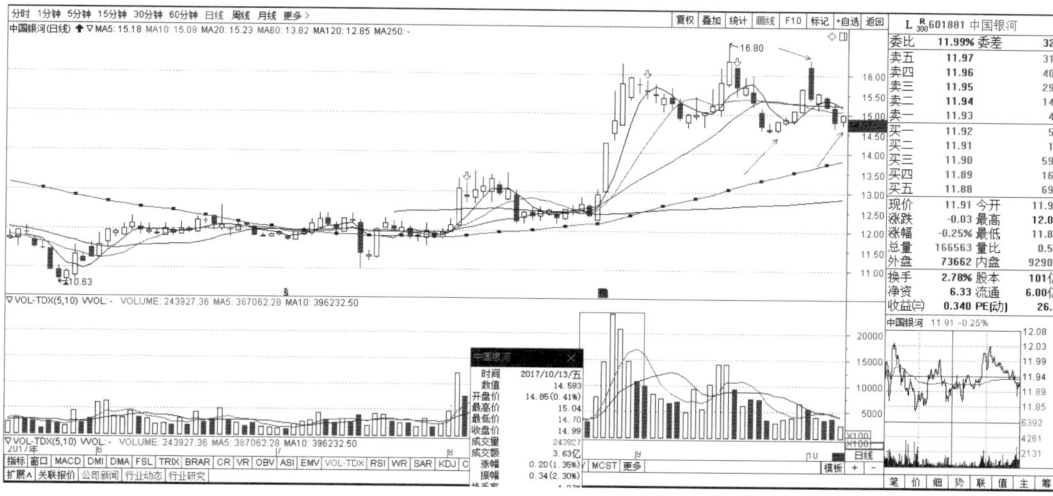

图6-29

如图6-29所示，当我们第二次卖出后，股价在回撤的过程中，又一次出现了一个新的止跌信号，于是，我们作为第三次短线再次买入。

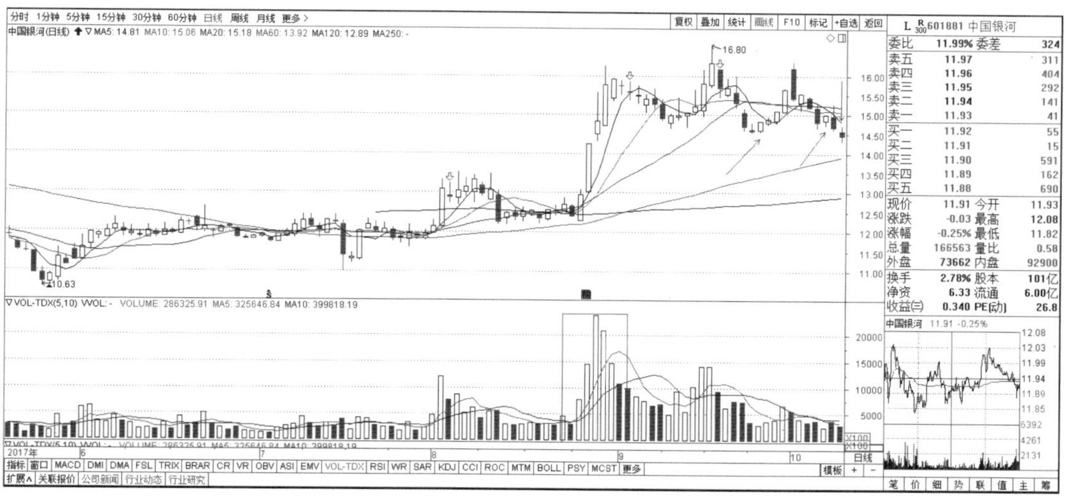

图6-30

如图6-30所示，第三次买入后，发现股价并没有向着我们预想的方向，向上拉升，而是连续两天微微向下破位，这时，作为一名短线的投资者，必须要止损离场。

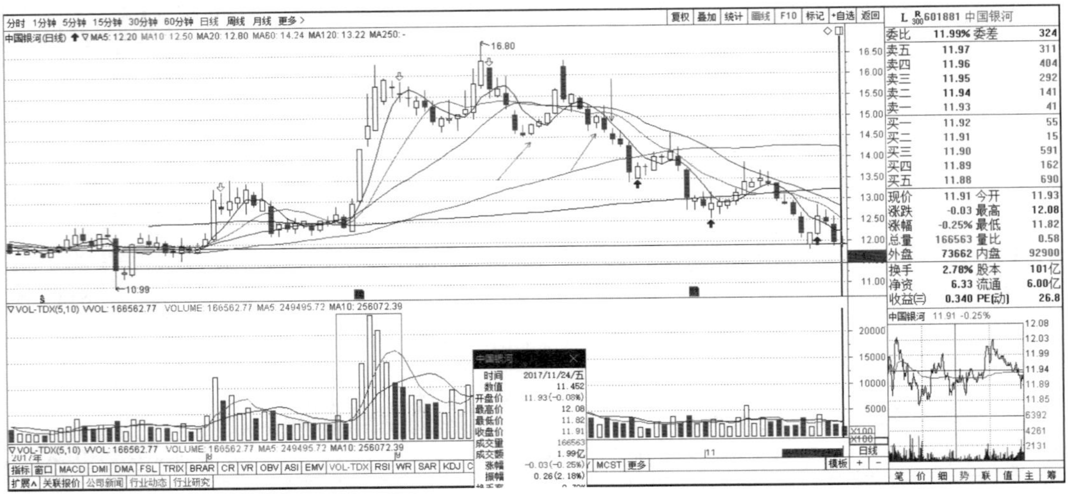

图6-31

如图6-31所示，止损之后股价一路创出新低。所以，我们对是否是短线高手的最后判断，就是看他会不会止损。如果不会止损的话，那么，他就永远不能成为短线高手。

因此，作为投资者在炒股前必须搞清自己是属于长线投资还是中线投资抑或是短线投机。只有分清自己的投资动机和目的，才会分清自己在股票市场上想做些什么，不然，就会本末倒置。买了只实力强劲的大黑马，原本打算长期投资的，谁知一来到股票市场上，被庄家的凶狠震仓打了出来变成短线投机；原本是打算短线投机的，买了只技术形态好的垃圾股，谁知受突发性消息影响，股价破位下行，却不会止蚀，而变成长期的“大闸蟹”。

第八节 留意曾有直线上升行情的股票

以往有直线上升的股票，经过充分调整之后，日后时机一到，同样会重演直线上升的行情。

这句话用江恩的循环理论来讲，就是“历史会重复出现”。江恩在《圣经》里看到这样几句话：“已发生的，还将发生；已做的，还将做；同一个太阳下，没有新的东西”“过去即是现在，现在过去已有”“宇宙万物都处在周期性的循环运动之中，不论是具体的还是抽象的，物质的还是精神的”。江恩受这段文字的启发创立了证券市场中的循环理论学说。

其实预测股票市场或任何未来事件的方法是重视其历史，并努力发现我们正处在什么样的循环之中，据此指出其未来的轨迹，未来不过是市场运动的再现。

任何股票都有其自身的运行规律，只要我们细心观察、认真研究便会发现其中的运行密码。

举例来说，2016年12月贝瑞基因（000710）股价连续涨停直线狂升，当股价调整了一个弧形底部之后，接着又是一轮直线拉升行情。由于以往有过狂升的轨迹，当股价下跌之后，又重复地涨停狂升。

图6–32

从图6-32中的四个方框里面，我们清楚地看到，由于该股曾经有直线拉升的行情，之后连续出现了三次快速上升，这就是江恩循环理论在个股上的再现。

再看环旭电子（601231），也是出现了连续几次直线拉升的行情，我们在股市中经常会遇到这种循环的再现现象。

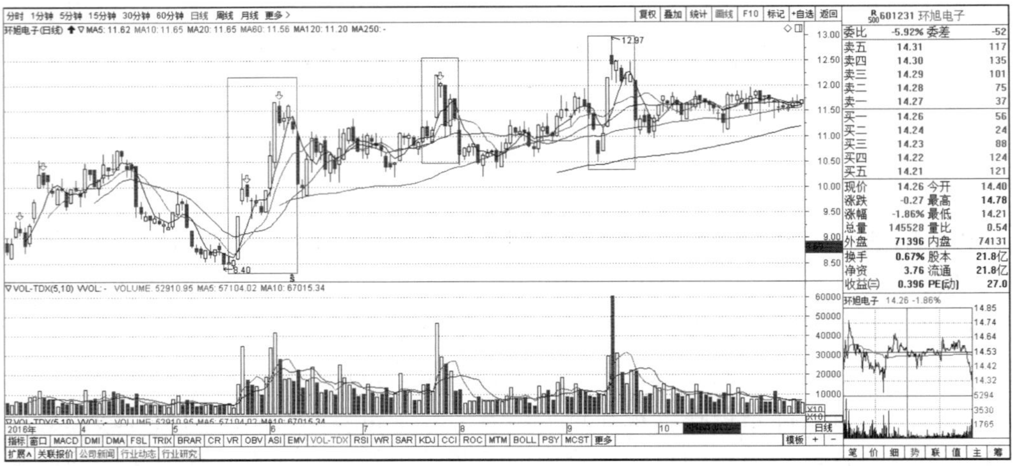

图6-33

从图6-33中的方框里面，我们看到环旭电子（601231）在2016年5月至9月，短短五个月的时间内也是出现了连续三次直线拉升的行情。

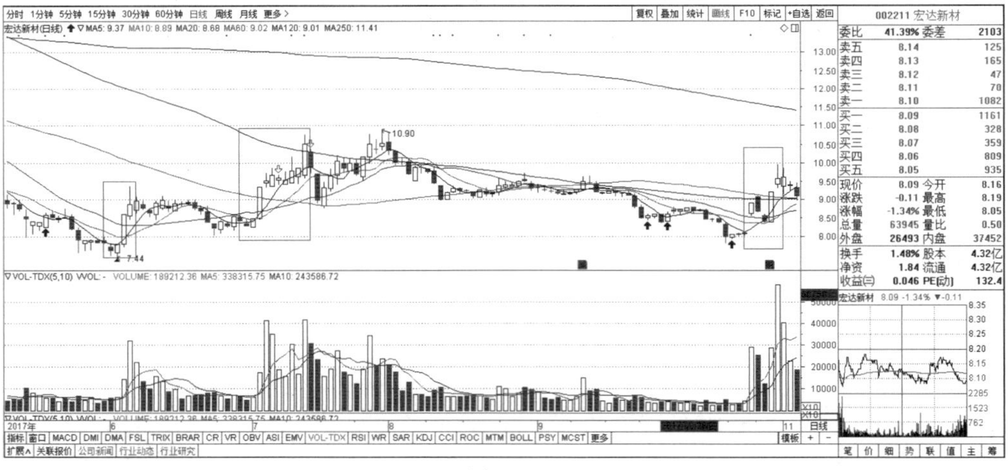

图6-34

宏达新材（002211）也是经常以直线拉升。从图6-34中我们看到庄家在该股里面的操盘手法，就是喜欢直线拉涨停，所以，当我们发现这一规律之后，大家就要经常留意那些曾经有直线拉升的股票，并对其进行跟踪。

因此，日后广大投资者在选股时，必须重点留意曾经有过狂升纪录的股票，短线快马有可能再次从这类股票中产生。

第九节
高价股经大跌后股价不跌，后市必定有戏

一波行情上来，往往有很多个股从五六元一直狂升到十几元，股价已经翻倍，而且在高位做充分换手，换手时间有三个月以上，而大盘的二三线股也做了补涨行情，整个盘面都充满获利盘。于是，大调整开始，一轮急促下跌，你会发现有一些升了上去的股票跌不下去了，这时，你应该密切注意这些股票的运动方向。

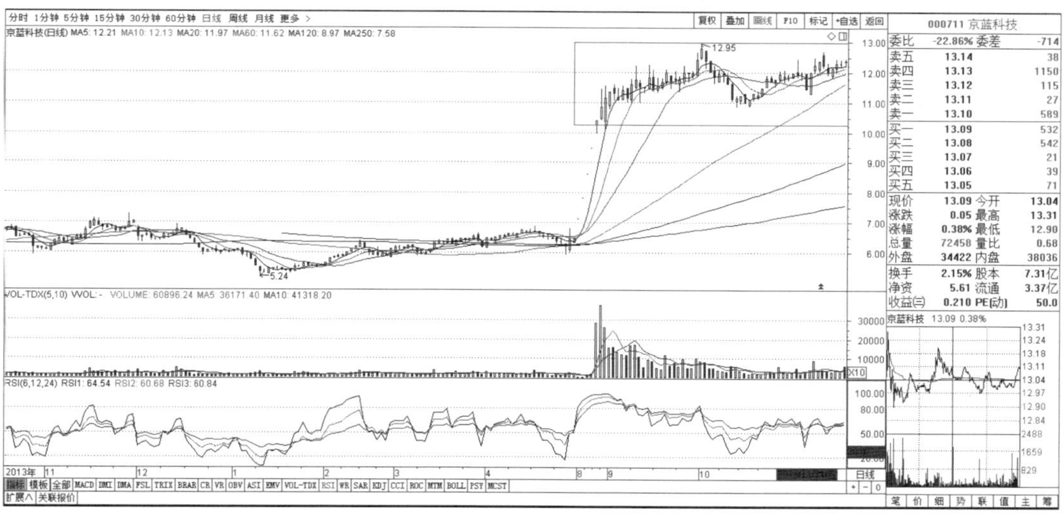

图6-35

如图6-35所示，我们看到京蓝科技（000711）从5元一口气上升到12元，股价已经翻倍，但是，从该股的调整形态来看并没有深幅下调，而是以横盘代替下跌。

当大盘调整完毕，开始转跌为升时，首先带领大盘冲锋陷阵的板块，就是这些跌不下去的股票。一波行情又从这些股票开始，升幅又是一个100%的上升行情。例如，京蓝科技（000711）在2014年的5元多劲升至12元，之后一直在11~12元进行调整，后又从12元狂升至26元。

图6-36

如图6-36所示，在横盘调整的过程中，当大盘下跌完毕之后，进行第三大浪上升的时候，京蓝科技（000711）从12元一路震荡上升到26元，股价再次翻倍。

因此，日后当大盘调整结束后，要重点留意那些比大盘跌幅要小的强势股票。

第十节
卖出要坚决果断，买入要认真三思

股票市场是一个充满高风险、高收入的冒险场所，不能做到高收入，最后便只有高风险。出现这种现象主要是因为大多数个股的顶部都是一瞬间，昙花一现，便结束了一整段行情，顶部一经形成，股价便呈直线形态，向下急跌。因此，卖出一定要坚决果断，绝对不允许有半点犹豫。

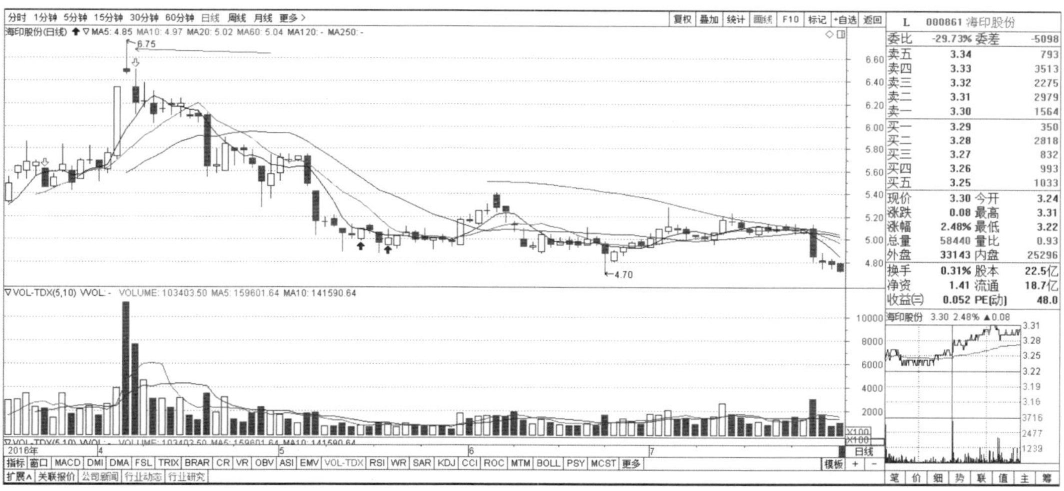

图6-37

如图6-37所示，这是最阴险的庄家所使用的出货手法，为什么这样说呢？从图中我们看到，海印股份（000861）一瞬间冲击6.75元后，就马上向下打压出货，如果投资者要想等到该股重新冲击6.75元时，再考虑出货的话，那么，等来的是漫长的下跌，这种形态只有短线投资高手利用冲高坚决出货，才可以抛到该股的短线顶部。

图6-38

如图6-38所示，从操盘手法上分析，神剑股份（002361）的庄家是比较善良的，当该股第一次冲高到8.39元后，过了几天，该股还冲高到8.23元，形成双顶让投资者出货。

图6-39

如图6-39所示，星光农机（603789）的庄家是很善良的，最起码该股有三次冲顶的机会让你出货，另外，在RSI值有顶背离迹象，让学习过技术的投资者可以确认顶部形态之后，从容地卖出，所以，我们把这种庄家叫作善良的庄家。

反观买入便要认真三思。其实每次一脚踏进陷阱，都是因为没有认真分析，认真思考，买入时要多打几个为什么。庄家现时处于怎样的状态？其股价形态是怎样的？庄家有没有经过打压洗盘震仓？自己有没有跟踪过这只股票？如果是没有长时间跟踪过的股票，千万不要盲目打单买入，不少庄家都会利用一些技术指标进行骗线，令投资者在有意无意之间落入他们设下的陷阱中，投资者在买入前最好能做到如下几点要求，才不会轻易中计。

第一，要全面了解公司的经营情况，包括发展项目、重组项目、收购项目等重要的相关信息。

图6-40

如图6-40所示，东江环保（002672）见底也有五六天的时间，让你慢慢去买入。

第二，要长时间跟踪该股的走势，做到心中有数，从而对哪个价位在某一段时间支持了多久，哪个价位阻压了多长时间一清二楚。

图6-41

如图6-41所示，名雕股份（002830）的见底时间更为漫长，差不多用了一个多月的时间，慢慢盘整出一个底部，所以，投资者要买入，可以耐心等待底部形态的出现，再分批买入也不迟。

第三，要耐心等到有明确的买入信号才买进，所谓买入信号就是专业上称的双底、三重底、四重底，旗形整理突破、三角形整理突破、平台整理突破，上升通道支持的价位，等等。

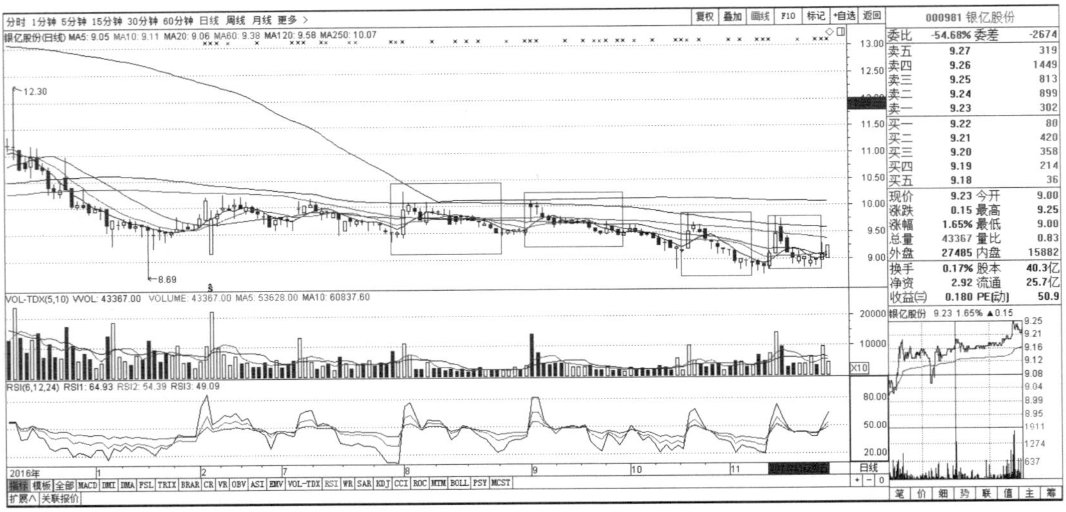

图6-42

如图6-42所示，银亿股份（000981）筑底的时间长达五个月，经常用旗形震荡拉升的方式构筑底部形态，在这漫长的底部构筑过程中，大家需要更为耐心的等待，才可以买到真正的底部，所以，我们说底部买入要三思和认真观察，千万不要急于抄底。

第七章

实战技巧篇

◎想赢怕输，最终必定会输

◎忍耐是股市的赚钱之道

◎谨防变相追高

◎要正确树立追强势股的观念

◎炒股炒心态

◎牛市调整不妨使用平均价战术

◎要学会将钱及时放进口袋

◎炒股前必须要先寻找中央主力庄家

◎强势市场庄家如何震仓

◎浅析牛市行情中散户的投资心态

◎抄底要看先行性指标

◎短炒如何设置止蚀盘

◎大三角形整理的处理方法

◎如何看待缺口

◎个股大幅度下跌后，首先要抄哪种股票做短线反弹

◎要有勇气超越技术

第一节 想赢怕输，最终必定会输

其实股票市场也好，期货市场也好，最终都离不开战场上的搏杀，只要有搏杀成分，便最忌想赢怕输的心态，敌对双方对垒，历来都是两军相遇勇者胜。一个“怕”字根本没有一点大无畏的精神，何来大智大勇？无智无勇，又怎能在危急关头，做到急中生智、冷静分析，最后做出正确的判断？

下面我们用大港股份（002077）进行实战讲解。

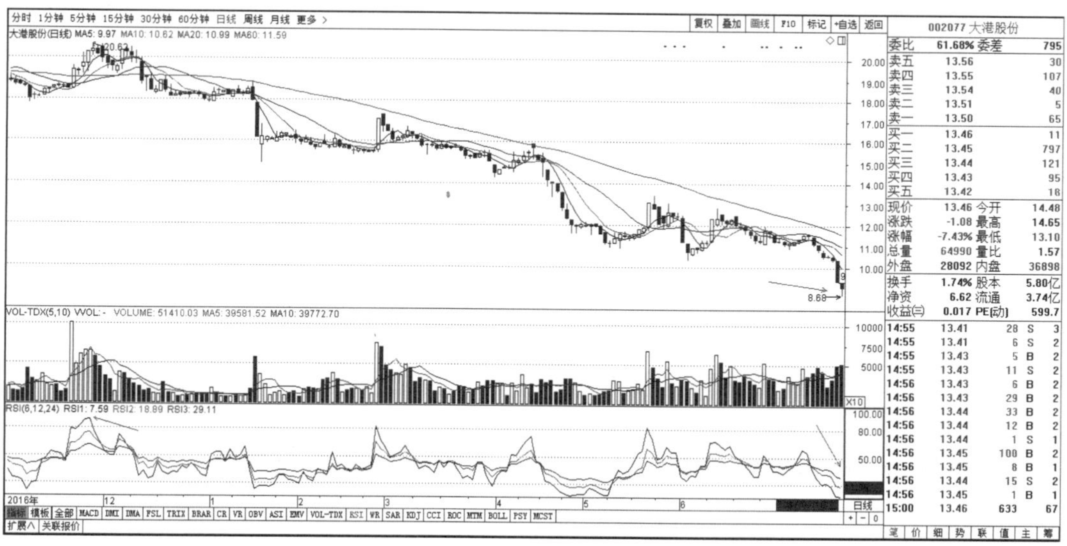

图7-1

如图7-1所示，大港股份（002077）从20元一波一波地向下杀跌，一路跌到8.68元，下跌幅度巨大，接近60%，从图中还看不出哪里是底，可以想象持有该股的投资者，内心一定非常恐惧，如果这时投资者想赢怕输的话，那么一定是斩仓出局。但是，冷静和理智的投资者会细心观察到，股价经过五大波浪的下跌，RSI值已经跌到7.59的严重超卖区，这时已经不是斩仓的时候了，无论你现在多么痛苦，都要坚持下去！

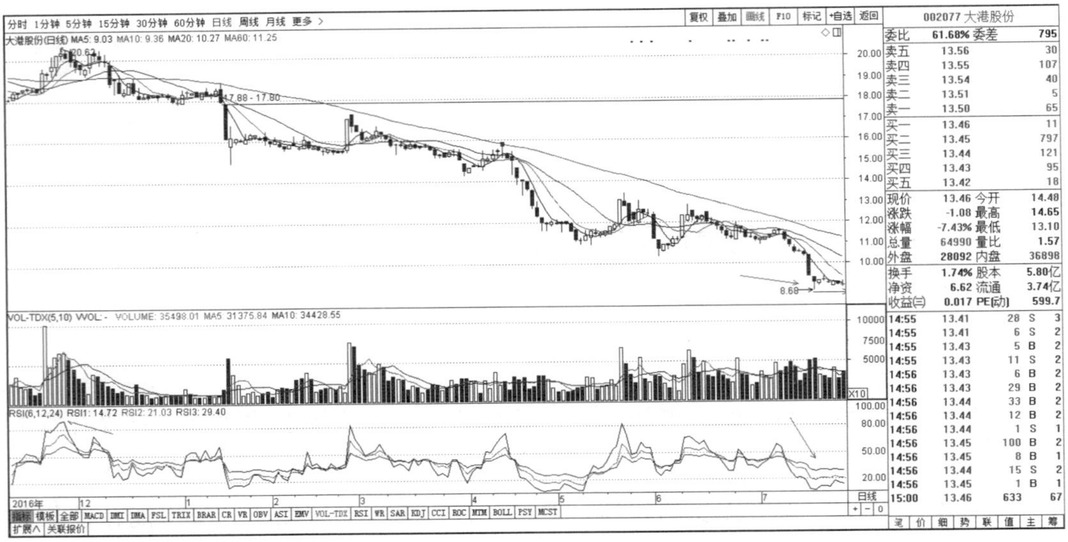

图7-2

如图7-2所示，好在没有在最低位斩仓，现在大港股份（002077）股价进入横盘整理阶段，起码你现在度过了天天下跌的最痛苦时刻。

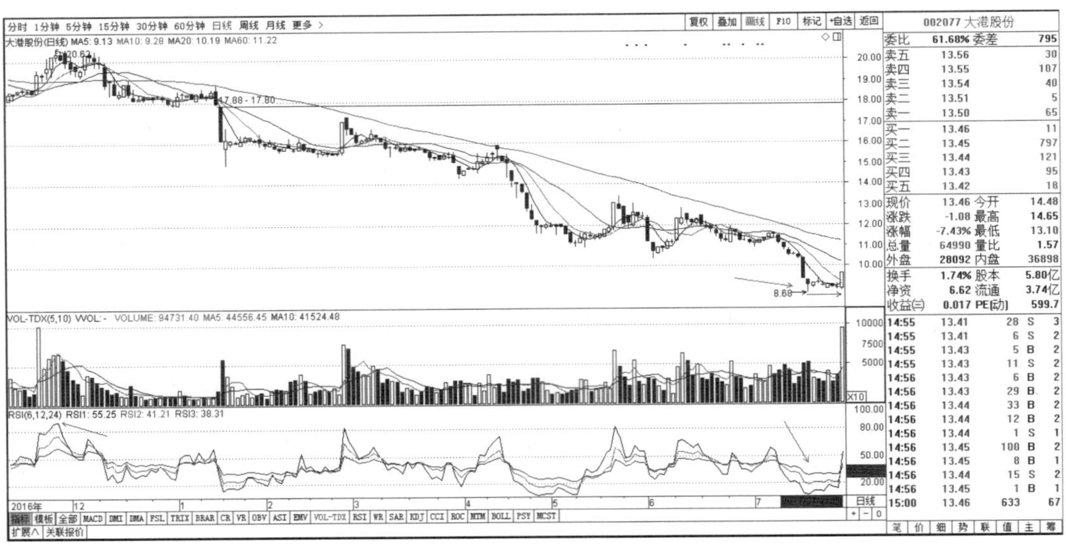

图7-3

如图7-3所示，由于你不怕死的坚守，才迎来了阳线的曙光。

做股票也是一样，大盘在最恐怖的气氛里，行情往往是到了最低位的时候，如果你有怕输的心理，试问你又怎会在此时有胆量买进？这时只要你心中有一个“怕”字又怎能在此时此刻做到处变不惊，做到细心观察，做到正确处理？由于一个“怕”字，你最终只会做出与行情相反的决定。

图7-4

其实，股票和命运一样非常捉弄人。如图7-4所示，拉了一天阳线之后，大港股份（002077）股价马上再次下压。这一次的考验，绝对不会差过上次直线下跌，因为，你怕它会继续破位下行，这就是再次考验你是否有想赢怕输的心理。

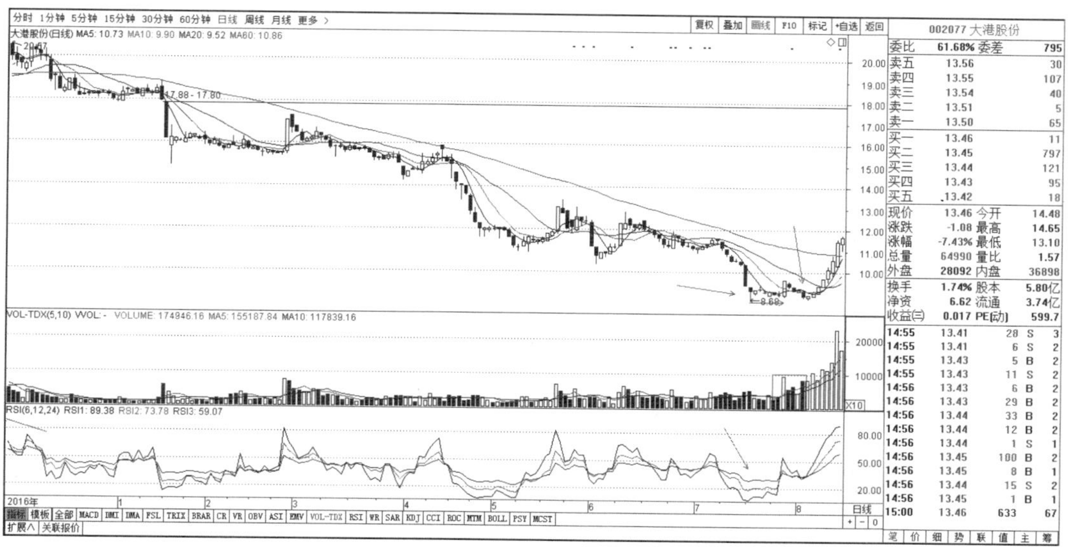

图7-5

如图7-5所示，只有经过生与死的考验，你才会看到大港股份（002077）见底回升的行情。

图7-6

如图7-6所示，我们终于等到了中线买进大港股份（002077）的最佳时机，就是我们通常所说的由下跌趋势转为上升趋势的最佳转折点，也就是中线建仓的最佳买入点。

图7-7

如图7-7所示，大港股份（002077），投资者经过了多次生与死的考验之后，最终才见到了转势行情的诞生。如果当初怕输斩掉了的话，那么，就真的输掉了。

因此，想赢怕输，无论在股票市场、期货市场抑或是战场，最终必定会输。

第二节
忍耐是股市的赚钱之道

股市如人生，要经过多番的磨炼，投资者才会渐渐变得成熟。一个事业的成功者，在他的一生中要经历无数次的忍耐和拼搏，才会创立一番伟业。

同样，要在变幻莫测的股市里赚到大钱，投资者除了要有非凡的勇气、过人的胆识之外，更重要的是需要忍耐。在升的时候要忍，耐心持股等待获利的最佳时机；在跌的时候要忍，耐心等待最好的买入时机。

当投资者经过一番认真的研究，审时度势，买进自己看好的股票之后，便开始了漫长的等待历程，只有经得起忍耐考验的投资者，方能尝到久等之后赚钱的甜头。

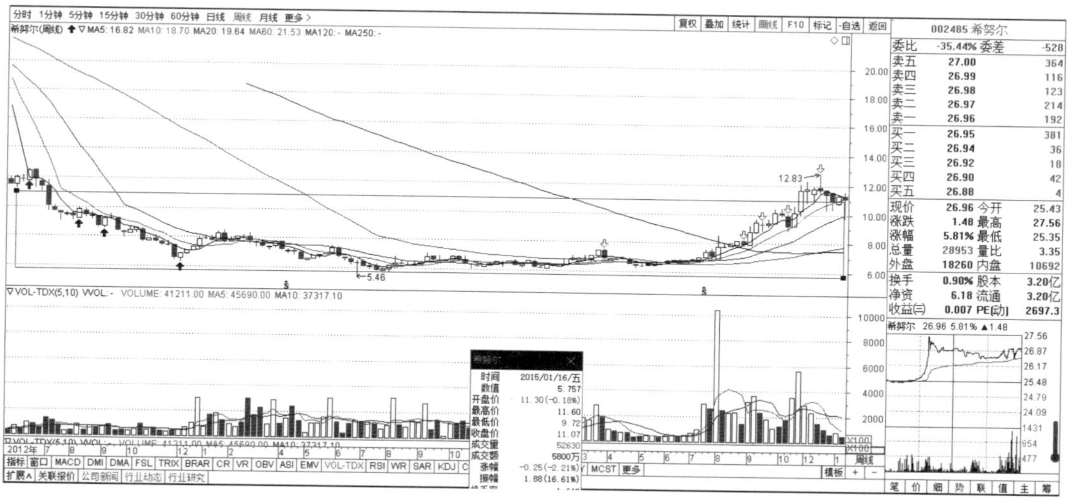

图7–8

如图7–8为希努尔（002485）的周线图，该股从2012年至2015年，股价从12元向下打压到5元，然后又慢慢地盘上达到12元，中间经历了差不多四年的时间，在这四年的苦等下，投资者是需要有多么大的勇气和耐心，才可以坚持下来。

笔者并不反对那些手疾眼快、追涨杀跌、随机应变的操作老手，每日不断地在追逐轮涨的个股，会稍有盈利。但是，笔者更欣赏那些一旦买进后，虽然眼看别的股都涨了，就是自己的股不见动静，但是仍能泰然自若，非等个水落石出，以证明自己的选择正确的投资者。

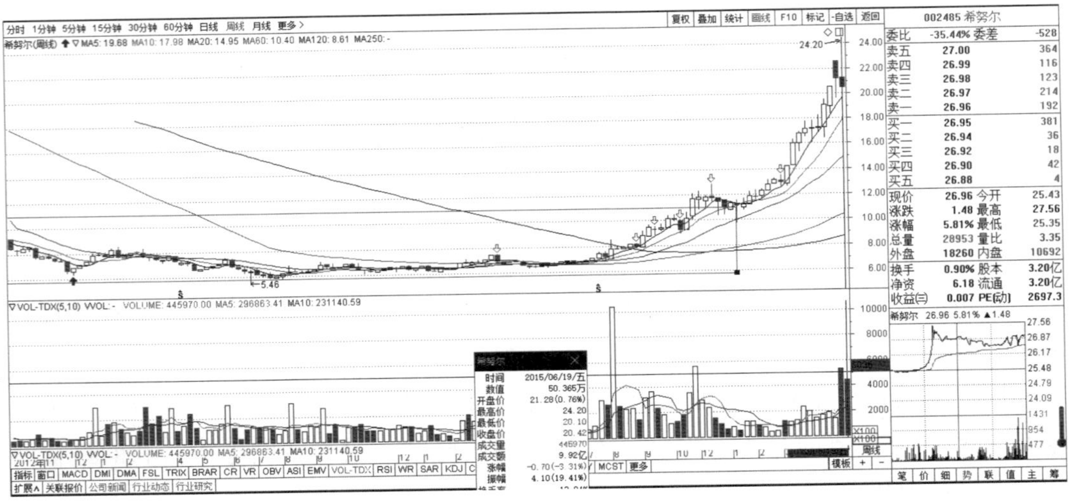

图7-9

如图7-9为希努尔（002485）的周线图，投资者等待了四年之后，才终于迎来了2015年一波大牛市让股价升上了24元，实现了翻倍。

投资者有很多时候买进的是一只大器晚成的实力冷门股票，命运好像有意同你作对，你天天守着它不升，当你缺乏耐心放弃了持股信念抛出的时候，股价就扶摇直上，正是应了一句“天天等不来，一时不等就来了”的俗言，最后总是感到悔恨。因此，投资者要想获得丰厚的回报，需要付出的最大代价便是耐心的等待，要经得起眼看别的股票大涨的诱惑考验和自己的持股不涨的痛苦折磨。

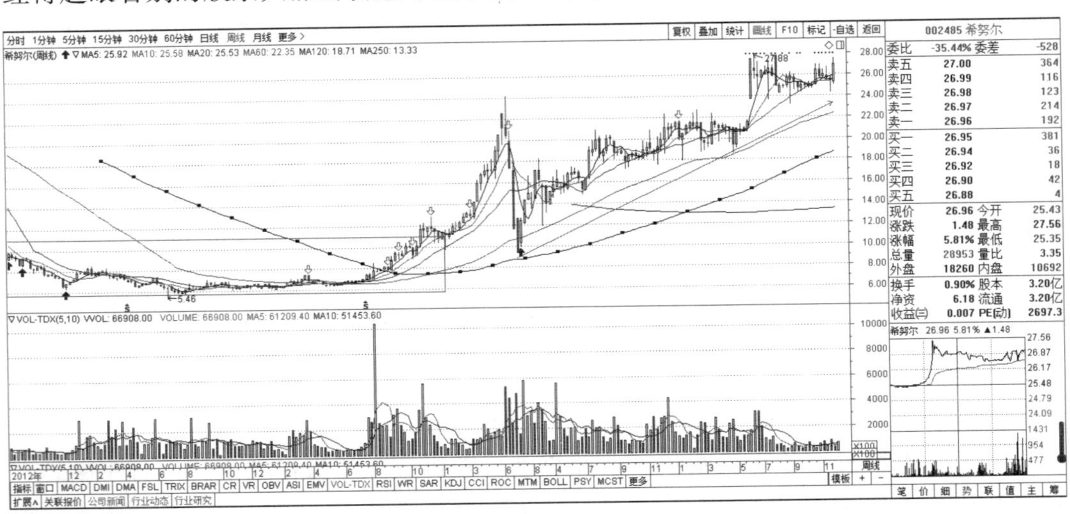

图7-10

图7–10为希努尔（002485）的周线图。在2015年暴跌之后，股价又从9元顽强地上升到27元，投资者在这过程中是多么需要有耐心，才可以赚到该股的钱！

经历过苦熬苦煎的投资者，都有一种共同的体会：不断炒作，并不比耐心等待报酬多。人们往往就是因为忍受不了这种寂寞冷落才让赚钱的机会到了门口时，还没开门却走失了。

蹲守不力，转而去追涨，就像提枪去找猎物一样，两腿受苦是必然的，到头来，还是连只鸟也遇不到；或者追涨半天，赚小的，赔大的。

股市中只有那些为数不多的投资者，默默耕耘认真选股，买入后，经过艰苦的忍耐和长久的等待，手中的持股终于受到了感动，而一返往日的冷落，成为众人羡慕的大黑马，要么不赢，要赢就赢把大的，比那些忙乎半天捡了芝麻的常胜将军还威风许多。

忍耐是艰苦的，但是忍耐之后的果实却是分外甜美的，这是众多成功投资者的共识。

第三节 谨防变相追高

绝大多数投资者都知道炒股赚钱之道就是高沽低揸，但是，往往在实际操作中，却被股市的一种怪圈牵着鼻子走，变成高追低卖，为什么会变成这样呢？

其实，股市本身是一面魔术镜，它会很自然地令大多数投资者在不知不觉中走进迷宫，迷失方向，最后以大多数投资者输钱而告终，归根到底是错在变相追高上。

图7-11

大家看图7-11中方框里面的股价，有很多投资者会认为，这是一个底部盘整的个股，不少人会贸然买入，其实，你是变相追高，你入了一个大顶部的股票。为什么，这里是一个大顶部呢？

在追高一族中经常是打着追强势股的旗号，其实，追强势股本身并没有错，只不过在追的时机上并没有掌握好，错在股价已经上升了一大段之后，你才斩仓追最高买入。在大牛市里经常斩仓输钱，这种做法肯定有问题。

就拿2016年创业板这波牛市行情来讲，在上升的过程中，股票开始出现了分化，变成创业板和绩优股断续上升而其他二三线股下跌。这时，市场热点才开始显现，这样股价已经在不知不觉中拉开了距离。开始分化也不算大，心里也没觉得怎样，但是，随着行情的不断发展，创业板进入了疯狂的天天拉升阶段，而手上抓着的个股却是日日下跌，这时，心态便变得不平衡了。整个2016年10~12月只能眼巴巴看着别人的股票赚钱而自己的股票却是天天阴跌，甚至出现亏损。

图7-12

如图7-12所示，原来溢多利（300381）曾经两次分红送股，第一次在2014年10转10，第二次在2016年10转20，经过两次送股之后，股价在30元附近上下震荡盘整，你以为买了一个底部的股票，但是，其实你是变相追高买入。

这时翻开报纸杂志，满是大幅介绍强者恒强，弱者恒弱的文章。你的信心终于开始动摇了，一怒之下，狠心斩去这些“伤心概念股”去追那些日日狂升的股票，就这样走进了变相追高的怪圈。谁知，天有不测之风云，大牛股也有走到尽头的时候，摸到个股顶部，一个利空大盘下跌，这些创业板牛股更是跌得特别快。

图7-13

如图7-13所示，我们经过两次复权之后，你入的30元实际上是多少钱呢？不看不知道，一看吓了一跳，原来你是买了一只224元的高价股。溢多利（300381）从33元一路升到224元，这时你才追高买入，等待你的只能是天天向下走低的下跌行情，有什么理由不亏大钱呢？

综观上述操作，其错在哪里呢？

第一，错在变相追高。我们不用说你追了个顶部，就算最后几天给你追上，利润亦是大幅断层，而且你是斩仓输钱出局，操作心态一定有问题。

第二，错在心态不稳。刚刚输钱就斩仓，而追入的货是高价，这时如果碰上庄家在拉升段进行洗盘震仓，心里更是难受，心态不稳造成没有信心持股，更谈不上放胆赚尽的问题。

第三，错在追货时机不对。起初，你没有胆量杀入，股价天天大涨，不用分析谁都知道买入赚钱，这其中必定是一个圈套，股价上升已到了狂态毕露的阶段，当你看定，放胆杀入之时，便是这些个股见顶之日。

这样炒股，有什么理由会赚钱？如果日后继续这样追高杀跌，终有一日会追到个股市大顶，最终肯定是这些人输大钱出场，写这些是希望股民朋友三思而后行，切记谨防变相追高。

第四节
要正确树立追强势股的观念

在本章上一节我们介绍了谨防变相追高，那么，是不是追高就是错误呢？桃源认为，并不是的，关键是看你在什么时候追高买入。当股票上升已经走出了翻倍行情的时候，这时的追高就肯定很有问题。我们认为，当股价经过漫长的底部盘整之后突然向上突破底部平台的时候，这时就可以追高买入，下面我们用兴发集团（600141）举例说明。

图7-14

如图7-14所示兴发集团（600141）在一个横盘震荡筑底过程中，成交萎缩，股价窄幅波动，以目前的形态来看，我们认为该股属弱势股。

怎样才算是强势股呢？一般股票在底部盘整的时候，我们界定这是弱势股，一旦该股成交量放大向上突破的时候，桃源认为，该股就从弱势股瞬间转变为强势股。

图7-15

如图7-15所示，突然有一天，兴发集团（600141）成交量放大，股价突破横盘底部的箱顶，这就是该股从弱转强的第一个特征。

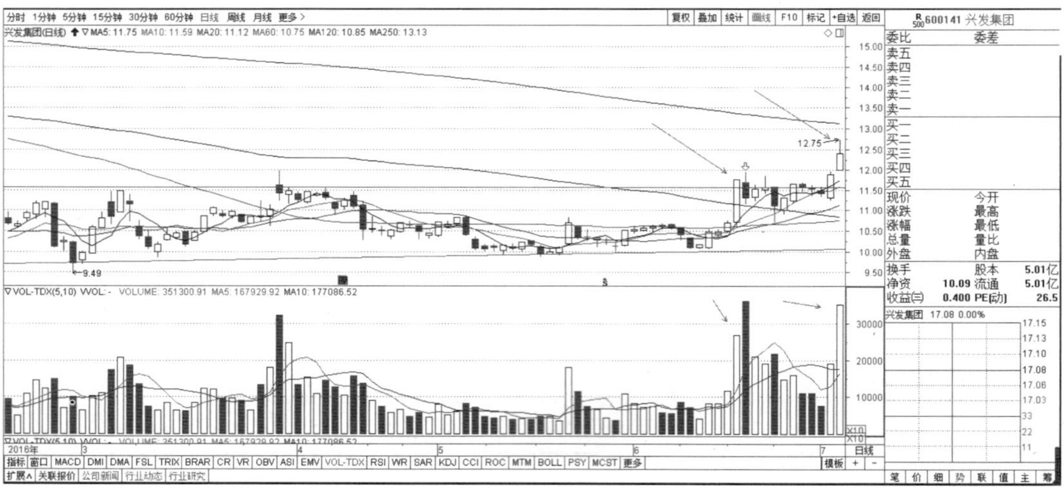

图7-16

如图7-16所示，兴发集团（600141）第一次放量突破之后股价向后回撤，然后，第二次放量突破横盘底部的箱顶，令该股再次走强。这时，是不是追高买入的最好时机呢？桃源认为，最佳的追高买点，并不在这里。那么，在什么地方呢？

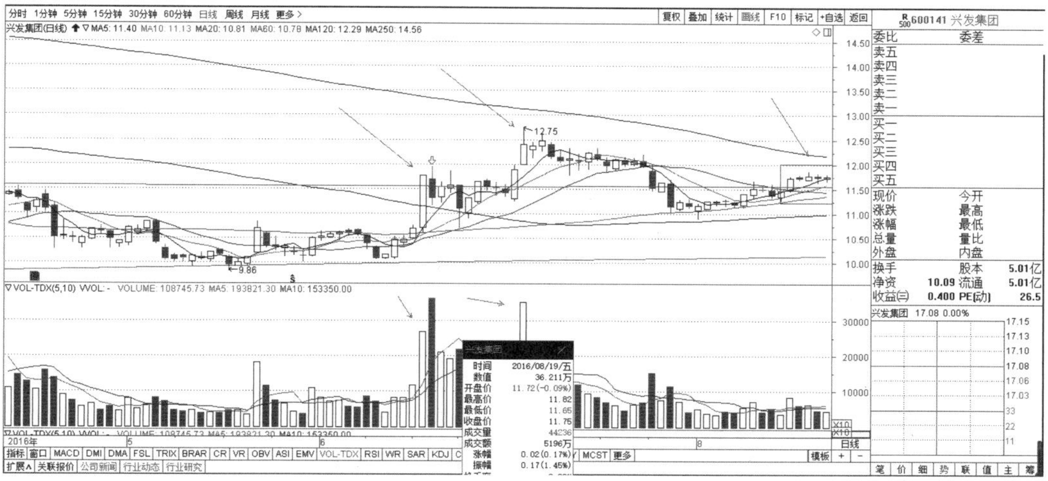

图7-17

当兴发集团（600141）股价放量冲高时，追高买入的人，大部分都是散户。桃源认为，作为一个有战略眼光和丰富投资经验的投资高手，他们的操作肯定不是这么冲动的，他们一定会非常冷静地去捕捉最佳的买入时机。那么，哪里才是最佳的买入时机呢？桃源认为，他们会非常耐心地等待股价回调，然后，再次等待股价连续三天站上横盘底部的箱顶的时候，确认顶部突破，这时才是那些顶尖高手追高买入的时机。图7-17中方框所指的就是有效突破。

图7-18

如图7-18所示，高手们都知道只有在有效突破形态时的买入，才会有最安全的收益。

因此，桃源并不反对追高买入，只是反对股价已经炒到天上以后再追高的高风险买入，如果是股价刚刚突破底部箱顶平台的时候，桃源认为，这时可以大胆追高买入。

第五节 炒股炒心态

在炒股秘笈篇里来讲炒股心态，好像有点不着边际。但是，往往心态就是决定胜负的关键。有很多股民原本已经骑上一匹千里马，却被庄家凶狠的震仓打得鸡飞狗走，不得不斩仓下马，或最终只赚了很少的钱，却好端端将一只金母鸡双手奉送给他人，说白了还是一个心态不稳的问题。

为什么会心态不稳呢？很重要的一条就是没有端正投资态度，老是用投机的心态来炒股。其实在买股票之前，每个人都会有一个进货理由，进某一只股票除了技术形态好之外，更重要的就是要下苦功认真研究该股有没有投资价值。心态不稳何谈赚钱？一碰到洗盘调整便迫不及待地将好股票抛了，更不用说赚尽一波行情。

就拿黔轮胎A（000589）来说，该股在1996年初，据我所知也有很多股民在4.70~5.00元吸进该股。当时黔轮胎A（000589）在4.5~6.20元做箱形整理。深股大盘指数从1000点起步炒到2600点，行情上涨超过100%。

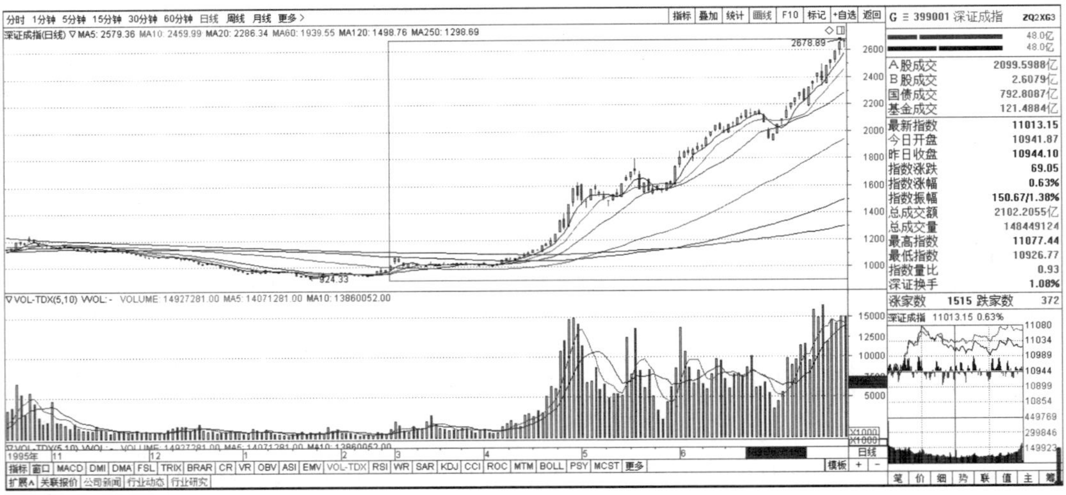

图7–19

如图7-19所示，1996年3月至7月，深证指数从1000点上升到2670点，四个月左右的时间，指数实现了翻倍。

而黔轮胎A（000589）却是从4.50元炒至6.20元，又从6.20元打回到4.50元。庄家打压震仓的手段可谓毒辣了，而且对持有黔轮胎A（000589）的股民亦是一种严峻的心理考验。1996年上半年买到黔轮胎A（000589）的股民都是白白赚了指数赚不到钱。一些心态不稳的股民更是纷纷愤恨斩仓出局，出完货之后还将黔轮胎A（000589）冠上“伤心概念股”的称号，守了几个月，拉出来的资金去追那些日日上升的股票，谁知风水轮流转，追进的股票却是见顶回落调整。

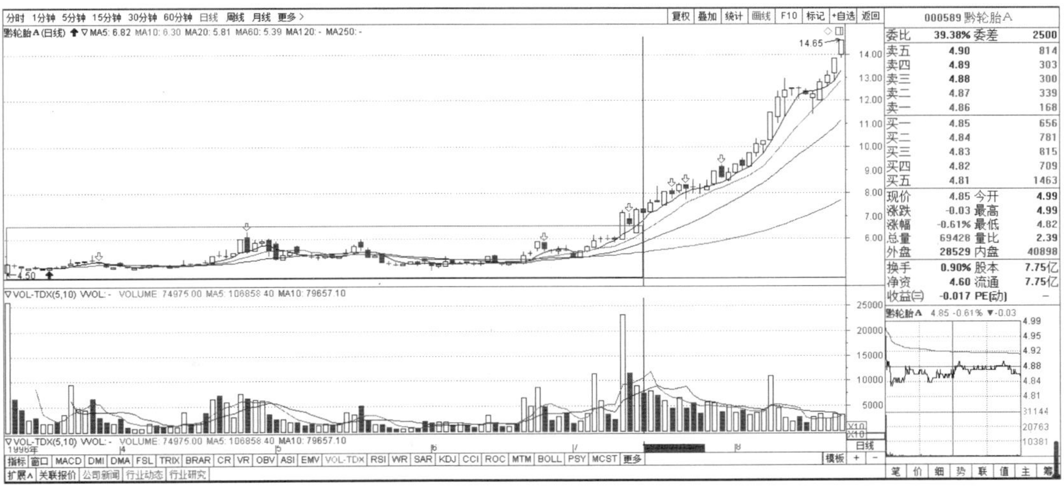

图7-20

如图7-20，黔轮胎A（000589），在1996年3月至7月，股价是从4.50元炒至6.20元，又从6.20元打回到4.50元。在这四个月间，眼看着指数翻倍，在别人的股票已经赚大钱的情况下，对于持有该股的投资者内心是多么严峻的考验啊！

而黔轮胎A（000589）经过横盘整理，打压震仓之后，在1996年7月至9月大盘调整，该股却成了明星股大黑马，股价从7元开始逆市升到17元，升幅终于实现了翻倍，中期业绩也相当好。其实，在黔轮胎上市公告书上早就清清楚楚写着该股业绩良好，发展前景广阔，但是，就有不少股民不去看它，最终酿成将大黑马放跑的后果。赚不到黔轮胎A（000589）的钱的股民，皆因心态不稳。

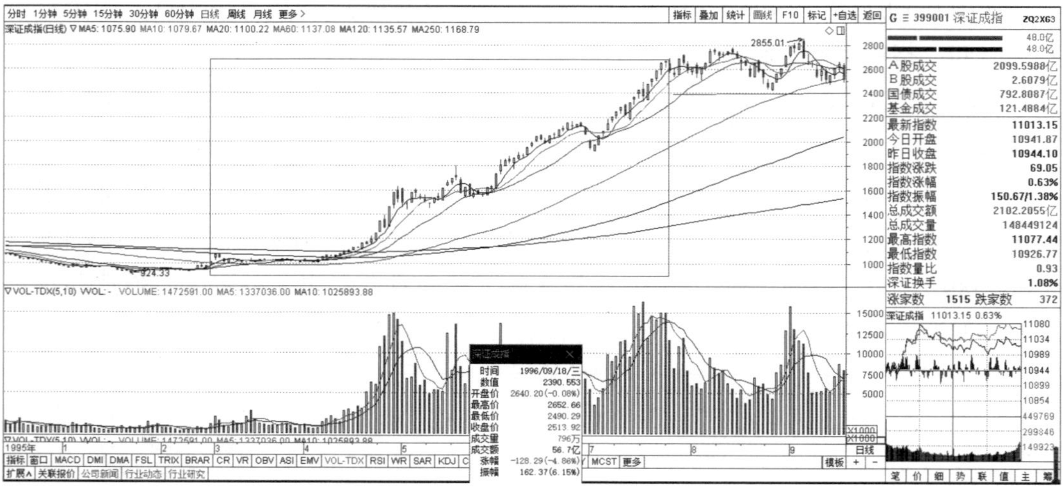

图7-21

如图7-21所示，在1996年7月至9月，大盘在翻倍行情之后，出现了高位调整行情，也就是说投资者认为大盘已经见顶。

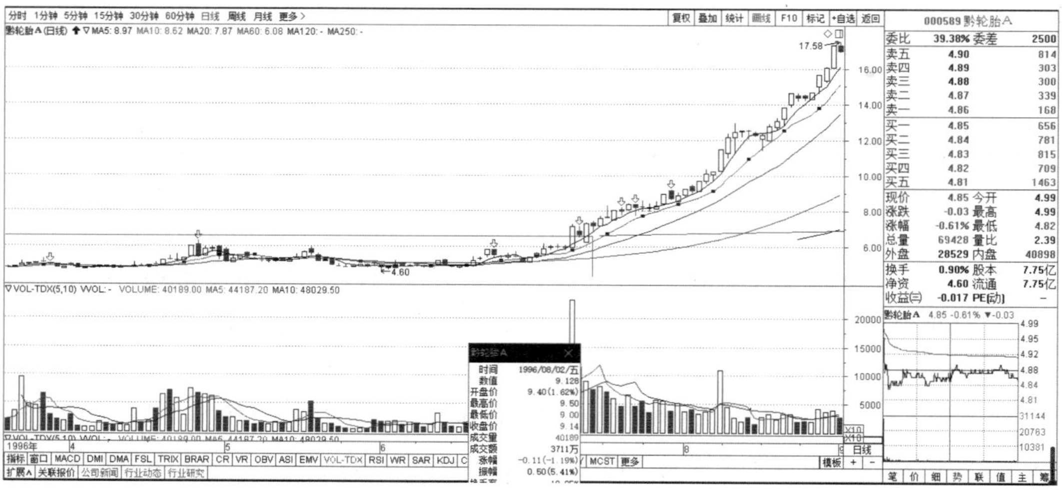

图7-22

如图7-22所示，1996年7月至9月，在大盘已经见顶之后，黔轮胎A（000589）从7元，一口气拉升到17元，实现了翻倍。但是，看着大盘天天下跌调整，让你赚得心惊肉跳。

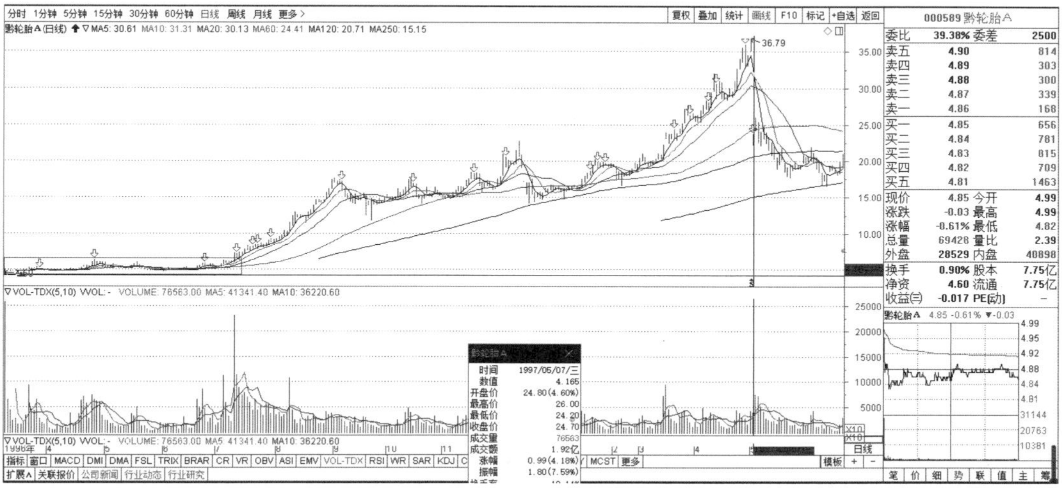

图7-23

如图7-23所示，黔轮胎A（000589）之后的行情，更是牛气冲天，在业绩亮丽公布之后，更是一口气冲到36元，让长线持有该股的投资者赚到乐呵呵！

因此，炒股炒心态便成了赚大钱的一门学问。因而在股海中能够赚到大钱的，无不是那些刻苦钻研、浪里淘金、忍功上乘、心态稳定的一等一高手。不然要在风险极高的股海沙场中，骑上烈马赚到大钱，简直是白日做梦。写下这些，恳请股民朋友认真对待自己的投资心态问题，不然屡屡将大黑马放走，等着你的便是高位套牢的痛苦。

第六节 牛市调整不妨使用平均价战术

股票市场千变万化，股市如战场，我们要在股市里生存，必须要学会在不同时段、不同的股市特点中，正确运用不同的战略战术，才能在不断变化的股市中掌握主动，获得制敌取胜的把握。

根据桃源多年的实战观察，任何一波牛市都不是一口气升到顶的，每次的大牛市行情，都是伴随着上升，调整，再上升的波浪式向前推进，有时在上升途中还伴随着非常强劲的下跌洗盘行情，对于牛市的调整，我们应该怎样正确操作呢？

当大盘或个股，走进上升通道之后，我们就可以确定大盘或个股进入牛市行情，当牛市出现第一次急速上升后的急速下跌调整时，我们便可以运用平均价战术进行操作。

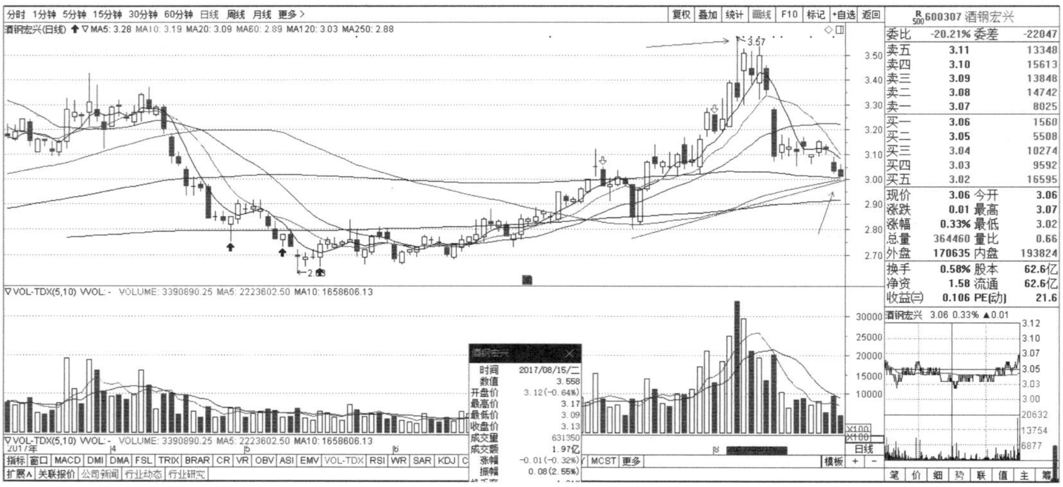

图7-24

如图7-24所示，酒钢宏兴（600307）从2.63元一路向上炒作到3.57元见顶急速回落，现在，我们使用向下平均买入法，进行摊低成本，那么，我们每隔多少才买一次比较合理呢？该股是从2.63元作为基数向上炒作的，那么，我们每下跌0.263元买一次。3.57元-0.263元=3.31元为A点买入，3.31元-0.263元=3.05元为B点买入，3.05元-0.263元

=2.79元为C点买入，如此类推，从图7–24中我们可以看到，该股最后下跌的最低价为3.01元，也就是说，我们只买到A点和B点，两个价位，就已经结束下跌调整。

平均价战术在外国股票市场是使用率较高的一种战术。它的原理是在A点买进后，股价下跌至B点，然后再买进，将股价拉平，B点下跌后在C点继续加码买入。如果股价再次下跌至D点，再继续买进。当股价从D点反弹至A点时，便全线获利。

图7–25

如图7–25所示，当酒钢宏兴（600307）股价向上运动突然放量收阴的时候，我们必须将A点和B点买入的两个价位马上卖出。

看到这里股民朋友会问，A点、B点、C点、D点的股价相差多少才会比较合理？股价相差太少，将钱用完，也捞不到底；股价相差太大，余钱太多，运用不合理。那么，怎样分布才算合理呢？

图7–26

如图7-26所示，当酒钢宏兴（600307）最高冲到3.78元后见顶回落，我们再次用平均买入法，我们还是每下跌0.263元买一次。3.78元-0.263元=3.52元为A点买入，3.52元-0.263元=3.25元为B点买入，3.25元-0.263元=2.99元为C点买入，如此类推，由于该股最低跌到3.21元，因此，我们抄底买入，还是只能买到A点和B点两个价钱，分别是3.52元和3.25元。

根据桃源的经验，每隔一个跌停板抄一次，大约留4~5个跌停的钱亦基本上趋于合理。这是因为，牛市行情的回档目标位，大多在50%以上完成调整，4~5个跌停亦即是行情回吐了40%~50%，而且，行情是强势调整的话，大多会落在0.382位置上，即38%左右。

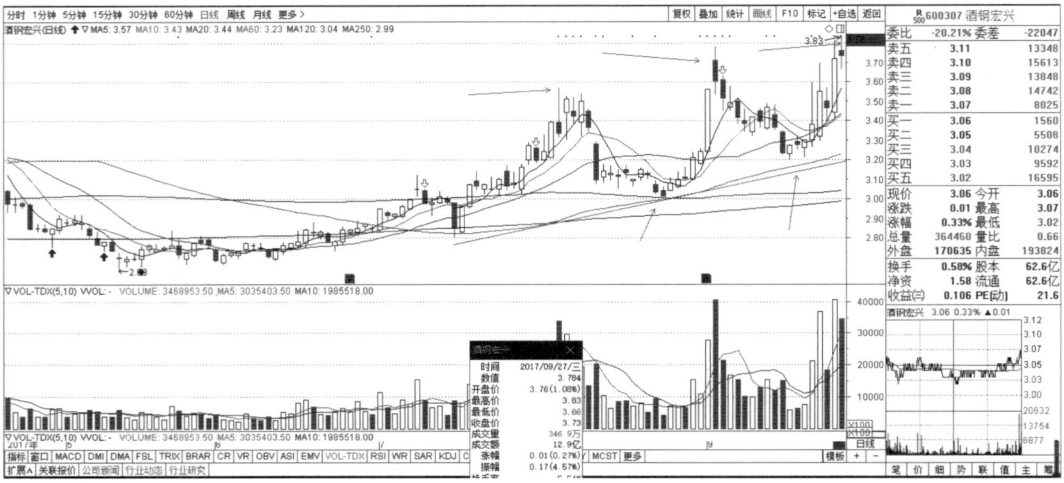

图7-27

如图7-27所示，同样，当股价继续向上冲高收阴之后，我们还是将A点和B点买入的两个价位卖出。通过几次平均买入法之后，我们将持股成本降低很多。

运用平均价战术的好处：第一，是避免因庄家凶狠的震仓而盲目出货；第二，避免被市场气氛所左右，只要到达点位就坚决买进。第三，在市场一片恐慌之下，你敢于杀入，往往会捞到个底部；第四，不受消息面影响买卖决策。

但是，需要股民朋友注意的是平均价战术是一种较激进的战术，使用时一定要对行情有一个准确的把握。如果在熊市阶段千万不要使用这种战术，行情从高位下跌，逆市层层加码买进如同担沙填海，所以，在使用平均价战术时，一定要分清行情是处于哪种阶段。只有是牛市的调整，运用平均价战术才会收到较好的效果。使用平均价战术必须要确认该股走上升通道才可以使用，若股价走下降通道应尽量不要使用。

关于怎样设置平均买入法的基数，由于不同的个股，有不同的股价，高价股可能是二三十元一股，而低价股有可能就是二三元一股，那么，怎样设置平均买入法的基数呢？根据桃源多年的实战经验，一般用启动前的最低价的$\frac{1}{10}$作为基数，是非常吻合江恩轮中轮的股价波动规律。例如，酒钢宏兴（600307）在这波行情中是从最低价2.63元起步向上炒作，那么，我们就用最低价2.63元的$\frac{1}{10}$作为基数就是0.263元。如果是33.38元一股的，把它的$\frac{1}{10}$作为基数就是3.338元。这个有点像婴儿出世，斤两重的，以后长大一定是高大的；斤两轻的，日后长大一般都是小个子。

第七节 要学会将钱及时放进口袋

近段时间，经常听到一些股民在证券部慨叹，本来自己买进的股票，已经赚了2~3元的钱，没及时抛出，其后市势急转直下，将原来赚钱的单子，一下子变成了亏损单。对于这些股民笔者也深表同情，如果这些股民一开始便看错了，买进后股票下跌成了套牢一族，这也无话可说。但是，将一张赚着钱的单，眼睁睁地看着它变成了亏损单，好端端将一只煮熟了的鸭子给放跑了，最后还落得个亏损套牢的下场，他们心里的难受程度便可想而知。

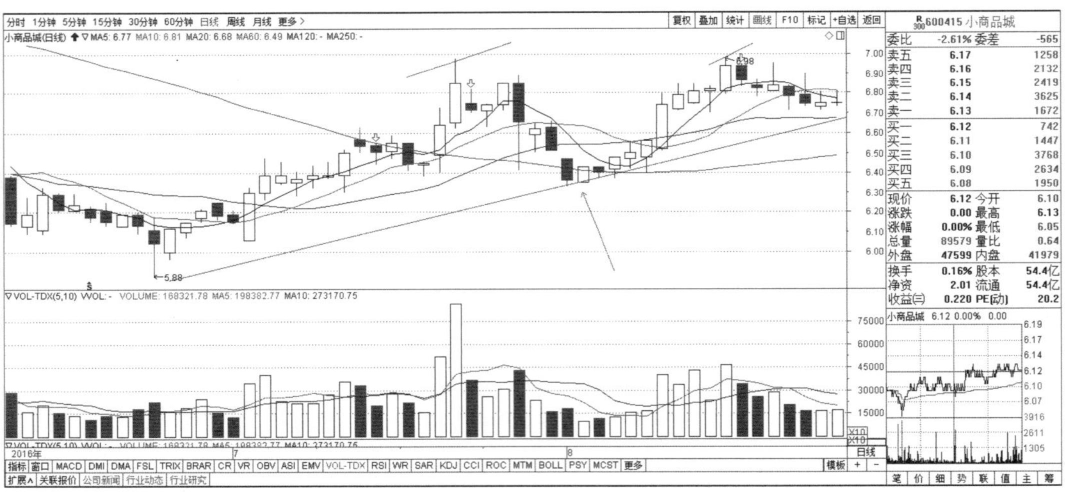

图7-28

如图7-28所示，当我们发现小商品城（600415）触底后向上拉升，然后，股价进行第一次回撤，当回撤到上升通道支持线时，我们可以在箭头所指的地方，大胆买入该股，买入后股价反弹到前期新高的位置6.98元附近时，可以主动卖出1/3仓股票。

其实，做股票买卖，最重要的是要适时平仓获利了结，不然，你一日不平仓，利润一天也不是你的，这部分的利润只是浮动利润，浮动利润在手上，市势好时浮利可能增加，市势逆转时浮利便会缩小，甚至会亏损。只有当你正式平仓获利了结，利润才会真正放进你的口袋。

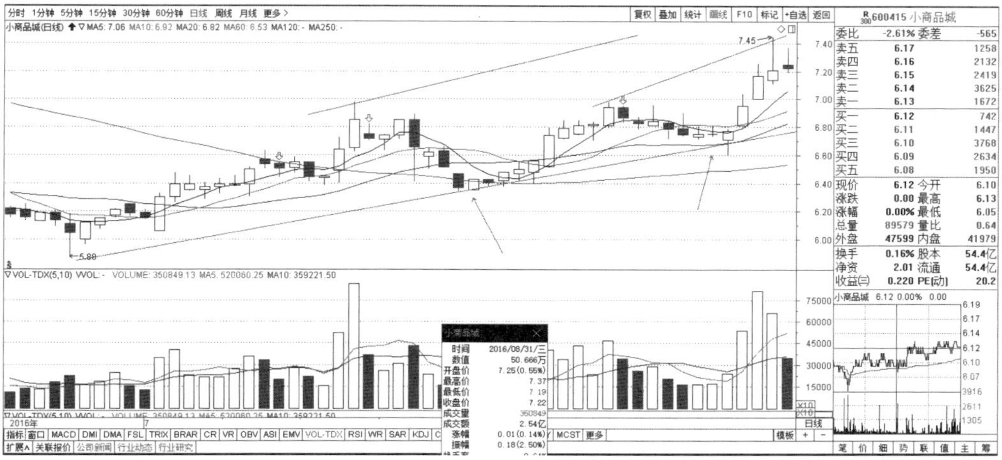

图7-29

如图7-29所示，当小商品城（600415）股价第二次回落到上升通道的支持线时，我们可以在箭头所指的地方，进行第二次买入1/3仓位的股票。然后，待股价上冲上升通道阻力线时，在7.45元附近再次卖出1/3卖仓位的股票。

股市是有其自身的运行规律的，它如白天黑夜，升跌运行到一个阶段，便会出现循环往复。不同的是大牛市是由无数的升升跌跌组成，总体趋势是向上的，如果用波浪理论来讲就是由三个上升浪结合两个调整浪构成一个主升浪，并不是大牛市就一口升到顶。同样，在大熊市亦是由不少的跌跌升升组成，但总体趋势是向下的，用波浪形态来讲，就是一波下跌浪走完之后，接着便出现一波反弹上升浪，但是，反弹的高位却是一波比一波低，而不是一跌到底。

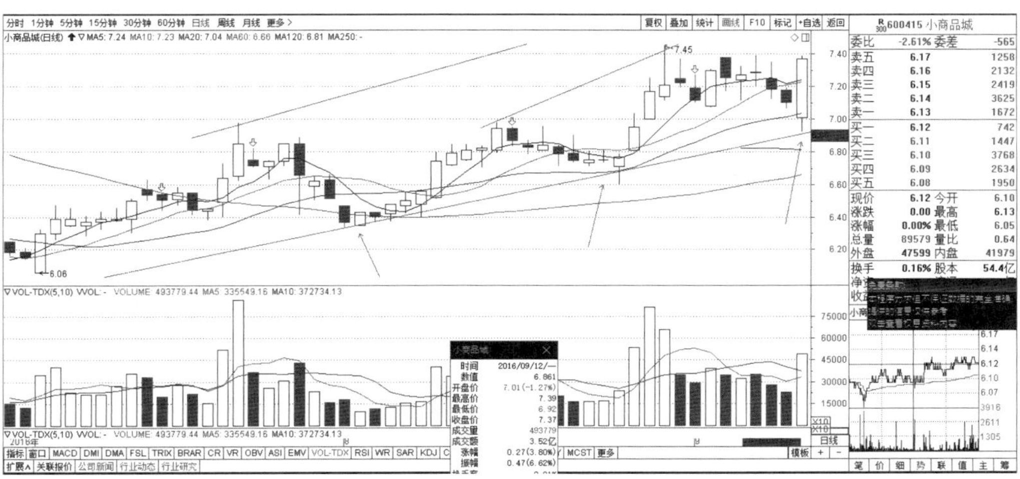

图7-30

如图7–30所示，当股价第三次回落到上升通道支持线时，我们再次在第三个箭头所指的位置，买回1/3仓位的股票。

当我们明白了股市自身运行的规律之后，在实际操作中便要知道一波上升浪的出现，应在浪底或浪中吸了货，当股价逐渐接近浪顶时出货。如近段时间小商品城（600415）便在一个上升通道中很有规律地由一小浪上升、一小浪下跌地运行，做得好是可以赚取不少差价的。

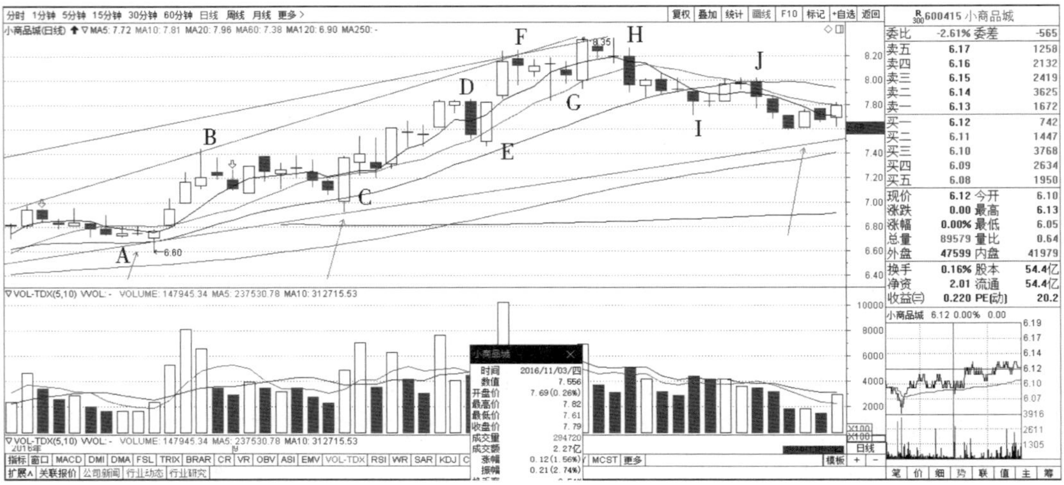

图7–31

如图7–31所示，同样，当股价反弹到上升通道阻力线8.35元附近时，我们再次卖出1/3仓股票。当股价又一次回落到上升通道支持线附近时，我们在第三个箭头所指的位置，进行第四次买入1/3仓股票。

例如，小商品城（600415）在这波行情里，基本上处于一个上升通道中，对于短线买卖来讲，小商品城（600415）总共有5次进货机会，分别为接近上升通道下轨支撑线的A、C、E、G、I点，5个短线买入点，而短线出货机会亦分别有B、D、F、H、J点，5个平仓获利点。这些点位都是碰到上升通道外轨的压力线。而作为中线进出，当在A点买进后，可以一直持股，待小商品城（600415）股价上升到I点时平仓获利，也可以待股价跌穿上升通道下轨支撑线，股价回抽时，在K点止蚀获利出场，待低位出现再重新进场。

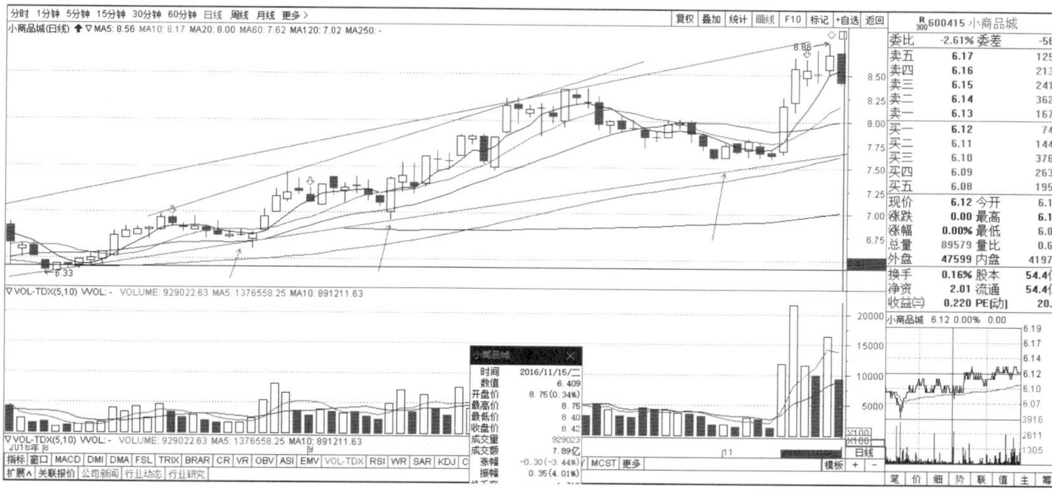

图7-32

如图7-32所示，当小商品城（600415）股价再次向上冲击上升通道阻力线8.86元时，我们再次卖出1/3仓股票。

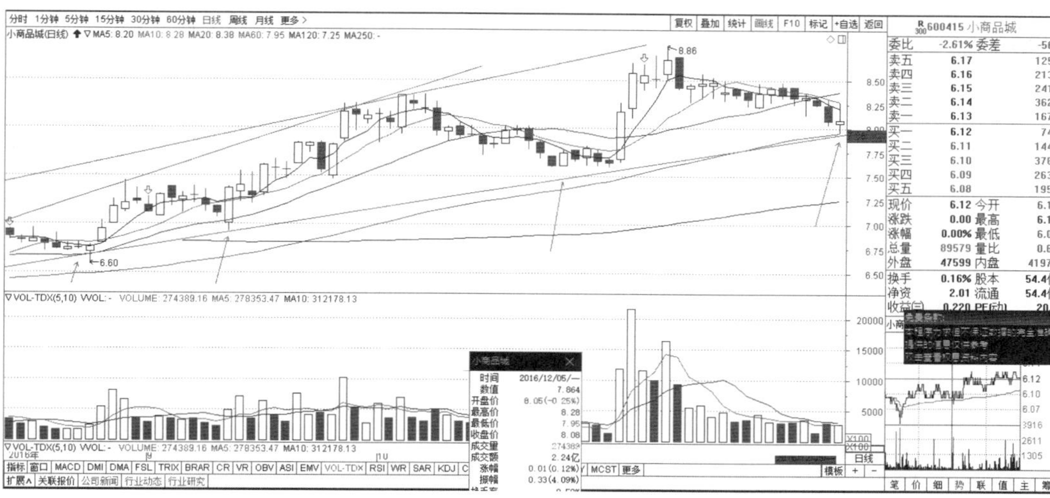

图7-33

如图7-33所示，当小商品城（600415）股价再次回落到上升通道支持线时，我们第五次用1/3仓买入股票。

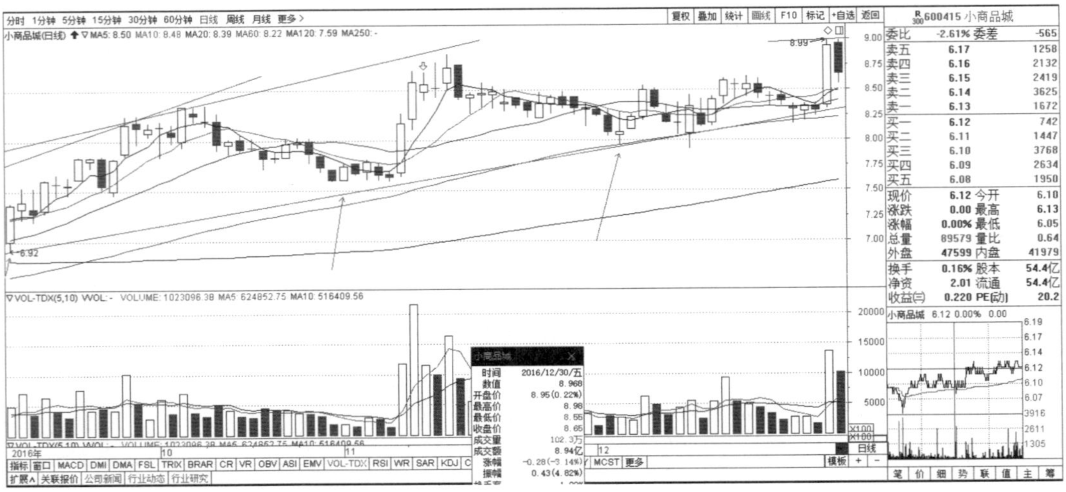

图7-34

如图7-34所示，当小商品城（600415）股价冲高回落后，我们在8.99元附近第五次再次卖出1/3仓股票。经过我们三番五次地进行短线操作，我们持股的成本价在不知不觉中一步一步地降低。

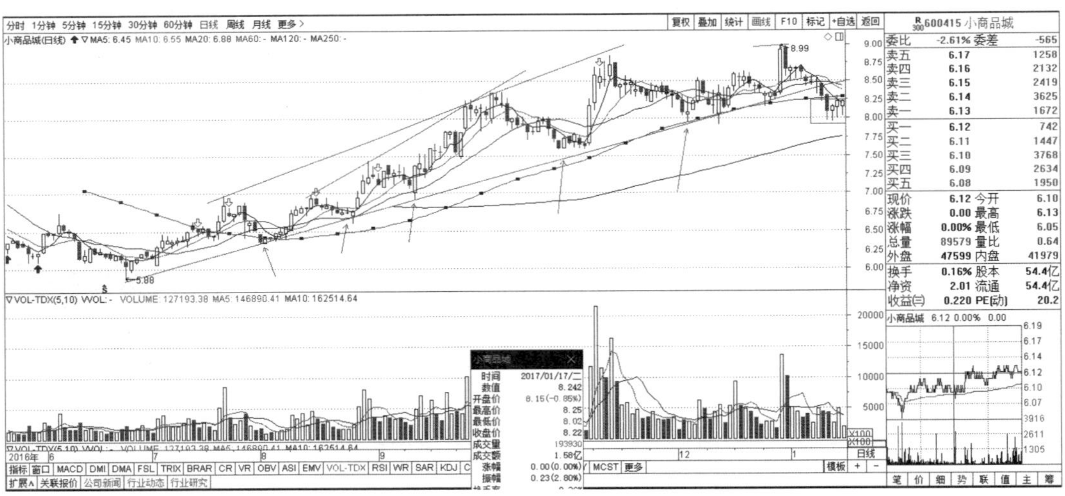

图7-35

如图7-35所示，终于有一天，当小商品城（600415）股价跌破上升通道的支持线，无力上升时，我们应该果断将原有2/3仓的股票全部卖出，最终实现将利润落袋为安。

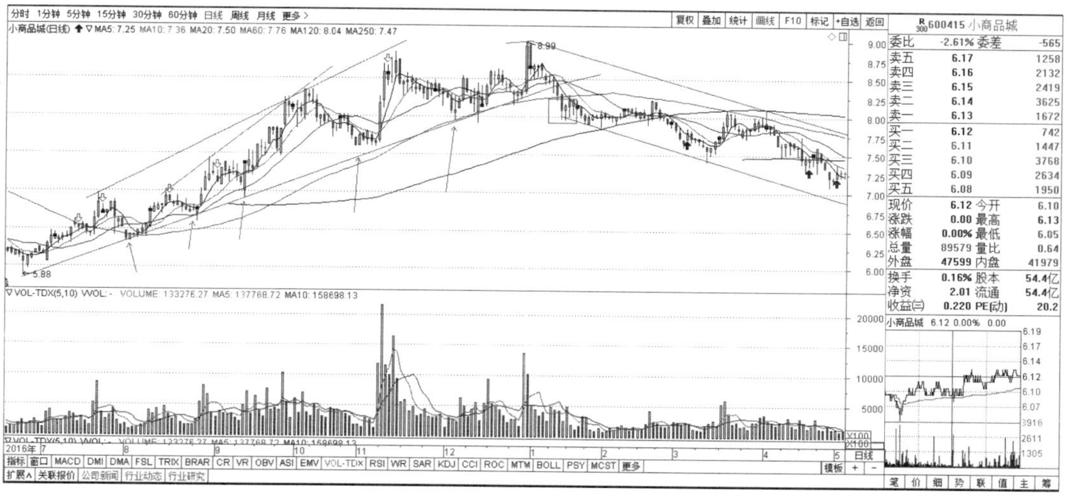

图7-36

如图7-36所示，卖出后小商品城（600415）逐步走出下降通道的走势。投资者学会落袋为安，是检验炒股能否赚到钱的最佳标准。

所以，学会将钱及时放进口袋，才会真正领悟到炒股中的“炒”字真谛。

第八节 炒股前必须要先寻找中央主力庄家

深沪两市发展到今时今日，几千只股票，可谓群雄四起，庄家来自全国各地，甚至海外财团。它同1990年的市场加在一起才十来只股票的时代已经截然不同了，全国各地庄家已经不可能天天坐在一起饮早茶食晚饭来一起研究明天的股市的走法。但是，从深沪两市盘面的走向、操作手法来看，是非常有步骤、有纪律的，整个大市的进退仿佛是各路庄家一起研究过后市的走向而行动似的。那么，全国各路庄家是怎样做到步骤一致、统一行动的呢?

那是因为中央主力庄家的出现。中央主力庄家有如股市中的一盏明灯，时时刻刻指引着股市的走向。大家都知道任何技术指标都会有技术盲点，行情发展到一个阶段，什么时候是真突破，什么时候是假突破，什么时候行情见顶，什么时候行情还会继续，这时只要你在炒股前寻找到中央主力庄家便可以预先知道行情的发展方向。

例如，1997年初的琼海虹，这只股票率先见底，同时在5月3日左右又比大盘率先见顶（大盘是在5月13日见顶），之后整个大盘来个假突破便全线见顶回落调整至10月中旬。

又例如，在1997年7—9月的反弹行情中，深市的琼南洋、沪市的蓝田股份，这两只股票都是一些中央主力庄家，在操作深沪两市中起着举足轻重的作用，大盘在9月11日见顶，而这两只股票却是在9月9日提前两天见顶。

其实，种种迹象表明，每一次行情的炒作都有一盏指路明灯，在深沪两市的汪洋大海中做指引，这盏明灯已经存在很久了，如1993年的上海石化，1994年的深发展，1995年的苏常柴，1996年的深科技、四川长虹，每一次的炒作都有中央主力军介入某一只或某几只股票作为举旗信号，因此，全国各路庄家便暗中看着这些中央主力军来操作，这些股票见顶了，之后几日其他各路庄家炒作的股票亦跟着见顶，这些股票见底了，之后各地庄家便又陆续进场吸货见底。

就拿2015年这波大牛市来观察，当时，中国中车（601766）就是沪深两市的一盏指路明灯。当时，沪深两市在4000点是牛市的起动点的政策引导下，一路高歌猛进，其牛市的气势，进入全面的疯狂阶段，当大家不知顶部在哪里的时候，中国中车在2015年6月9日，突然，做了三重顶部之后，快速向下杀跌，而大盘在2015年6月15日，跟着见顶了。可见，中央主力军在市场中的地位是多么重要啊！

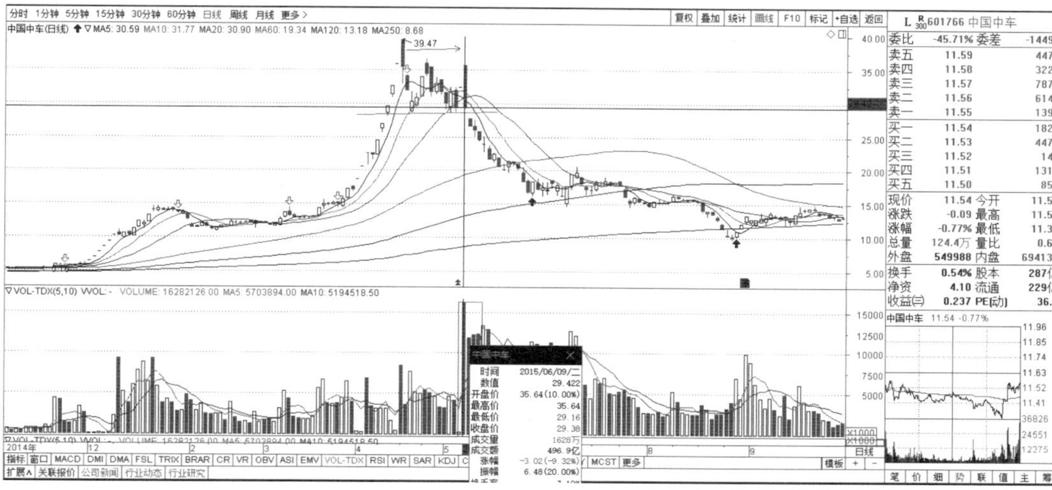

图7-37

如图7-37所示，中国中车（601766）在2015年6月9日，放量下跌最终形成三重顶的头部结构。

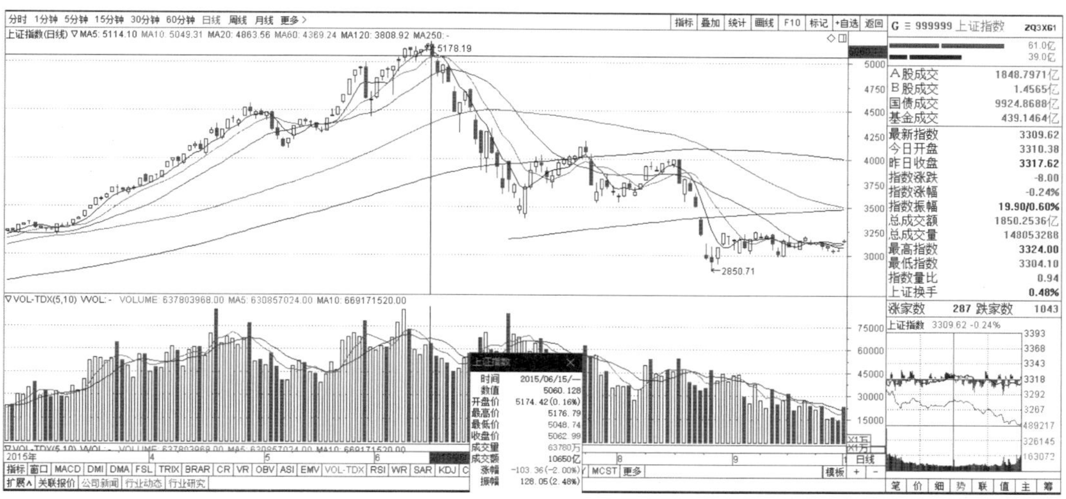

图7-38

如图7-38所示，在中央主力军——中国中车（601766）的带领下，上证指数随后在2015年6月15日也被迫跟着见顶，终于迎来了快速下跌的疯狂熊市。只有学习过桃源这个理论的投资者，才会在中国中车见顶之后马上清仓离场避过这一难。如果没有出货的投资者，在后面的股灾的疯狂杀跌之下，其内心的痛苦可以用生不如死来形容。

因为中央主力庄家的存在，所以深沪两市中几千只股票才会有规律、有步骤地进行炒作，那么，为什么各地庄家愿意跟随中央主力庄家炒作呢?

因为，中央主力庄家是实力非常强劲的庄家，他们不但财大气粗，而且能够直接知道国家的政策法规将要出台的内容，所以，各路诸侯都愿意跟随中央主力军来操作。因此，中央主力庄家的炒作往往是得到天时、地利、人和的炒作。

因此，我们日后要在股票市场中获得制胜的先机便是在炒作前必须先寻找到中央主力庄家的动向，看着中央主力军的操作来进行操作，才不会出错或少出错。花了了十年时间写出的股市心得，才发现这一问题，可谓代价深重，日后炒作切记留意主力庄家的动向。

第九节 强势市场庄家如何震仓

如果是一个大牛市或在强势市场中，某只个股经过横盘震荡整理筑底阶段后，股价逐步形成一个上升通道，当某一天，股价突然放量向上拉升，然后，又突然逆势下跌，而且连跌3~5天，但是，当股价跌到20天移动平均线时，被一股神秘的力量承托着，那么，当股价企稳时便可以买入该股，因为，庄家临大升前一般都会进行震仓，向下试盘看看下面还有多少抛盘，然后才往上拉升。

这时的震仓一方面是将一些不坚定分子震出来，另一方面是打低股价重新吸纳，将成本控制在一个低价区，当收集的筹码大部分落到庄家手中时，便会进入拉升阶段。

但是，在真正临大拉前，庄家还要进行一次小拉后回软的小插曲，目的是做成一种该股升不上去的感觉，之后才会正式进入主升段。

例如，银龙股份（603969）的庄家就是利用强势市场，进行强劲震仓的一个典型例子。当时，大盘已经见底上升，但是，银龙股份的庄家不理会大盘的上升，继续向下打压该股，这样的目的非常明显，一方面令持有该股的投资者产生恐惧心理，从而抛出该股；另一方面就是利用快速下跌的强烈震仓手法，将散户的筹码慢慢地倒回到庄家手里，当庄家吸饱了筹码之后，该股将会进入快速拉升阶段。

图7-39

如图7-39所示，银龙股份（603969）经过前期的大幅下跌之后，逐步形成了一个上升通道，突然，两天放量上升，成交量成倍地放大，这时我们便可以初步断定黑马即将腾飞。

图7-40

如图7-40所示，黑马腾飞之后，经过四天的时间马上快速回落，银龙股份（603969）股价回落到起动前的平台位置，并且，被20天的移动平均线承托着，这时就是庄家强势起动后的强烈震仓行为。

图7-41

如图7-41所示，震荡完毕之后，银龙股份（603969）股价再次放量快速拉升，可见，当庄家进行强烈震荡的洗盘行为时，是我们最佳的短线买入时机。

图7-42

如图7-42所示，当急速拉升之后，银龙股份（603969）又一次快速的向下洗盘。由此可见，任何一只好的股票，都必然经历庄家强烈的震仓洗盘行为。

图7-43

如图7-43所示，银龙股份（603969）经过两段快速强烈震仓洗盘之后，开始进入稳步的上升通道。

因此，日后广大投资者应密切留意这些放量上升后，突然快速下跌洗盘震仓的股票，投资者可以大胆介入，将会有意想不到的收获。

第十节

浅析牛市行情中散户的投资心态

牛市初期，大多数散户还是处于熊市时的心态，不少散户对牛市初期抱有怀疑的态度，大部分的人都认为这是反弹行情，稍微有点利润就马上平仓，当股价继续上升后，才发现自己平仓的错误，于是观察了几天之后，又马上追高买入，这时就刚好遇上牛市第一阶段上升的尾声，接下来便是第二阶段的下跌调整段。于是，大多数散户又被套在其中，由于在熊市时的阴影还未消除，经过三五天的下跌后，套怕了的散户又纷纷斩仓离场观望。这阶段庄家根本没有出货，他们在散户的恐惧情绪中根本也出不了货，他们只能是利用散户的恐惧心理在低位大量吸货。这时的调整不少个股下跌的幅度虽然较深，但龙头股基本上是不跌的，而且，大部分是以横盘的方式来代替下跌，如1996年初大牛市中的深发展。

图7-44

如图7-44所示，平安银行（000001）是当时的深发展，属于一线龙头股，该股1996年2月份启动一路向上炒作到5月份，股价从6元一路狂升到19元，在牛市行情的第一阶段，股价实现了涨了两倍的奇迹。

当庄家打压完毕，亦是他们在低位吸饱货之时，他们便会发动第三阶段的行情向上慢慢拉升。这时，大多数散户刚好再次斩仓出来，对超过自己斩仓价的股票根本不敢大胆跟进。当发现行情真的一步一步慢慢走出上升通道后，才急急忙忙地买入一些未升过的还处于底部的三线股。谁知，庄家这时根本没有在三线股上建仓，因而庄家也不会去拉升这些三线股，这类股票只是随大市的上下震荡而无力飘浮。

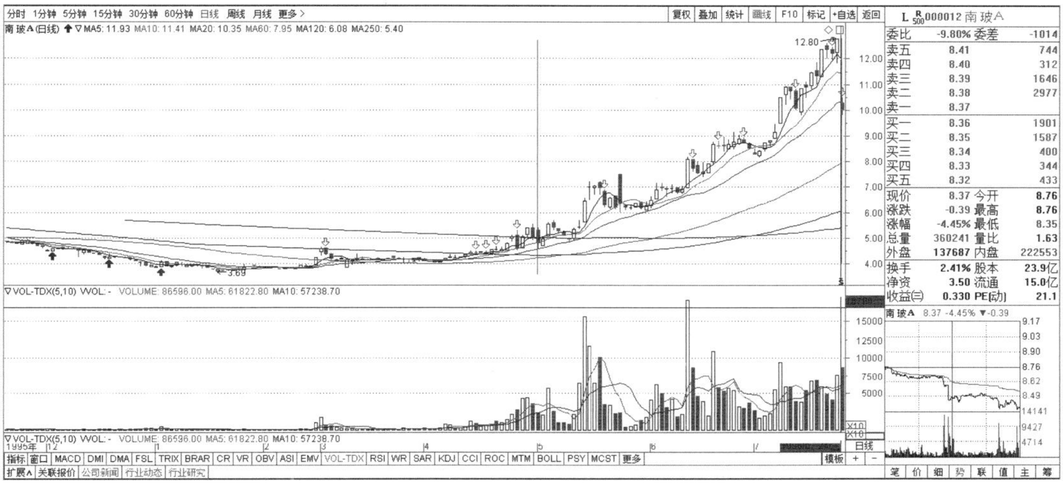

图7–45

如图7–45所示，南玻A（000012）在当时属二线绩优股，在深发展2月至5月实现股价翻倍之后，该股从5月至8月也从4元一路炒作到12元，股价实现了涨了两倍的成绩。

当所有散户发觉自己买错股票纷纷平仓出局，追入那些被股评认为是强势股，并美其名为“强者恒强”的大黑马时，这些个股已经被庄家炒得很高了，庄家借散户的大举杀入而纷纷顺利出货。这时散户便又迎来了行情的第四阶段，是较为漫长的下跌段，由于这时，大多散户基本上树立了牛市思维，在以上几次都发觉斩错仓后，便大多不愿再次斩仓出局。

庄家使用了调虎离山计，将散户骗到了已被拉高了的绩优股和二线股上，这时，庄家利用行情的下调，拼命打压绩优股，借势吸纳三线股，由于庄家在这段时间是利用行情的下跌来打压吸纳三线股，一些原先还未出局的三线股散户也难以忍受经过长时间的不升，再加上这最后一跌的折磨，到最后也有不少散户被迫减磅出脱三线股，只有经受得住这最后一击，仍然持股不放的极小部分散户，才没有被震出来。经过这一折磨后，庄家将三线股的筹码，也吸纳得差不多了，庄家这时才发动行情的第五上升浪。这个时期基本上都是三线垃圾股的世界，黑马股大都在低价股中产生。

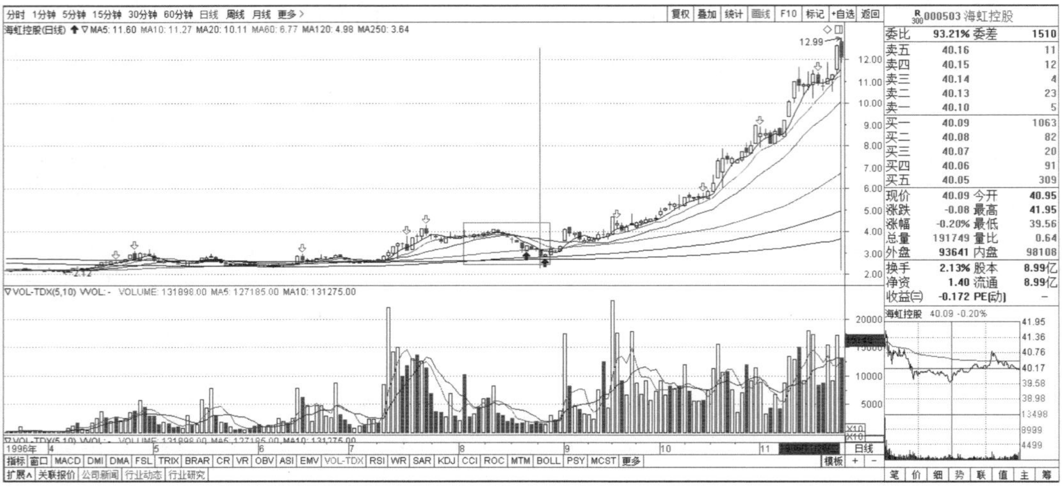

图7-46

如图7-46所示，海虹控股（000503）（已于2018年5月25日更名为“国新健康”，A股代码不变）在当时属于三线垃圾股，在整个1月至9月，股价在3~4元进行窄幅波动，让你眼睁睁看着一线蓝筹股和二线绩优股股价实现大翻倍的情况下，来来回回搭车，没有赚到钱，这种心理折磨可想而知了。最难受的还是8月份，当大盘下跌时，该股又从4元慢慢下跌到3元，这样的打击可以让你彻底崩盘，当你在3元斩仓之后，庄家才正式拉抬，股价从3元一路拉升到12元。如果当时投资者是先买了三线垃圾股的话，那么，在一整年的牛市里面，很可能是赚了指数亏了钱。

显然行情的最后阶段是这些三线股上升，但是，庄家是非常狡猾的，在拉升到有一小段利润之后，就马上再次实行凶狠的打压震仓，迫使那些有利润的投资者平仓，这时，还能坚持继续持股的散户已经少之又少了，只有久经考验的极少部分散户股民，才能赚到这一阶段可观丰厚的利润。

有不少散户都慨叹大牛市赚了指数没赚到钱，却又在熊市中输足了钱。因此，要想成为真正的大赢家，必须要走与散户相反的路径才会步入赢家的行列。

第十一节 抄底要看先行性指标

所谓先行性指标，就是指那些在深沪两市中率先于大盘向上炒作的个股，这些个股比大盘先见底向上炒作，当炒作到一个阶段的时候，又率先于大盘见顶下跌。很多时候，当这些个股下跌了以后，大盘很快便会见顶下跌了。

这种现象自从1990年、1991年有沪深指数以来，便或多或少地出现了，只不过发展到今天几千只股票的庞大市场，其迹象就更加明显。

每波行情都有一批领头板块或一两只大黑马，这些大黑马是深沪两市中的指路明灯，经常指示大盘的炒作方向，每次大盘将要见顶之时，如果这些个股能够逆市再次启动的话，那么，大盘便不会见顶，到最后还会向上炒作；如果这些个股见顶了，那么，大盘不久便会跟着见顶。

因此，日后当我们很难判断大盘是否会见顶的时候，我们便一定要首先翻开那些率先于大盘炒作的个股，认真检查这些股票是否见顶，如果这些股票见顶了，我们便要小心操作，手上有货的应以出货为主，绝对不能入货，如果大盘不顾这些个股的见顶而做最后的冲锋，更应保持冷静的头脑清仓离场。

同样，我们要判断大盘是否见底，便要观察是否有新的板块能够逆市炒作，如果有一批板块逆市启动，这时，大盘离底部不远了。有了这些率先于大盘而启动的个股作为参考，再加上观察一些技术指标是否有底背驰和顶背驰来进行研判，那么，日后的操作便会变得轻松得多和容易得多。

图7-47

如图7-47所示，贵州茅台（600519）在大盘还在筑底的过程中已经在2014年1月至4月，率先发动行情，从而带动大盘走出一波大牛市，起到了先锋队的作用。

图7-48

如图7-48所示，在2014年1月至4月，大盘还在艰难地构筑底部之中，而具有龙头股作用的贵州茅台，已经为大盘后市的走向指明了方向。所以，我们在判断大盘是否筑底成功的时候，最关键的判断指标，就是观察是否有热点板块异军突起。如果有，那么大盘筑底成功；如果没有，那么大盘还在不断寻找底部之中，这时千万不要随便买入抄底。

第十二节 短炒如何设置止蚀盘

短炒是市场的一个买卖策略，每当大盘的技术指标到了严重超卖区后，可以对某些个股进行短线炒作，做一波反弹便全仓拉出来，同样，大市在一定区域上下震荡的市道中，亦可以做短线赚些差价。短线操作，顾名思义就是以短为主，赢亦要走，输也要走，那么我们怎样操作才能够将赢面扩大，将风险降低呢？这里便有一个短炒如何设置止蚀盘的问题。

首先，我们拿一波下跌行情来进行分析，当股价连续两次下跌，低点一次比一次低时，我们便可以向下画出一条下跌平衡线。当股价向上反弹的高点，也是一次比一次低时，将这两个高点连成一条线，便形成了我们熟识的下降通道。当股价再次下跌，跌到下降通道的底部平衡线上时，我们便可以短线买入，当股价反弹到接近下降通道上轨的平衡线时，我们便可以平仓获利了结。但是，当我们买入后发现股价并没有上升，反而跌破了下降通道下轨的平衡线时，我们便要止蚀离场。

图7-49

如图7-49所示，荣丰控股（000668）目前正沿着一条下降通道运行，股价再次跌到下降平行线的下降轨道，图中箭头所指的位置，我们可以第一次短线买入。

图7-50

如图7-50所示，荣丰控股（000668）股价在下降轨道向上反弹，再次接近压力线时，我们应该短线卖出。

图7-51

如图7-51所示，当荣丰控股（000668）股价再次跌落到下降通道支撑线时，我们再次短线买入。

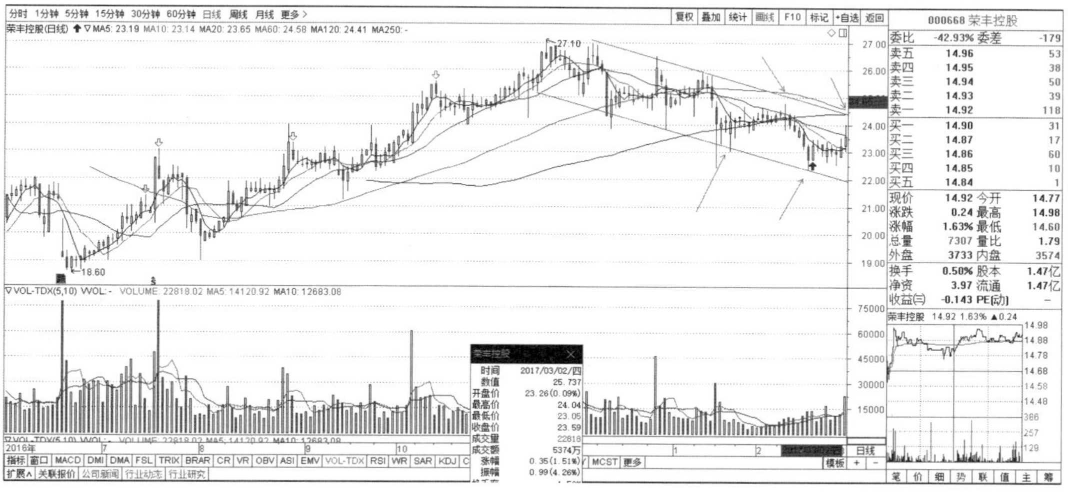

图7-52

如图7-52所示，买入后，荣丰控股（000668）股价再次向上反弹到接近下降通道压力线时，我们第二次短线卖出。

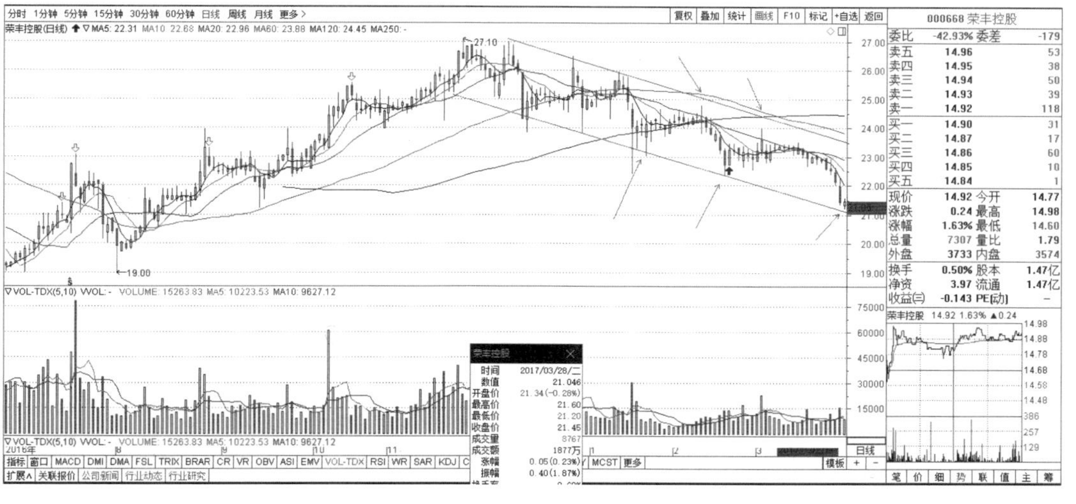

图7-53

如图7-53所示，当荣丰控股（000668）股价再一次跌落到下降通道支撑线时，我们按原计划继续第三次短线买入。

图7-54

如图7-54所示，买入后，荣丰控股（000668）两天的后市走势，并不是按照以往向上反弹，而是破位下行，这时，我们应该果断止损离场。

图7-55

如图7-55所示，幸好，我们有严格的止损制度，果断壮士断臂，不然的话，一次下跌就已经将前边两次短线赚取的利润全数输光！

同样，股价在做箱形整理时，我们也可以在股价接近箱底时买入，当股价反弹到箱顶时卖出。如果买入后发现股价跌破箱底，这时也要止蚀出场。一般当股价跌破平衡趋势线后，股价便形成突破方向，除了假突破外，都会沿着趋势做惯性运动，为了控制风险短炒必须要设置止蚀盘，这样操作才会有获利的保证。

图7-56

如图7-56所示，恒立实业（000622）目前正沿着一个箱体运动，股价又重新回到箱体平行线的支持线上，于是，我们按照原计划进行短线买入。

图7-57

如图7-57所示，谁知道，恒立实业（000622）股价并没有按照我们预想的那样向着箱顶运动，股价做了一个弱反弹之后，就破位下行，而且跌破下降支持线，这时我们就应该果断止损。

图7-58

如图7-58所示，幸好我们果断止损，不然的话，后果不堪设想。所以，在熊市中做反弹，学会止损是最好的保本逃生的方法。

第十三节
大三角形整理的处理方法

作为股票市场无论是大盘还是个股在K线图的走势中，都会很自然地走出大三角形整理形态，对于这一形态，如果操作得当，其短线收益也不差于一波中级行情。

对于三角形的操作可分为以下几个阶段。

（1）在大三角形的初始形成阶段，投资者可以在三角形的底边附近买入，待股价升到三角形的顶边附近的价位抛出。这样来回操作，一般都会有三次以上的机会获利，获利空间要视三角形的大小而定。

（2）当股价运行至大三角形尖端时，投资者最佳的处理方法便是先离场观望，这是因为，无论大三角形整理后，股价向上突破还是向下突破，其冲击力都会非常之大，因此，此时进行揸沽都会有非常大的风险。此时，投资者应该空仓耐心等待股价的突破方向，再做出买卖决策。

（3）如果股价向上突破，这时可大胆买进，如果股价向下突破可顺势沽空（目前由于中国股市还未有沽空机制，所以只能等股价急跌企稳后才可以买进）。

请看图7-59。

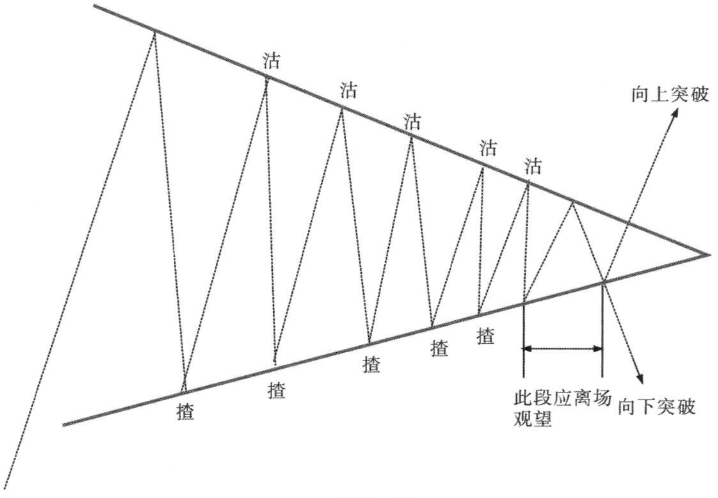

图7-59

我们再从实战中看看真正的技术形态的演变过程。例如：安彩高科（600207）。

图7-60

如图7-60所示，安彩高科（600207）目前的走势是一只脚比一只脚高，从形态上来分析，有望走出三角形的整理形态，于是，我们在箭头所指的位置进行短线买入。

图7-61

如图7-61所示，安彩高科（600207）目前反弹的价位受到之前几个顶部的下降压力线的压制，于是，按照三角形整理形态，获利平仓。

图7-62

如图7-62所示，获利平仓之后，安彩高科（600207）股价再次回落到三角形的支撑线，于是，我们再次短线买入。

图7-63

如图7-63所示，买入后，安彩高科（600207）股价再次撞到三角形的压力线，我们按三角形整理形态，在此平仓获利了结。

图7-64

如图7-64所示，获利平仓之后，安彩高科（600207）股价再次回落到三角形整理的支撑线，但是，我们发现股价已走进了三角形的末端，就算买入也没有多少获利空间，于是，我们按照三角形末端的处理方法，不买卖，只是进行观察。

图7-65

如图7-65所示，好在没有买进，安彩高科（600207）破位下行。所以，凡是股价走进了三角形整理形态的末端，我们应该耐心等待股价的突破方向再进行操作，这样较为安全。

第十四节 如何看待缺口

缺口理论是什么?

市场在交易过程中，股指及个股的股价，时常会出现一些大小不等的跳空缺口，于是就产生了相应的缺口理论，用缺口测市的投资者不在少数，而且该理论中的一句名言“三跳空，气数尽”在市场中广为流传。缺口理论的最大特点是给投资者提供一个直观测市的机会，是市场涨跌互换规律中的一种派生品种。存在即有其合理性，从这点上来说，缺口理论自有其生存的基础。其中一个重要形态，即缺口对缺口产生的向上或向下的岛形反转，是市场中能被大多数的机构、投资者认可的形态。但也要注意，岛形反转，也会被多方或空方用来进行骗线，该形态有成交量的支持才可靠。这不仅仅是指大盘，个股也是一样。当然任何指标和理论都有其缺陷，缺口理论也只是技术分析中的一种，例如，市场如果出现向上或向下的三跳空，短期内向上做多或向下做空的能量集中释放后，即便是不出现缺口，在短期内多方或空方的力量都会有所减弱。当股指走牛，几个向上的跳空缺口肯定阻止不了市场前进的步伐。而某些个股前期严重透支炒作，后市即使出现大跌，产生几个向下跳空缺口，也不表示该股就此止跌了。所以使用缺口理论时，还是要结合当时市场的具体情况，同时综合其他指标进行判断，这样才可以提高自己在市场中的生存能力。

缺口一般分为四种：普通缺口、突破缺口、逃命缺口、竭尽缺口。

（1）普通缺口——对预测行情的帮助不大，常见于交易清淡的市况或水平状交易区的中间，委托买卖单太少造成图表上的缺口。

图7-66

图7-66中的第一个箭头所指的是普通缺口，第二个箭头所指的是突破性缺口。

（2）突破缺口——表示市场将有重大变化，该缺口主要出现在颈线突破、顶部或底部的突破和主要趋势线的突破。突破缺口大多出现在交易量大的时候。缺口通常不会被填满，股价也许会回到缺口上方或者掩盖一部分缺口，但是一定有一部分缺口不会被填满。事实上，如果缺口全部被填满，股价也回到缺口区的下方，这可能是假突破。

图7-67

图7-67中的箭头所指也是一个突破性缺口，欧比特（300053）股价突破平台压力线，正式向上突破，走势非常强劲。

（3）逃命或测量缺口——股价波动一阵子以后，在波动到一半的时候，股价会向前跳升形成第二种缺口（或好几个缺口），称之为逃命缺口。这种缺口表示成交量平平，市场进行顺利。在上升趋势中，这是市场强劲的迹象。这种缺口通常不会被填满。如果股价波动到缺口的下方则对上升趋势相当不利。

图7-68

图7-68中的第二个箭头所指的是逃命缺口。

（4）竭尽缺口——这类缺口出现在市场波动接近尾盘的地方，当所有获利了结目标都已达成，另外两种缺口也已现形，分析家就该等着竭尽缺口的出现。

上升趋势快结束时，股价拼着最后一口气往上跳，但是在几天或一周内马上跌下来，收盘价跌得比最后一个缺口还要低的时候，已是疲态毕露，这就是竭尽缺口，上升趋势的缺口被填满是行情看跌的前兆。

图7-69

图7-69中的第三个箭头所指的是竭尽缺口。

注：逃命缺口又叫测量缺口，因为它常常出现在趋势的中间点，只要计算出趋势和原趋势突破点的距离，再乘以2就可以得到下一波移动的距离。

第十五节

个股大幅度下跌后，首先要抄哪种股票做短线反弹

首先要抄跌幅巨大的股票，例如两只股票一只从8元跌到6元，一只从8元跌到7元，那么，首选跌到6元的股票抄底做短线反弹。其次，同样两只股票都是从8元跌到6元，首选流通盘小的股票。最后，同样是两只从8元跌到6元的股票，首选业绩较好的股票。这是抄底做短线的基本原则。

下面，我们用两只个股进行实例对比分析。

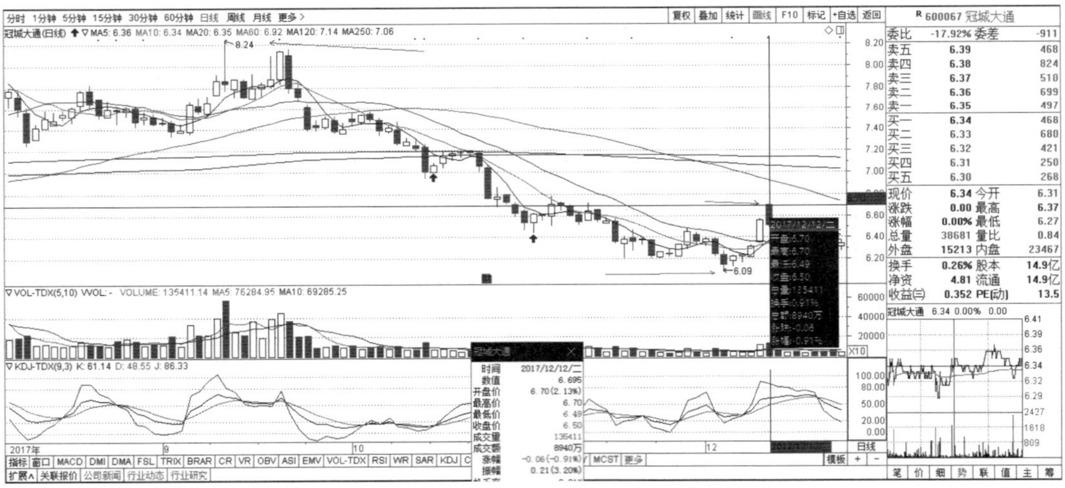

图7-70

如图7-70所示，冠城大通（600067）从8.24元一路下跌到6.09元，下跌幅度巨大，因此，该股从2017年12月6日到12月12日，股价从6.09元反弹到6.70元，反弹空间接近10%。

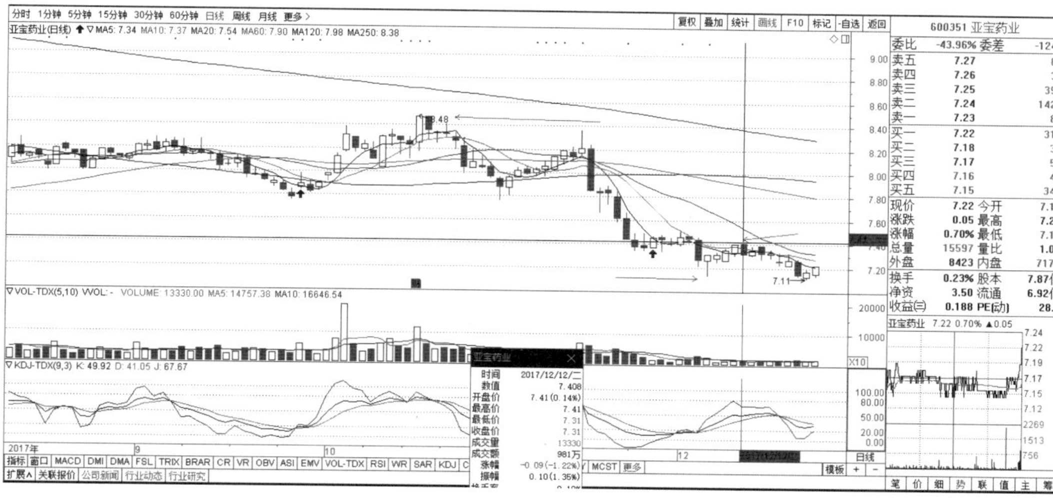

图7-71

如图7-71所示，亚宝药业（600351）从8.48元一路下跌到7.13元，跌幅明显比冠城大通少很多，所以，该股从2017年12月6日到12月12日，股价从7.13元反弹到7.41元，反弹空间，也明显比冠城大通少很多。如果要抄这两只股票的短线反弹，那么，我们应该首选冠城大通，若选择了亚宝药业，短线基本上没有空间转身，最后还要跌破7.13元的新低，最低跌到7.11元。

第十六节 要有勇气超越技术

当今在股海中搏杀的投资者，为了能战胜股市，大家都不断学习有关股市的技术分析，有些投资者甚至对一些技术指标研究得非常透彻，但是，在实际操作中还是经常会出现判断错误而输钱，究其原因还是受技术所困。

其实，到目前为止，世界上还没有一套技术分析工具能够100%准确无误地预测股市走势，事实上也根本不可能有那样的系统。每一个技术指标都有其优点，同时亦有其不足；有其准确的一面，亦有其技术上的盲点。因此，我们在运用技术指标进行实际操作时，既要相信技术分析了解其优点，同时亦要知道其不足，通过多项技术指标进行综合分析，并且不断总结经验，灵活和适时地运用，力求达到进退自如。

对于技术分析，我们不但要正确对待，而且更要有勇气超越技术。因为股市如人生，充满大喜大悲，其中蕴含的“大道”又岂技术分析所能道尽。

因此，我们在运用技术分析的同时，更应该要有勇气超越技术。绝不是守两三条技术教条，而是站在宏观分析大局的角度去参照技术分析，利用日积月累的感性体验去融汇各项技术分析。当你进入技术分析的境界时，又能放眼于技术分析之外，用之而又不为之所困，技术才能真正发挥奇效。

在实际操作中，我们应该把重点放在分析和判断趋势上。在多头市场中，要敢于持股，既要及时留意各项技术指标是否发出抛货信号，同时，又要随时留意国家及管理层对现时股市的态度；在空头市场中，既要耐心等待买入的时机，随时留意国家的宏观经济变化，又要及时观察各项技术指标是否有见底买入信号的出现。只有做到谨慎多思、耐心等待、果断坚决、有涵养，才能真正达到超越技术、稳操胜券的新境界。

第八章
桃源说：投资证券千万要谨记的事

——凡是能认真学习并严格贯彻执行桃源所写的这本书的内容的人都有机会成为证券市场的赢家，并且一生能平平安安，受人尊重和尊敬。（这段文字写于2017年10月8日上午8点）。

（1）违法的事情不要做、违规的事情不要做。要做只能是在国家法律法规允许的范围之内去做。投资证券市场在中国是目前最合法合规的赌场。所以，值得你一生去研究和探索。

（2）其实，证券市场是你实现人生价值和人生梦想的一个大舞台。那些世界级的投资大师如江思、格雷厄姆、威廉、利弗莫尔、菲利普费雪、巴鲁克、巴菲特、林奇、索罗斯等，他们不但创造了人生的极大财富，还给后人留下了极为宝贵的精神财富！所以，让人尊敬、让人钦佩、让人赞赏、让人敬仰！

（3）做一名投资高手是不是一件很难的事呢？桃源认为：只要你聪明、勤奋、认真、严谨，在一只股票上愿意付出足够的时间去研究，你就能在证券市场上有一番作为，你就抓住了赚大钱的发达机会。

（4）佛教中的六道轮回讲出了一个在世间的万变的自然规律，用在股市上就是没有永远只升不跌的股票，也没有永远只跌不升的股票。俗话说得有道理，“三十年河东、三十年河西”。只要你能够耐心找到这些股票的转折点，发现底部时揸货，发现顶部时沽空，那么，你将永远站在胜利者的一方。

（5）做投资的最好的学科是哲学（鬼谷子、老子、叔本华、尼采）、音乐、军事、政治、历史、佛学等。其次是证券（包括各类技术分析的书）、期货专业类等学科。

（6）为什么桃源将音乐放在哲学的后面，排在第二名，这么前的位置呢？

这是因为音乐艺术是最接近股票操盘艺术的学科！请大家注意我讲的是艺术！凡是一首好听的音乐，旋律一定是一波三折、峰回路转、荡气回肠、婉转动听的！音乐最重视的是节奏，例如四拍子、三拍子，当你跳交谊舞的时候，你一定不能搞错，同样，我们在股票市场上，也是非常重视节奏，每一波行情都有不同的节奏，有时用大盘股开路，有时用小盘股领涨，有时用银行板块带领，有时用新能源板块领导，有时用汽车板块启动。这时你一定要紧跟市场的节奏，千万不能买错股票。另外，音乐最讲究高潮和低潮，低潮用多少节来过渡，高潮用多少节来表现。全世界这么多的学科，只有音乐是这样明白易懂地描述高潮和低潮。当你了解了高深的作曲手法的时候，你离顶尖庄家的操盘境界就非常接近了！所以，你想要成为一名顶尖的投资大师，最好先从音乐入手！

（7）其实，做股票就好像打一场战役。首先你要学会观察地形，然后是排兵布阵，再次是怎样将自己的兵力分批地投入到具体的战斗中去，不到万分危急的时候，千万不要将全部兵力拉上战场！最后的资金（兵力）并不一定要用上，最好就是不要用上就能够解决战斗！例如，你用十万元投入一只股票，最好后面留下两万元来解决市场上瞬间万变的危险情况！详细说明请看桃源的《立体滚动全息操作战法》。

（8）兵不在多，而在精。每次在操作股票前都要预先计算好，当你部署好按照计划用多少钱，来投入一只股票时，在这只股票还未安全顺利出来之前，千万不要将留下来的资金去买第二只、第三只股票，要学会毛泽东所说的“集中优势兵力去打好每一次战役”。这有如辽沈战役还未结束，就千万不要开打淮海战役和平津战役。饭要一口一口吃，仗要一场一场打。同时开辟三个战场，只会让你精力分散，身心疲惫，无法兼顾，这是兵家大忌！

（9）对于初学者来说，桃源建议不要一开始就投入很大的一笔资金，从“大钱”向“小钱”做，这样必然会付出许多不必要的代价。而应该反过来，从小资金做起，最好是先经过两年的模拟盘后，然后用1万元开始逐步积累经验，认真总结交易历史，进而构建适合自己的交易体系，待各方面相对成熟之后，根据自身经济条件再考虑扩大资金规模（从一万到百万的飞跃，只要用7年的时间），详细请看桃源写作的《从十万到千万的飞跃》一书。

（10）做证券投资的，任何人都不能相信（包括总统和国务卿所说的话，他们的话只能当作参考，有时候还要反着来听），只能相信自己。信自己的眼光、看到的股票和K线，信自己眼睛所看到的一切。

（11）就算你是认识上市公司的董事长，也不能相信他说的话。他绝对不会跟你说真话的，他的话只会误导你正确地研判市场。曾经有一次，一家上市公司的董事长对我说，他家的公司今年业绩将会大增，并且会十送十分红。这是一个特大利好，于是，我买进了，股价升了一点点之后，突然大幅下跌了，我就打电话给他，他说不用担心，只是庄家震仓。于是，我相信了他的话，没有在第二个高点时卖出，后来股价继续大幅下降，再打电话给董事长，他说我们公司业绩很好的，于是又再等到公司公布业绩，业绩出来后，并不是他说得那样好，并且没有他说的十送十。我再次打电话问他，他说十送十方案被董事会否决了！我当时真的想打自己两个耳光啊！按照以前的操作，自己绝对不会在接近顶部时买进，就算买进，自己一旦发现顶部形态，早就卖出了，哪至于会亏损70%呢?

后来我想明白了，我是大报的财经版主编，他是想利用我的笔和嘴巴宣传出去，好让他们顺利出货。

（12）其实，买股票最大的风险就是买到公司企业破产的股票，所以，如果你能选择到一只不会破产的股票，那么，你就已经成功了一半。

（13）不经历过两年以上大熊市考验的股票，千万不要进场买入。

（14）选择不到朝阳行业的公司的股票，千万不要买入。

（15）千万不要买进你不熟识的行业的股票。

（16）小道消息满天飞的股票，千万不能买。

（17）疯狂上涨之后的股票，无论公司有多么多么的诱人的前景，都千万不要去追买。

（18）当选择到朝阳行业的股票时，必须耐心等待该股下跌两年之后，在大熊市大跌后再横盘一年半载时，才考虑进场买入也不迟。

（19）什么是朝阳行业？20世纪是巴菲特的可口可乐。当今是网络科技、新能源和新能源汽车（包括新能源电池、新能源电池用到的锂、钴、石墨稀等行业）等行业。

（20）如何止损，是投身股市要彻底明白的重大问题。在桃源28年的投资生涯中，除了前5年用过止损之后，以后的操作就很少很少用到止损了！当你不是在牛市的顶部买进股票的话，就可以不用止损。当你是耐心等待该股经历过大熊市考验后，并且在底部横盘一年以上的股票时，就可以不用止损。

（21）当你在市场上连续三次逼迫着你要进行止损时，那样的话，桃源建议你最好离开市场，去休息三个月或者半年。这里面有两个原因都让你不能操作下去。一是你的运气太差了，每次选的股票，你都猜错了方向。当你运气不好的时候，不要买卖。二是可能市场已经悄悄见顶了，而你还在多头的牛市思维中，自己全然不知。见顶后，你如果不擅长沽空的话，最好的方法是远离市场。

（22）桃源解决不用止损的最正确方法就是：耐心寻找大跌两年以上的股票，当股票在底部慢慢形成上升通道的时候，开始分批建仓，一旦建仓完毕，就要耐心持有一段时间，让它沿着上升趋势走下去，一直走到有见顶信号出来时，全部卖掉。

（23）桃源的立体滚动全息操作战法是怎样的一种操作呢?

当我耐心等到股票下跌两年以上之后，当它开始形成底部时，我就开始第一批建仓，这时，我一般将仓位分成十批。由于股票还在底部区域，它会沿着一个大型的价格区间横盘震荡，这时只要你买入后股票上涨的话，当它上升到横盘顶部附近时，你大可以放心卖掉股票，在底部运行的股票，90%都不会第一次就向上突破的，它经常又会重新跌回来，有时还稍微跌破之前的底部，这时你要观察成交量的变化，只要成交量不是急剧放大的下跌，而是缩量下跌的话，这里所说的缩量是比前几天的量更少。如果你再参看RSI还有底背离现象的话，那就更佳。你完全可以大胆再次买进。如果股价再下一个台阶，马上买入第二批资金，如果再次下跌，再次跟随买入第三批。当股价反弹到第一次买进时的价格，把第三次买入的卖出。股价这时将会有两种情况，一种是又再跌回第二次买入时的价位，这时可以大胆买入一笔，如果再跌再买入一笔。这时由于之前RSI有底背离现象出现过，到这里你会看到K线图上一般都会形成W的底部。如果真的出现，那么恭喜你，你已经抄到该股的底部了！第二种是股价继续上升，那么，上一个台阶之后，卖出第二次抄底的筹码。如果这时，股价又跌回来第一次买入的价格，那么，太好了，再次买入。如果卖出后不跌，继续上升，一直接近上次的横盘顶部，放心继续卖掉第一次买入的那一批。由于这时是第二次冲横盘顶，应该有80%的机会还会再次下跌。如果真的下跌，就请按上次跌的方法去做。经过四五次的来来回回的操作，这时你会发现，你的成本价比历史最低价还要低。现在我要说一下卖掉后，如果股价不跌，反而是突破了横盘时的顶部，那么，恭喜你，你已经找到一只准备腾飞的黑马了。这时你千万不要追高买进，让它升，一直升到它无力再升为止。这时，你会看到它很快很急地跌回来。当跌到上次横盘的顶部时，你尽可以大胆地先建仓一半资金。后面的情况和相距多少的价格可以抄底一次，这里由于篇幅有限，你真的要看我写的《桃源立体滚动全息操作战法》了！

（24）桃源为什么可以不用止损呢？首先，买股票是买公司的未来。只要找到朝阳企业、国家垄断的行业，那么，就可以安心等派息。其次，是要耐心等待股价出现暴跌，大跌，市场一片恐慌的时候才进场，这时的股价往往是物超所值的，也就是说用白菜的价格买入黄金。当市场复苏的时候，是金子总会发光的。

（25）另外，桃源解决不止损的方法，就是《桃源立体滚动全息操作战法》。这是这本书最精华、最精彩的部分！桃源用实盘的资金花三年的时间来写作这本书。所以，这是一本非常难写，非常有实战价值的好书！

（26）想要永远不亏大钱，就千万不要去做股指期货、商品期货、外汇、原油、黄金、白银等一切带杠杆的产品。

（27）只做股票！因为，买股票是买上市公司的未来，这等于是参与了公司的经营。例如，我们作为个人，你根本无法参与银行、电信、石油、石化等国家垄断的产业。但是，我们可以在低位的时候买进这些股票，成为它们流通盘的十大股东，这也等于自己开了一家加油站，开了一家银行分行！

（28）千万不要借资炒股！期货牛人刘强在2015年6月至7月的股灾中，破产自杀！其中的原因他自己也总结了很多条（网上有他的总结文章）。但是，桃源认为最重要的原因和问题的本质就是借资重仓买入股票！

（29）在中国，股票牛市长达1年半至2年，如果股指突然跌破30日移动平均线，应该立即清仓离场观望。

（30）当你发现风险来临之际，最英明的方法就是清仓离开市场。这有如一位投资大师所说的：当你发现前面有一辆以时速200公里的火车向你冲来时，你最英明的方法就是马上离开轨道，待它过去之后，你什么时候都可以重新回到轨道上来。

（31）以长线投资著称的巴菲特，也有清空股票的时候，巴菲特在他的投资生涯中也有三次曾经把手上的股票清空。那三次都是美国股票非常疯狂的上升时候。所以，在学习巴菲特的长线投资时，千万不要盲目崇拜和盲目学习偶像，该卖时还是要卖（特别是疯狂过后股指突然跌破30日移动平均线），不要因为该公司基本面很好就打死都不卖。2015年期货牛人刘强的自杀，其中一条就是因为公司是朝阳行业，所以，死抱着不放，再加上融资买入被深度套牢，被迫斩仓而自杀的。这一点，千万要切记！

（32）在股票市场上，慢就是等于快，欲速则不达。这些道理恐怕只有经历过多次牛熊转换的投资者才能真正理解。

（33）在股票市场上，求快就是等于求速死。例如，开摩托车从广州出发去北京，如果时速超过150公里，表面上看很快，但是，你未出广东就很可能已经撞车身亡了！反而慢慢开，放松心情来开，沿途还可以停下来休息一下，欣赏两边优美的自然风景，那么，只要方向正确，总有一天你会安全到达北京。

（34）如何理解快？借资炒股、融资融券、炒卖股指期货、炒卖外汇期货等一切带杠杆产品的，就是等于求快！

（35）千万不要相信任何人给你的内幕信息和小道消息，如果这些消息是有用的话，他自己早就已经发达了！根本不用来告诉你！俗话说得好：无事献殷勤，非奸即盗！一句话：所有的消息都暗藏杀机，勿听勿信！

（36）凡是经过爆炒过的股票，在下跌途中，千万不要见它跌得很多很大了，就去抄底做反弹，这些股票是无底的！例如，1997年炒作的四川长虹最高时股价是66元，2013年跌到最低时是1.67元，长达15年的慢慢熊途，谁抄底谁就是去送死。美国股票也是一样的，芝加哥西北公司在1906年最高见240美元，到1940年最低见0.31美元。这正应了一句广州名言：“有咁风流，就有咁折堕。”关于这一点只有用佛学的六道轮回，才能解释得清楚！所以，桃源选股的另一个标准，就是以前从来没有被人爆炒过的股票！

（37）什么才算被人爆炒过的股票呢？股价从最低价翻了十倍、二十倍以上的股票，例如，股价5元炒到50元乃至100元以上的股票，这些股票等待它们的就是漫漫熊途！当这些股票开始下滑时，没人能够说清楚它们到底还要跌多深、跌多久！

（38）反过来说，当你持有一只上升途中的股票时，千万不要因为它看起来价格过高了而卖掉它。例如一只股票从10元上涨到创出历史新高50元，你会觉得它已经高得太离谱了，于是卖掉它，结果往往它就从50元继续上涨到150元，让你后悔终生！

（39）只有铁的纪律的部队才能打胜仗！散户是一盘散沙，很难形成一股力量。

（40）当股价横盘的时候，我们可以静观其变，一旦股价慢慢形成上升通道，这时股票的上升趋势得到确认，那么，这些股票将会沿着上升的趋势自动运行，并且前后有序地沿着整个趋势过程的特定路线演变下去，直到有见顶信号为止！

（41）当股票突破横盘顶部时，开头几天你会见到随着股价的上扬，伴随成交量急剧放大，突破后，股价进入正常的回撤，成交量远远小于前几天上升的量能，这种小规模的股价回撤是完全正常的，永远不要害怕这种正常的动作。两三天后，行情将重新开始，成交量随之增加。这就是最标准的有效向上突破，这时你的操作就是买，买，买！

（42）任何操作方法如果同赌场的方式一样的话，最终一定都会大败而归。那么，什么才是同赌场的操作方式一样的操作呢？例如，期货等一切带杠杆的产品，一句话就是需要频繁止损的操作。

（43）买入股票除了赚取股息之外，最重要的是赚取股差。怎样才能赚取股差呢？就是当别人恐惧的时候，你发现了非常有价值的股票，用最低的价格买进，然后，耐心等候股价疯狂上升的时候卖出。只要你永远按照这样的规律去操作，我敢保证你一辈子都可以赚钱。只不过很多人出来之后，没有耐心等候股价恐怖性下跌出来时，又重新买入了。所以，大多又套牢在半山腰上了。如果你能够有耐心等待下去，那么，你一定会等到股价疯狂下跌哀嚎遍野的那一天。只要在这一天买入，你就一定能够赚取股差。

（44）华尔街有句老话："永远不要去核对已经卖掉股票的股价。"这句话并不会帮你赚钱，但它可以避免你大哭一场。股票卖出之后股价往往会大升。华尔街的大佬称这种病为"遗留下来的烦恼"，是所有苦恼中最痛苦的。股票投机者一定要与此做斗争。对于这句话，桃源有一个解决的办法，就是留下1/20的筹码，让利润腾飞。

（45）股票市场是一个兵不厌诈的地方，市场上的每一个传言，都有可能是假的。例如，在第一次世界大战时，法国与英国大战，双方集结了7万多名战士，在滑铁卢打仗。英国罗斯柴尔德家族派出侦探去滑铁卢观察双方战况，当拿破仑军队一边倒将要失败时，探子马上将这一消息千里加急告诉了罗斯柴尔德。谁知道，罗却命令手下大举抛售英国股票，英股狂跌，市场传闻英军大败，之后抛售的人越来越多，市场气氛越来越恐慌，英股更是一泻千里。这时，罗又命令手下大单狂买英股。当罗在低位吃货吃饱之后，这时英国政府的真正消息出来了，是英军大胜，法军大败。这时的英国股票又旋风式狂升。罗在这一次股票战役中赚得盘满钵满。市场上的散户被他第一时间的假消息害得家破人亡！所以，市场上的传闻，你要用智慧才能辨别真假！

（46）对待消息市时，桃源认为：你最好的操作就是空仓观望，当市场下跌时开沽单，当市场跌无可跌转升向上时，再开多单。

（47）桃源认为：人要么工作谋生，要么以赌求生，生活本来就是一场赌博。无论你选择哪个行业，其实都在赌局之中。因此，倒不如直接参与赌博（注意我这里所说的赌博，并不是去赌场赌博，那里的赌客永远都是输家）。但是，你如果要想以赌为生的话，那么，你不仅要能研究出门道，而且还要比其他人多吃两倍的苦，这主要是心灵上和心智上的苦！

（48）其实做农民才是人生风险真正最大的赌博！你想想当你播下小麦、玉米、大豆等种子之时，就已经开始赌博了！要赌明天不要有旱灾、风灾、水灾、地震、虫灾等一切自然灾害！另外，收成之后还要赌销售，很多时候未必好卖。所以桃源认为，如果人生就是一场赌博的话，倒不如直接去证券市场上赌。这里的风险绝对比农民低很多！只不过几千年的农民都是这样过来了，习以为常，风险就慢慢习惯！

（49）怎样发现大盘见顶呢？在连续大升了之后，这时就应该密切关注领涨的龙头股票，是否上升乏力，是否已经见顶，这时，大盘应该还未见顶，但是，只要龙头股一旦见顶，过不了多少时间大盘就会马上见顶。这时就是最好的沽空时机！沽空比做多赚钱更快，特别是在去杠杆、去融资的时代！

（50）有人问我，在证券市场谋生，最重要的是什么？桃源认为：最重要的是耐心！获得投资成功的秘诀别无他法，唯有耐心。没有耐心的人，不适合做证券投资。买入时需要耐心等待时机，持股时也需要耐心，卖出时也需要耐心等待见顶信号的出现。

（51）在牛市的末端，下跌行情的沽空永远都比牛市上升行情赚得爽，赚得快。

（52）经过长期上升之后，突然间股票连续放巨量急升，这时一定要忍住贪念，坚决卖出！这是典型的“单日反转”危险信号，这也是庄家让你产生幻觉、想入非非的时候。

（53）怎样才能算是投资高手呢？桃源认为：看他是否有耐心持币空仓等待最佳的买市时机！这种等待有时需要一年、两年或者更长的时间。

（54）很多普通投资者，其实他们从一开始买入就注定是输钱了。他们是怎样买股票的呢？听别人推荐的、大升后追入的、卖出后见升高了再次追高买进的、下跌恐惧时斩仓，见连续几天上升之后急忙买进的，等等，都是散户输钱的操盘手法！如果你有这些行为，请一一戒掉！

（55）怎样观察“龙头股”？桃源认为，龙头股是带领一波上涨行情的强烈信号！在观察龙头股时，最好是多选几个板块的不同行业的龙头股，以免只选一个板块，而该板块因失宠而掉头，或反之而得宠，这样就会造成错误的判断！

（56）龙头股是一波行情的领军人物，当龙头股上升乏力，或者无法创出新高，徘徊不前时，这时就是大盘见顶的先兆。只要龙头股出现顶部形态，那么，就要坚决清仓全部卖出股票，空仓耐心等待下一次买入的时机（具体的顶部形态可参看桃源写作的《江恩神奇赢利法则和实战高手技术图解》）。

（57）买对了方向后，桃源认为先把赢利的50%平仓，如果赢利100%，就更应该这么做。把钱存在银行，作为储备金，或者买华宝添益（511990）保本高息基金，留下1/20的筹码让它继续上升。这一点非常重要。

（58）日后当你的资金能够炒上几百万元，甚至过千万元时，每次行情胜利赚大钱之后，都必须要提50%的利润，去买房子、买写字楼收租，这是最稳健的一步妙招好棋。一来可以保住胜利果实，二来可以享受物业的升值增值，三来还有一块固定的租金养家！当你炒股票能够走成这样的一种状况，你才算是真正走进成功的投资人的行列！另外，也可以去做一些善事去帮助真正需要帮助的人。

（59）做好情绪管理。当你买股票的仓位大到你夜夜失眠的时候，那证明这个仓位已经让你情绪失控，让你压力巨大。这时候无论方向对与错，你都应该将仓位降低，让你恢复到平常的心态，最起码晚上能安心睡觉。

（60）要密切留意自己的情绪——对失败别失去斗志，一蹶不振；对胜利别兴奋过头，冲昏头脑。一句话，在市场上要时刻保持警惕的心、敬畏的心！

（61）关于新闻与股价。桃源在这二十几年的投资生涯中发现，新闻永远都慢过股价的运动！当公司亮丽的业绩公告时，股价已经大幅升上了一个台阶了！所以，桃源只能在股价的上涨和下跌中去找新闻，而不能在新闻中去寻找黑马。很多黑马走了出来之后，人们才发现公司的业绩大幅增长！当你确认公司业绩大幅增长时，你再去买已经迟了！在证券市场上，只能做事前诸葛亮，绝对不能做事后诸葛亮！

（62）市场往往都有一种暗示的力量！它会无声无息地慢慢渗透，它会慢慢将所有投资者引向全部揸货或者全部沽空！这时你一定要注意了！这是即将要把全部投资者一网打尽的节奏！这时候你一定要克服重重心魔，反其道而行之，是绝对不会错的！错的永远都是投资大众！在证券市场上，永远演绎着一句名言："成功绝对不可以成群结队。"

（63）桃源一直都有一个奇想：其实每一波行情都有不同的特点。好的行情有如世界音乐大师的作品美妙动听。世界音乐大师有柏格尼尼、贝多芬、莫扎特、柴可夫斯基、李斯特、维瓦尔第、海顿、比才、肖邦、圣桑等，他们有很多优秀的作品，只要我们在行情的行进中，找到是哪一个作曲家的哪一部作品，那么，行情用什么乐器来演绎，乐曲感情的变化，作品的高潮在哪里，低潮在哪里，作品是以什么样的方式来结束的，等等，我们都一目了然。然后，我们可以根据乐曲的演绎，一个板块一板块分先后次序，全部吃尽，那是，最精华、最艺术、最豪华的操作了！

（64）至于个股就和人一样，有着不同的个性，有激进的、保守的、兴奋的、低沉的、高亢的、寂静的、守旧的、超前的、直来直去的、死气沉沉的。你要像研究人一样去研究股票，根据不同类型的个股来操作股票，这样你才会同它心心相印，对它了然于胸！

（65）人类历史的演变过程就是一个弃旧迎新的过程！正如历朝历代美女的衣服、鞋子、帽子以及珠宝的款式，总是随着时间的推移而不断变化。股票市场上的龙头股也一样，每一波行情都有一批新龙头取代旧龙头。股市沿着历史的轨迹不断地切换新龙头。因此，当一波行情完结之后，首先要全部清仓龙头股，一波大跌行情之后，再重新去寻找新的领涨龙头股买进。

（66）另一个要注意的问题，就是证券公司的经纪人，他们是全靠你的买卖来收取交易佣金的，他会一味地鼓励你频繁地进行交易！你交易越多，他们的收入就会越多，所以，在必要的时候，你要适当远离他们，不要太过频繁操作，适当控制一下交易成本是非常必要的！

（67）2008年，世界各国都说拿资金去救股市，时任中国总理温家宝也说用4万亿元来救市。其实，说白了世界各国都是靠印钱币来救市！股市是救了，但是，货币贬值马上就来了！中国的楼价从2008年至2017年，普遍升了两倍！北上广深升了十倍！以后，一听说要用钱去救市，闭着眼睛去买楼买物业吧！绝对没有错！

（68）各国只要是印钱币，说是刺激经济，到最后只会是一个结果，就是引发更大的通货膨胀，没有什么好的结果。

（69）还有一件非常重要的事要交代一下。每当你做完一波行情赚到钱之后，特别是本金翻倍之后，一定要将利润的50%，划出证券放入银行账户上，然后，同家人好好地计划一下去欧洲旅行或者是美洲旅游，这是一个最好的奖励自己的办法。同时，也是有意地离开一下市场，等待大盘下跌的最好方法！这笔资金更是留待危急时的救援资金！这个方法非常好！不是专业的投资人，特别是普通散户，一般都不会这样做！他们觉得本金太小了，希望一下能吃个大胖子，永远不肯将钱离开市场，谁知道欲速则不达！

（70）另外，当你在股票市场上赚到钱之后，会有很多人邀请你一起做生意，如开酒楼啊，办农庄啊，开公司搞经营啊，等等，桃源的经验告诉你，千万不要随便去搞。一个你不熟识的行业，里面同样充满陷阱和风险，如果你不是该行业的高手，如果你没有像阿里巴巴的马云那样手里掌握着核心技术，随便一个小陷阱都可以将你的生意搞垮！倒不如学我去打打乒乓球，还有机会拿个世界冠军（在这一点上，桃源虽然没有李嘉诚有钱，但是，能够拿一个世界冠军，在人生的意义上同样开创了另一番辉煌）。这样一来可以放松一下证券市场的紧张的心情；二来可以锻炼身体，以良好的精神状态投入到下一次的操作之中！桃源再讲一次，你能在证券市场上赚钱，那就是全世界最高端大气、最快捷的赚钱方式！

（71）在2007年底，我们的团队在我的带领下清仓后，我们数了一下本金，从2005年底到2007年底，本金总共翻了十倍多。于是，我叫我的所有客户去买楼，他们都听我的建议去买楼，后来，广州的楼价也升了三四倍！大家都非常高兴。

（72）2010年，有个客户邀我同他一起搞一个农庄，我叫他不要去搞，他不听。他最后还是同另外一个朋友每人出资250万元总共500万元去搞了！2010年我去广东省队学习乒乓球，到2013年在意大利拿了世界乒乓球业余组别的世界冠军，2017年在新西兰拿了世界乒乓球专业组别的季军。但是，到2017年他们两个每人亏了200万元退出了农庄！我之前已经同他分析过，不能搞农庄的原因了。我说，在历史书上每次的起义都是农民起义的，从来没有见过商人起义，地主起义的，为什么呢？就是因为农民最容易受到天灾的祸害，一个风灾、旱灾、水灾就颗粒无收了，他们没有饭吃，只能拼命去起义了！但是，他们一意孤行，不听劝告。所以，每人大亏200万元，到最后两个人还反目成仇。有时候，人真的不一定要撞到头破血流才知道此路不通的，你多读一些历史书，你就能够未卜先知了！亏200万元买一个教训，这个代价是不是太大了？我进省队学习乒乓球，还拿了世界冠军总数不用20万元，还能出国旅游，去全国旅游，还结识了一大帮省队的好教练呢。

（73）当你炒股票越来越成功之后，自然就会有人找上门要你帮忙炒股票了！这是因为，大约98%的个人投资者都是亏损的！因为他们没有钢铁般的意志、毅力和耐心，没有一整套非常严格的纪律和行之有效的方法去战胜股市！他们有如赌场上的赌客，毫无章法地在那里乱赌，他们在不知不觉间就把手上的筹码输个精光！

（74）什么叫作轮回呢？股票同人生一样，都有一个轮回，从低位升到高位，无论升到多高到最后还是要跌回来的，有时还创下历史新低。所以，江恩大师说：同一太阳底下没有新的东西！规律就摆在那里，就看你的悟性和智慧了！

（75）当你炒股越来越成功的时候，你会发现你的朋友圈会越来越小！这是为什么呢？桃源经过20多年的投资观察发现，当你越成功的时候，你的操作往往越与大众相反。当别人在高位高峰值，纷纷摩拳擦掌，卖房子卖车子，甚至融资、透资杀入股市的时候，我必定会保持非常冷静的心态来观察股票市场的发展状况，这个时候我的操作策略是一边拉升一边再卖出股票，当发现股指快速跌破30日均线时，我就会坚决将剩下的货尾清仓出来，然后，空仓去旅游一个月。当我回到股市时，指数已经大幅度下跌了，不少股票已经跌去50%、60%，这时你必定是满心欢喜的，但是，你这时绝对不能在证券公司跟股民一起分享你的喜悦！因为，他们的内心正在滴血！当股指打到全场极度恐惧的时候，大众股民正在纷纷斩仓离场的时候，此时是最好的买入时机。但是，也是没有朋友同你分享这份喜悦的，因为，他们一来没有钱抄底，二来正被市场折磨得逐步失去信心，甚至到了绝望的地步。如果我去跟他说，抄他斩出来的股票，他听到后，会怎样对待你呢？我可以肯定地说：他很想拿刀砍你。所以，到现在我是真正彻底明白了什么叫作高手寂寞！

（76）《教父》里有句话影响了很多人——“花半秒钟就看透事物本质的人，和花一辈子都看不清事物本质的人，注定是截然不同的命运”。在投资领域中尤其如此，谁能更接近本质，谁就会有更好的投资收益。所以，一眼看透本质，一语就能中的的洞察力，对很多人来说难度系数极高，对于投资人来说却是安身立命的基本功，必须通过长时间的刻意练习，刻苦钻研才能获得。

（77）股票买卖如同人的呼吸，简单而平常。但是，如果你要保证每次买卖都能赢钱，这就需要有深厚的理论做基础和丰富的实战经验做保证，那就不是平常人的一呼一吸这么简单了，能够真正运用好一呼一吸的人，就好像是练成了金钟罩铁布衫的金刚不坏之身的顶尖气功武术大师了！桃源认为：能够在股市中做到常胜不败，唯有时时刻刻想着风险，稳健地投资，才是真正在证券市场中长久生存下去的基础。

（78）天下武功唯快不破。桃源认为：天下投资唯稳不败。很多时候投资失败都是贪和怕导致的，而对赚快钱和一夜暴富的期望又是贪和怕的本质原因。稳健，说起来容易，但那意味着你要在别人快速赚钱的时候不眼红，在你的保守屡屡被疯狂的市场暴击的时候不变卦。从根本上来说，你需要对自己的理念和方法有绝对信心。而这种信心又不能是盲目的。信心最终只能来自于知识、历史和经验。毕竟，唯有自己理性判断和衡量，才是最有价值的投资。例如，1997年巴菲特买入的股票一动不动，而当时的科技网络股却是暴涨，但他仍然坚持自己的投资理念，不为市场所动摇，这就是需要非凡的定力才可以做到。

（79）凡是出现出乎市场大众意料之外的行情走势，大众都不认可，不相信会走出牛市行情的时候，这时的买入将会是最安全的！

（80）任何成功都来自于勤奋！桃源曾经每天工作16个小时，一直坚持了十多年，每天早上9点去证券公司，下午3点收市后，回报社上班，下班后已经是凌晨了！第二天一早我又到证券公司，就这样坚持了十多年，非常专注地盯盘，看股价每天从上午到下午收市，每一笔的成交价格和成交手数。对于非常大的成交，我会用笔记本记下，缩量下跌到出现反弹的价位又用笔记下，放量反弹的阻力价格再次记下，这样当你非常专注地坚持盯着一只股票看上三个月后，你慢慢会对这只股票烂熟于心，日后在上升趋势操作这只股票时，不用你说，心里自然跳出哪个价位卖出，回撤在哪个价位买入，每次操作都如有神助，非常准确。不信？你可以试试。我用这个方法一直坚持了十年。时间见功力，直到2005年我离开报社后，每次操作一只股票时都是沿用这个方法盯盘。

（81）你一定要注意一个很容易让你忽略的问题——以为自己可以将所有上市公司都研究透彻就一定能够炒好股票了。桃源也曾经犯过这样的错误，谁知道自己根本就做不到，这样做也真的犯了兵家大忌！其实，在军事上是应该要集中优势兵力用在精准之处的。人的精力是非常有限的，你不可能样样精通，只要你用心一处精通一点就已经足够了！你可以选择一两个有发展潜力的行业进行研究，对这个行业研究透彻，然后，耐心等待最佳的买入时机就可以了。你要相信任何好的公司都会受到大盘下跌的影响而不断走低的，只要你坚信桃源讲的这一点耐心等待机会，成功终将属于你！这一点也可以类推到做人做事上来。例如，你精通乒乓球，拿一个世界冠军就足够了！你如果又想拿羽毛球冠军、又想拿网球冠军、又想拿高尔夫球冠军，那么，我可以肯定地告诉你，到最后你将会一事无成。

（82）证券投资行业是非常容易帮助他人的行业，它不需要很大的本金就可以进入，1万元也可以慢慢从低做起！它不需要像开实体经营店做生意那样，又要租铺，又要请人，需要有足够的成本，同时又要应付工商、税务、城管等，有一大堆麻烦的琐事需要处理。所以，当你掌握这门操盘艺术之后，你完全可以帮助一些有需要帮助的人，让他真正从心底上感激你！

（83）当你发现了非常有发展前景的股票后，你很可能看到市场已经将股价炒高了，但是，你又非常想买进这只股票，那应该怎么办呢？桃源告诉你，只有一个办法，就是极其耐心地等待熊市的出现！只要你有足够的耐心，熊市一定会出现，这样你才能在低位买进有价值的股票！

（84）总结我几十年的操盘风格，最大的一个特点就是：在我进场前，考虑最多的并不是我一定要赚多少钱，而是我现在买进的股票，经过两年多的大跌、急跌再到现在的阴跌之后，到底它还有多少下跌空间。如果买入后再跌，我将要承受多少损失，这个损失自己能不能承受？如果我大兵团作战，分梯队进场，会不会影响到主庄的操作，他们会不会在我这样低的位置买进之后，再进行大幅打压等，这都是我买入前想得最多的问题。至于利润，当你将风险控制了之后，利润自然而然就会产生。

（85）凡是顶部放出天量天价的，成交金额特别巨大的股票，一定要闭着眼睛也要卖出。例如，海南矿业（601969）2015年5月28日放了历史天量，日成交25亿元，创历史新高33.63元，你如果不走，后面的两年熊市最低跌至3元，这个价已经是跌破它的发行价10.34元了。创历史新高的股票，只要不放天量，量能稳步发展的股票才可以继续持有，如贵州茅台（600519）整个2017年股价不断创历史新高，量能每天都保持适中的量能。

（86）在普通投资者的眼里，有时要等待一波大熊市的到来才能买入，确实需要有无比的耐心，同时还要有非常坚定的信念，这样才能做得到，这对于一个活生生的人来说，无疑是一个极其严峻的考验！这需要修炼到圣人的境界才能做得到！那么，在没有大熊市到来之前，桃源认为，只要股价不是在顶部位置的，你可以用1/10的资金来进行小量操作，当你在不断频繁的买卖过程中，有时在不知不觉间大熊市就会出现了！这样的话，虽然你1/10的资金全线被套了，但是，由于你还有9/10的钱在银行的保本高息的理财产品上，这时，你就真的可以实现巴菲特所说的“当别人恐惧的时候你贪婪了”，这时候你就可以放胆分批买入股票了！如果你不是用1/10的资金在操作的话，很可能已经全仓被套了，这个时候，你只会更加恐惧。

（87）凡是早上9：15开盘闪涨停，然后又在9：25前撤单的个股，绝大多数都是庄家想出货的个股！在兵法上有云：“虚则实之，实则虚之。”如果有实力的庄家他今天要封涨停的话，要不就根本不会撤单，要不开盘时一点动静都没有，然后，慢慢震荡推高让你卖出后尾市再涨停，叫你后悔一辈子！根据桃源多年的观察，这种闪涨停的行为，大多都是庄家想出货，又怕你同他争跑道，于是，开盘闪涨停，让贪心的散户以为今天会有涨停价，所以，不舍得冲高时卖出。于是，庄家就可以轻轻松松地出货。所以，日后当你开盘时见到闪涨停的个股，千万不要去等涨停价，冲高时坚决卖出，90%正确。

（88）怎样去了解一家上市公司？桃源认为最好从三个方面入手：第一，可以直接去了解公司在商场销售的产品，这样可以得到第一手的销售信息；第二，可以深入了解该公司的员工收入情况，好的公司员工福利一定不会差；第三，就是找到该公司的竞争对手。这样公司什么最不好的地方你都会了如指掌了，比你去跑几个月还要管用！

（89）当你买进的股票越来越不被大众认同的时候，该股票赚钱的机会就越大。

（90）在证券市场上任何成功之道都是危机四伏的！

（91）上天要给你赚钱的话，1万元也可以赚得100万元；如果不给你赚钱的话，你借100万元也可以全部亏光。所以，千万不要借钱炒股票。

（92）操作的最高境界是什么？有人说是卖在最高价，然后又在最低价买回来。当然，这是短线层面的最高操作境界，但是，并不是操作层面上的最高境界，为什么这样说呢？因为，你是人而不是神，既然是人，总有犯下错误的时候。举例来说，在一个上升趋势里，你绝对很难做到每次个股的短线顶和底都能把握得这么精准。很多时候，你卖了之后，根本就没有低位买回来，这样你就有可能白白错失了一只大黑马！其实，桃源经过了30年的观察发现，操作层面的最高境界还是巴菲特的方法——在几千家上市公司中，找到真正有发展潜力的股票，享受公司高速增长的同时所带来的股价年年翻倍。如美国的可口可乐、中国的贵州茅台、马云的阿里巴巴等股票。短线就算你再精准的买卖也是属于术的层面，而选择到有千倍万倍增长的公司，买入后长期持有，这才是真正解决操作上一切根本问题的最高境界！

（93）冬天不能斩树，大跌后的严冬更不能斩股！这是因为，冬天大部分的树木成为枯枝，但它的主杆并没有死，待到来年的春天，它便会枯木逢春，绿色盎然，青翠欲滴。此时，你看到的就是另一番景象！

（94）为什么我们称一个成功的庄家的操盘叫作艺术呢？庄家在一个大的升势之中，都一样可以将不懂艺术的投资者玩到亏钱的！为什么会这样呢？难道不是上升趋势大家都可以赚钱的吗？问题就出在人性的弱点上，人都有恐惧、贪婪、自私、怕死、侥幸、自负、偏执、草率、嫉妒、冲动、急功近利等弱点。

庄家就是充分利用你的弱点，有时对你严刑拷打、有时对你威胁恐吓、有时对你威迫利诱、有时又让你充满幻觉、有时又让你贪婪成性，总之，庄家会在股市中将你人性的丑陋的一面充分地扩大，然后，在兵不厌诈之中榨取你的钱财。所以，你要在股市中战胜市场赚到钱，就必须要将人性的所有弱点改掉，将人性的优点发扬光大！像哲学家荣格讲的那样，修道成一个性格完美的人！这样你才有可能勉强站在赢家的行列！

（95）当市场预期有一个重大利好即将兑现，所有投资者都纷纷买入，准备等待利好出来后，赚一笔走人的时候，你千万要特别小心！无论大盘在什么位置，当利好出来后，股价不但不升，反而会大跌！例如，2017年北京准备开两会、准备开党的十九大，这时市场都非常期望开完会议之后，会有一些新的政策来刺激经济，大家都纷纷买入。谁知道，当会议开完之后，90%的股市都是以大跌收场，这个教训千万要记住！桃源已经用了不少血汗钱来买这个教训了，希望大家日后能够吸取经验吧！这个时候，你不用心痛，闭着眼睛减一半仓位吧，耐心等待股市大跌之后再买回来，总比高位全仓套牢强一百倍！

（96）当股价创出新高，如果7~10个交易日内不能再刷出新高，一般都会见顶回落，这时如果发现RSI，没有跟随股价再创新高的话，那么更应该坚决卖出。同样，当股价创出新低，如果7~10个交易日内不能再刷出新低，一般都会见底回升，这时如果RSI值没有跟随股价再创新低的话，那么可以分批买入。

（97）当股票上升了一波行情之后，该股是否会继续上升？还是会跌回原来启动时的价位？这个只要大家耐心观察该股调整时的幅度就非常清楚了，如果该股在上升行情的1/4处之上进行调整的话，那么，该股属于非常强势的调整，后市必然会继续创出新高！

（98）当一个下跌趋势没有经过1~3个月的横盘吸筹，都不可能会立即见底，所以，千万不要在下跌的过程中去抄底，你这样逆市抄底只会越抄越不见底。最正确的方法就是让该股自然见底之后，才去做右则交易！

（99）无论证券市场环境多么险恶，请你一定要牢记永远要与趋势交朋友，千万不要逆势而行！这一点做得最出色的和最令桃源佩服的人就是一些政治家，只要你能够认真研究透彻这些政治家，你就不难理解永远同趋势交朋友的重要性了！

（100）当9：15至9：25的竞价盘，在横盘底部高开4%以下，流通盘5个亿左右，竞价手数最小要一百万股，甚至两百多万股以上才有可能是真的上升。小过一百万股的开盘都有可能是高开低走。例如2018年1月10日创兴资源（600193）早盘竞价一百六十多万股高开4%开盘，之后十分钟就封涨停了。远光软件（002063）二百八十多万股开盘，一个钟后封涨停。

（101）在证券市场上，当你的专业知识为零的时候，你的智慧就是零。为什么这么说呢？例如，无论你是硕士生还是博士生，只要你不是学习飞行技能的，让你驾驶飞机在蓝天上飞翔，其结果只有一个——机毁人亡！

（102）请问桃源你是怎样看待证券市场上的利空和利多的呢？在熊市的末段任何利空都是利好，都是买入的最好时机；在牛市的末段任何利好都是利空，这时都是卖出的最好时机。

（103）大幅度下跌后要抄哪种股票做短线？首先要抄跌幅巨大的股票，例如两只股票一只从8元跌到6元，一只从8元跌到7元，那么，首选跌到6元的股票抄底做短线反弹。其次，同样两只股票都是从8元跌到6元，首选流通盘小的股票。最后，同样是两只从8元跌到6元的股票，首选业绩较好的股票。这是抄底做短线的基本原则。

（104）追当天涨停板的三种方法。第一种，在当天9：25现量排行榜中单笔成交50万股以上，9：30开盘后连续三笔单，还有保持50万以上的个股有望向上冲击涨停。例如，2018年3月9日，我发现了联络互动（002280），该股在9：25开出83万股的成交，然后在9：30连续开出四笔分别为21万股、79万股、11万股、19万股的成交。之后在10：30左右就涨停了。第二种，当天曾经封过涨停，之后打开涨停板，然后下跌到3.5%~4.5%就可以大胆买入了。例如，2018年3月7日，我买入的今飞凯达（002863），当天开盘10分钟封涨停，然后，打开涨停板，下跌到3.5%、4.5%分别买入一笔单。尾市之后再重封涨停。第三种，密切留意开盘后，20分钟内急速拉涨停的，只要有成交量放大，马上追入。

（105）追到涨停板后怎样出货？当天已经买到了涨停板股票。第一种，如果股票在第二天开盘20分钟内再封涨停，可以继续持有。例如，在2018年2月27日，我追入了雪莱特（002076），之后2月28日、3月1日连续两天都是开盘10分钟左右再次封涨停，3月2日竞价开盘不能封涨停，但放巨量开盘。9：25开出348万股、9：30后开出311万股成交依然不能涨停，这样就要马上出货。前后几天赚了三个半涨停板。第二种是9：25高开5%以上的个股，可以在高开5%的价位乘以103%，挂单出货。例如，高开5%后价钱10元，那么，就挂10.30元出货。第三种是竞价盘在3%以下的个股，我们可以在这个价加上1.5%出货。例如，高开3%后10元，那么，就挂10.15元出货。

（106）当一波大牛市结束后，什么时候才是真正的底部呢？巴菲特说："别人恐惧我贪婪。"鬼谷子说："阴势运动发展的极致则是阳势。"两位大师都没有一个量化数据，大家很难把握"恐惧"和"极致"的尺度。笔者经过近30年对中国股市的实战观察发现，在大盘漫长的下跌并最终真正确立大底部的过程中，必然有一大批股票下跌80%~90%。换句话说，当你还未发现有大批的股票下跌80%时，那都不是真正的底部，每次反弹都要坚决卖出。另外，真正的底部还有一个人气指标，那就是全国股民都惊慌失措、情不自禁地要找人倾诉内心的痛楚，等等。只有看到了这样的情形，大盘才有资格说见底。

（107）在使用桃源滚动战法时，必须要注意一个问题，就是如果你要连抄8~10次后，该股才能见底的话，那么，当该股反弹到你的平均价时，无论你是持平或者是稍有盈利，都必须要全部清仓离场。这是因为，该股可能出现"大C浪"杀跌——反弹完之后，该股一定会再次下跌。这时等它跌到跌不下去的时候，你再使用桃源滚动战法，重新进场，这样的话，你的成本才会真正地大大降低。

（108）当一波大的上升行情过后，你必须要清仓，然后用极大的耐心去等待大盘真正的见底，这个时间需要多长呢？桃源认为，有时是3年，有时甚至是7年。在大盘还未真正见底之前，你最多只能用十分之一的资金进行小量操作，用仓位来控制风险。当大盘真正见底之后，可以大胆地去追第一个涨停板的股票，这些都是新行情的板块龙头。

（109）在中国股票市场，长线持有必须满足两个条件：第一，经历过大盘闪崩暴跌等一系列的动作；第二，必须大幅下跌80%以上。否则都不可以长线持股超过9个月，只能短线做个反弹，战斗结束必须要把全部资金撤出来。

（110）大跌暴跌后怎样才算是形成真正的底部呢？其中一个重要的标志就是：在涨跌幅榜上，涨停板的股票不断增多，这时市场上已经渐渐没有了跌停板的股票了。如果你能够耐心等到市场上没有跌停板的股票时，大盘的所有个股都已经跌到跌无可跌的地步，你再去抄底，胜利一定属于你！

（111）最后几个重要的大盘真正见底信号就是：第一，国家被迫停发新股来救市。第二，上市公司大股东纷纷对外宣布对自家上市公司增持。第三，社保基金、中央汇金公司、中央正金公司等国家级大基金入市救市。

（112）在一场大盘暴跌之后，这时你会发现有很多个股，由于资金链断裂，个股出现闪崩行情，不少个股无厘头地出现五六个跌停板，有些甚至走出十个跌停板。这时，我们就可以专门跟踪那些不亏损的连续跌停的股票。当它们有大资金在跌停价上，有机构大手笔吃货时，我们就要专心盯盘，一旦跌停价的卖单差不多被大资金吃光，我们就可以大胆地在跌停价跟进买入，在第二天冲高时卖出。这种短线的收益都非常不错，两天下来一般都有3%，好的话甚至有10%的丰厚收益。但是，关于这种战术，我们一定要注意的是以下三个关键技术点：第一，必须要等大机构的资金先进场，你才可以买进，千万不能自已先行买进。这是短线获胜的关键要素。第二，必须要有五个跌停板以上的个股才可以参与。第三，由于是急跌抄底做个反弹，该股还有很大的惯性下跌，反弹完之后，大多数个股都会继续创出新低。所以，只要第二天能够赚钱，无论如何都要全部卖光获利了结。

（113）暴跌后打开跌停的个股，反弹后还会创出新低！一旦该股在低位不再跌停，而且慢慢走出横盘筑底的行情，这时就可以大胆再次抄底，这次的抄底应该会比第一次的利润大。很多时候，该股的反弹都会到达第一次打开跌停板时的价格，有时还会高过这个价格。所以，第二次抄底资金更加安全，利润更加丰厚。

（114）沪深股市见底的重要新闻。

深交所：支持具备条件的上市公司及其大股东依法合规回购增持股份。下一步，深交所将切实扛起一线监管职责，坚决打好防范化解重大风险攻坚战，促进资本市场健康稳定发展。

上证报：本周以来，多家主流保险机构相继开始加仓A股，每家买入的资金规模普遍在几十亿元左右，总共掏出的真金白银超过百亿元。据了解，此次主流保险机构买入的标的，主要是跌至1倍PB以下的周期股，集中在地产、化工、建筑等领域。

中证报：6月份，有28家上市公司终止定增方案，远超5月份的13家和4月份的12家。上市公司定增越来越难，为完成定增，承诺兜底已经成为“标配”，甚至有公司给出回购、不要后端收益的超级优惠条件。（2018年7月6日早晨新闻）

（115）2018年7月12日新华社刊发重磅文章《A股估值处于历史底部，人们还在担心什么？》导读：对于中国A股的投资者来说，眼下这段日子有些难熬。受中美经贸摩擦等多种因素影响，去年“白马行情”带来的喜悦早已消散，如今面临的股指走低？会否引发系统性风险？

要看清当下的中国股市，必须放在历史的维度中来分析评判。一是A股处于历史底部。二是中国防范化解金融风险的力度前所未有。三是坚定开放外资机构用实际行动看好A股。四是中国经济有底气应对挑战支撑资本市场行稳致远。五是7月2日新一届国务院金融稳定发展委员会成立，为维护国家金融安全服务。

（116）中国股市从2015年6月15日见顶，一直跌到2018年7月12日，足足跌了三年多时间。我们只有耐心等到政策面频频出现利好之后，再选股买入也不迟。所以，在中国投资股票，一定要耐心等待，耐心等候，耐心忍住，手中持有90%的现金。然后，在国家救市政策频频推出利好之后，才能慢慢分批买入股票。只有这样你才能够在中国股票市场上赚到大钱。

（117）2018年8月5日，特朗普说，自从他同中国打贸易战之后，4个月的时间中国股市跌了27%。今天8月7日，在被特朗普嘲讽刺激后，A股绝地反击，沪指怒涨近3%，创下两年多最大单日涨幅，算是对特朗普的有力回击！特朗普太过嚣张，竟把A股下跌的功劳记在自己头上，A股韭菜也不好惹，这回确实很解气。当天A股绝处逢生，应该好好感谢特朗普的神助攻，为了不让老特得逞，A股急需进入反攻模式；桃源认为，当天市场应该记入史册，并命名为“特朗普底”，只有这样，才能时刻鞭挞A股前行。

（118）面对中国的超级大熊市，桃源很自然地想起了司马懿的话，他告诉我们，要对失败多一些耐心，才能赢得最后的成功。司马懿的人生精华就是：“败而不伤，败而不耻，先要学会的是善败。”

（119）易买难卖、难买易卖。在证券市场上有一个铁的规律，就是：“易买难卖、难买易卖”。这句话应该怎样去理解呢？那就是当你不限价时，可以随便在现价都可以买，但是，你想要每次都能赚钱出来的话，那就不一定能够卖得出去了。如果你想要每次都能赚钱卖出，那么，在买入时，你就首先要严格把关，不等到支撑位附近决不买入，那样的话，就有可能要等上几天甚至一个月都没有机会给你买到这个价。但是，一旦给你买到这个最低的支撑价，你要每次赚钱卖出就比较容易了！这就是在证券市场上的买卖哲学。

（120）就目前的股市形势，投资者只能是，耐心等待股市见底，黑暗过后总会见到艳阳天的！因此，在中国做股票真的是要有钢铁般的意志、百折不挠的韧劲，才能够有望成功！

当牛市到来的时候，有很多人都非常羡慕我们的成功，甚至有些到了妒忌恨的程度，但是，他们又有谁知道，我们当下，要能忍受天下最难忍之事呢？天天逢低买入，天天亏损，内心在滴血。所以，在这个世上，是不会有随随便便就可以成功的人。一个成功的人，必定有他修炼到成功的气质和性格。

（121）在国进民退的大的国策框架下，未来十年二十年的最佳选股策略都只能是买国企、央企的股票，尤其是有垄断行业的股票，比如中国联通、中国石化、中国石油、国字头的银行股等。

（122）当股价第二次或者第三、四次冲击平台阻力位时，无论是放量上冲还是缩量上冲如果都不能冲破阻力位，那么后市必定会再创新低，这一点特别是大盘走势在熊市时，非常准确。所以，在抄底时千万不要在旧有底部的价钱去买，否则必然被套。

（123）当股价一旦形成下降通道，其实最正确的操作方法就是彻底清仓离场观望。这一点在中国式超级大熊市尤其重要。笔者经历了2008年和2018年两次超级大熊市，每晚失眠，心情非常难过，身体也大受影响。虽然，也想学习巴菲特坚持长线持有一些有价值的股票，但是，在中国好像根本行不通，天天看着股价飞流直下三千尺，对连续十几个跌停板的股票真的受不了！这些感受只有亲身经历了才会有真真切切的体会。因此，如果你想要有一个健康的身体，那么，在中国股票市场形成下降通道时必须清仓离场，而不是硬生生地持有股票等待它见底！这一条可能不适合美国股市，他们有十年的大牛市，而中国最多只有两年左右的牛市，而熊市却是有七年！

（124）2018年10月14日中国证监会主席刘士余说：中国股市“春天来了”。谁知道15日股市再度下跌，引来了全国股民的一片骂声。可见当大熊市来临的时候，千万不要随便去抄底，一定要等到管理层发话之后，甚至要极其耐心地等到管理层推出实质性利好救市政策之后，再慢慢地去选股买入也不迟。

（125）自从2018年10月14日，中国证监会领导说中国股市“春天来了”之后，连续三天三夜老天爷都下雨，好象是老天爷为股民哭泣啊！这场大跌害了多少股民啊！真是连老天爷也看不过眼，下雨来提醒股民不要相信所谓春天说，不要随便抄底！

（126）另外，当大熊市还未真正见底之前，只用十分之一的资金在操作。那十分之九的大资金，什么时候才可以去抄底呢？应该抄哪些股票呢？这里有一个标准，就是要耐心等到大熊市的末段，上市公司纷纷对外公布回购或增持自家股票之后，才在这些回购股票上选股介入也不迟。只要看不到上市公司回购增持，千万不要去抄底。只有股价大跌到威胁上市公司的生命时，他们才会去做回购或增持。

（127）2018年10月19日在熊市的末段，确实是以快速下跌、天天下跌来完成的，自从刘士余14日讲话提到“春天说”之后，大盘又连续大跌了四天，18日更是以暴跌的形式来完成，连中石化、中石油和银行板块等所有权重股都一起配合到天衣无缝地一齐下跌。

（128）到目前为止，中国绝大部分股票自2015年6月15日至今（2018年10月18日短短三年多的时间）已经跌去80%、90%。在没有战争、没有特大的自然灾害、政权稳固的前提下，中国股票居然以这种方式下跌，其真正的原因你们自己去觉悟吧！反正，我是不敢说的。所以，以后在大牛市见顶之后，一定要清仓全部股票，耐心、非常耐心、极其耐心地等待真正见底这一天的到来，才可以进场买入股票。这一天不出现，你最多只能用十分之一的资金玩玩而已！切记！切记！以后千万不能忘记！

（129）回顾历史上A股的那几次“至黑暗时刻”，我们感觉：一是股市连续下跌就会使得市场情绪非常悲观，让人感觉内忧外患下困难总是难以被克服的而未来机会又都是看不到的，如同当下，上市公司中报业绩增速很好，三季报预计也不会太差，但对未来下行的预期已经很悲观；二是“政策底”“市场底”“基本面底”三者之间确有明显的时滞关系，一般情况下，“政策底”先于“市场底”出现，而“市场底”先于“基本面底”出现，领先的时间有时候会很长达到三个月到半年；三是底部具体位置究竟在哪里事前确实很难判断，2008年最低跌到了1664点，如果情绪波动再大点到1564点或许也未尝不可，但从投资的角度看别说在1664点满仓，即使到2000点能够满仓，依然会在次年获得丰厚的回报。

寻底会是一个过程，绝对的底部点位无法判断，更重要的或许只能是要去判断上市公司未来的生命周期是否够长、盈利能力是否够强够稳定，这决定了当前股价和估值下权益资产是否具有很好的投资价值。如果是，那便是最佳的投资标的，值得你拥有。

（130）2018年10月19日，此日中午由于近阶段股市连续暴跌，引发中共高层开始关注股票市场。国务院副总理刘鹤：政府高度重视股市健康稳定发展。证监会前主席郭树清：加大保险资金财务性和战略性投资，优化上市公司力度。证监会主席刘士余再次发声：证监会始终坚持以改革开放创新为主线来稳定和提振市场信心。易钢：总体看当前股市估值已处于历史较低水平。这些人的发言令到当天股市见底反弹。也就是说以后九成的资金一定要等到证监会主席甚至国务院负责金融的总理发话，再慢慢选股介入也不迟。

（131）截至2018年10月16日，A股市场有2163只个股存在股权质押，其中有982只股价跌破预警线，584只跌破平仓线；大股东涉及股权质押的上市公司有1900家，其中大股东质押比例超过70%的上市公司有840家。

这么多的公司进行了股权质押，难怪股市会大跌！这些上市公司老板赚了这么多钱，还将股权质押让风险无限地放大，无节制地扩张，这只能反映中国人的贪婪！只要国人有这种劣根性，以后的股市必定还会有多次大跌、暴跌！所以，大牛市之后放心清仓吧！肯定会有大跌的机会让你买回来的！

（132）西安302公交车杀人案疑犯辛海平被公诉致4人死亡7人受伤。

被告人辛海平（男，40岁）因投资失败等原因产生厌世情绪，蓄意报复社会，于2018年6月22日15时许，持刀对车上人员进行袭击，并追至车下继续袭击该车乘客及路人，致4人死亡，7人受伤。（引自《华商报讯》）

每当大熊市差不多到达底部的时候，经常会见到这种新闻，从股市危机引发社会危机。这就令到政府必须出手去救市。让股市稳定下来，遏制社会危机的大面积发生。这样股市的底部很快就会到来了！以后九成的资金一定要看到这样的新闻才可以入市！

（133）2018年10月29日，以贵州茅台、五粮液、古井贡等一批绩优大蓝筹股也全线跌停了。可见熊市之下根本上没有什么逆市飘红的牛股，神话也要破灭。所以，在耐心等待熊市是否真正见底时，观察大蓝筹股是否补跌也是一个非常重要的指标。

（134）中国证券报：10月30日，中山市国资委等相关部门组成专项工作小组，支持辖区上市公司，化解上市公司流动性风险。中山市将通过成立上市公司救助基金的方式为上市公司提供资金“活水”，该基金规模将在50亿元左右，首批得到救助的或将是奥马电器、达华智能、全通教育、智慧松德四家公司。

由于中国股市暴跌令到很多上市公司质押的股票纷纷出现爆仓。所以，各地的政府都被迫出台整救上市公司的计划方案，这是其中的中山市的一个救助基金。可见中国近期出现的熊市下跌是多么的严重、多么的厉害啊！这次下跌出乎了政府的预期和预算。各地政府都没有想过会危及国家的经济命脉！

（135）2018年11月1日在国务院中央经济工作会议上，第一次谈到要稳定和发展中国股票市场。看来近阶段的股市大跌已经严重影响中国的经济了，所以，才这么郑重其事地在国务院会议上，谈及股票市场！可见股市已经跌到政策底线，政府也不希望股市继续这样下跌。这也是一个非常非常重要的抄底讯号啊！日后就是要耐心等到这种消息出来后，九成的资金才可以去抄中国股票市场的底！切记、切记！

（136）财联社2018年11月20日讯，据同花顺统计，截至三季度末（也就是9月30日）各类养老保险基金现身635家上市公司前十大流通股东，其中，社保基金现身580家，养老基金33家，企业年金22家。值得关注的是养老基金从年初的3家增加到三季度末的33家（以上内容摘自《证券日报》）。我们从这组数据显示，今次沪深两市的大跌，应该是为这些基金入市而打下来的。随着这些养命钱的成功入市，未来中国股票市场将会有一波非常好的行情。

（137）当两市慢慢走出底部的时候，大家会发现，已经有不少个股在不知不觉间形成多头排列。这时，我比较喜欢选择以往连续多天曾经出现涨停的股票，这是因为，涨停由基因决定的，江恩大师说过，同一太阳下沒有新的东西，以往曾经发生过的，将会重演。所以，买进曾经有连续涨停的股票，再次连续涨停的机会最大。当大市底部走出来之后，我们首先要做的就是，必须收集以往曾经出现连续涨停的股票，密切留意跟踪，那只出现第一个涨停板的股票，就要第一时间马上大胆买进，这样的操作收益是最大的，所用时间也是最快的！

（138）短线买入的时间法则：凡是在短线支持位买入后，持有七个交易日，无论赚钱或者不赚钱，短线都要先平仓出来。七个交易日之后必然会下跌。升幅不大的，会跌回到你买入的价位，升幅极小的，还会跌破你买入的价格。只有大幅拉升的个股，才不会跌到你买入的价格。所以，短线持股七个交易日为一个短周期。

（139）在大盘见底之后，这时已经有很多股票已经走出上升通道，但是，由于市场还处于熊市的气氛之中，因此，大盘经常会出现急跌、大跌的走势。这时，大家怎样去捕捉短线抄底个股的机会呢？我们既要安全，又要利润高。所以，我们可以专门寻找那些出现三段式下跌的股票进行短线买入，会比较安全。例如中远海能（600026）该股从2018年10月29日一路下跌到2018年11月23日，从形态上来看已经有非常明显的三段式下跌，从K线形态上分析，就是在下跌途中出现第一个小阳线时千万不要急着去抄底，最好是出现第二个小阳线，最为安全的是在出现第三个小阳线时才买入，这样利润是最大的，也是用时最快的。

（140）2018年12月底沪深股市再次连续九天的阴跌，这是自从10月份国务院副总理刘鹤发表股市要维稳的政策底之后，人们所说的市场底。此次大盘一度迫近2446点的前次新低，在连续九连跌之后于12月25日，市场被一股神秘的买盘拉高，形成了一个单针探底的红十字星。所以，以后一定要谨记当政策底出来后，大资金仍然可以按兵不动，耐心等待市场底出来后，再慢慢分批建仓也不迟。

（141）2018年12月27日，中国石化出了一条令市场震惊的大新闻，令中国石化当天大跌6.75%，从而令到本来有所走稳的大盘指数变得更加悲观！那是一条什么新闻呢：

联化总经理陈波被集团公司解除了职务，他听信高盛的研报，在原油70多美元的时候，大量买涨原油期货，买了3000万~7000万桶，给联化亏了数十亿美元。联华海外公司业务主管是他提拔的人，跟着他一起买看涨期权，收未到期的期权费当作当期收入。事实证明，高盛是外资投行里面最厉害的反向指标，它看涨的东西，必然大跌，它看跌的东西，必然大涨，以致于让人怀疑它是不是故意这样收购世界韭菜的。

十多年前中航油新加坡公司总经理陈久霖的操作一模一样，中航油亏了5亿美元，濒临破产，陈久霖入狱12年。

中航油陈久霖案件发生在2005年6月。

无独有偶，在2005年11月的中国股市大熊市接近尾声的时候，也有一件类似的事情：

中国有一名交易员叫刘启斌，以国家资金炒作铜期货，面临高额损失后失踪。如果要履行其下单的合约，估计总值高达8亿美元。

据泰晤士报报道，刘启斌是伦敦金属交易所的熟面孔，近几个月以来，他拿中国政府的资金来赌国际铜价将会下跌。然而，国际铜价却一路走高，到前日还创下每吨4132美元的新高纪录。

笔者思考：为什么每次中国股市到达大熊市的底部时，都会发生这么多的重大利空消息来打压已经弱不禁风的市场呢？是天意还是巧合呢？为什么这些消息不会出现在中国股市牛市的顶部呢？如果在牛市的顶部出现这种消息最起码会让全国散户引起警惕，提早逃顶啊！

（142）2019年新年伊始，李克强总理于1月4日接连考察中国银行、工商银行和建设银行普惠金融部，并在银保监会主持召开座谈会。总理强调，要加大宏观政策逆周期调节的力度，进一步采取减税降费措施，运用好全面降准、定向降准工具，支持民营企业和小微企业融资。

由于股市的持续下跌，对于中国的经济造成严重的影响，令到国务院总理李克强也在多个场合发表减税降费刺激经济的逆周期调节措施。当天大盘曾最低见2440.91点，然后反弹回升，可见政策底和市场底吻合在一起。

（143）为什么政策底之后，还必须有一个市场底呢？

记得在2018年10月份抓财经的国务院副总理刘鹤发表对股市关心的讲话之后，大盘最低见2449.20点，然后一口气反弹了两个月，最高见2703.51点。然后，大市又沿着下跌通道惯性下跌到2019年1月4日的2440.91点，创下新低，形成了一个市场底。

我们从技术角度去观察，当市场快速下跌之后，虽然令到各级政府部门发表讲话形成了一个政策底，但是，由于市场是以一个快速下跌的形式出现，就好像一列高速行驶的火车，突然拉手刹，列车惯性地还是会向前推进一段距离和时间。

从庄家进场买货的角度来分析，当庄家突然听到利好消息刺激股市，急急忙忙进场扫货，并且在个股拉升了20%之后，发现上面的抛盘越来越重，感觉再往上拉升会非常吃力，于是，就顺着市场的惯性向下调整。但是，他们只能且战且退，因此，这一段的下跌，大多都是以慢跌、阴跌为主。所以，我们看到整个12月大盘连续阴跌了15个交易日，这种连续下跌的气氛绝对是会令到市场悲观的情绪更进一步地扩散，从而令到散户纷纷斩仓离场，这样一来，庄家才能吸到更多更便宜的筹码。当大量的筹码又重新流入庄家的口袋里时，你说后市将怎样发展呢？这个答案就不用我说了！我们还是回到正题上吧！庄家利用市场的惯性下跌，收集到更多廉价的筹码，才能形成市场底部。

所以，才会有政策底部之后必须还有一个市场底部。作为散户投资者，以后在高位清仓之后，90%的大资金一定要等到政策底之后，再耐心等待市场底出现后再入场买入也不迟，而且，是要追平台底部第一个涨停板的股票，它肯定属于市场的热点板块，肯定是快马，这时虽然买贵了10%，但是，比起在5100点被套下来的傻瓜，还是便宜了50%~70%。

在战术上90%的资金最好分成四份去追四只涨停股票，其中肯定有两只属热点板块，有望连续再次涨停。就算其他两只不能再涨停，第二天还是会有两个点以上跑出来的。对于第二天低开低走的股票，大家不要慌，只要跌至5天均线，就可以大胆逢低买入，平均价后一定能够赚钱出来，如果市场再次转弱，就算不能赚钱，由于前天有大资金介入，一般都会有一些表现，平盘或者稍微亏一点也是可以把资金拉出来的。只不过赚钱出是上策，平盘出是中策，微亏出是下策。从中我们看到，出货是最为关键的。

（144）2019年1月7日，新华保险突然闪崩，A股一度跌停，港股跌近9%。截至收盘，新华保险A股大跌6.72%，港股大跌7.57%，市值蒸发82亿元。

有市场分析认为，新华保险管理层变动的不确定性构成了影响新华保险基本面的重大因素。经多方证实，新华保险将在2019年3月进行董事会换届，现任董事长兼CEO万峰或将辞别供职近四年半的新华保险。

从消息来分析，当大盘到达市场底的时候，一定会有各种各样的你估计不到的利空消息来打压大盘，因此，日后在判断大盘是否真正见底之时，这也是一个重要指标。如果没有重大利空消息袭击的底部，那绝对不是一个真正的市场底，反弹后还会继续创新低，只有多种重大利空消息打压的底部才是真正的市场底。

（145）在和平年代，如果你是将才的话，那么基本上是没有用武之地了！但是，有一个地方或许能够实现你指挥千军万马打仗的梦想——那就是证券市场，它是一个不见硝烟的你死我活的残酷战场。你所学的孙子兵法、三十六计、鬼谷子兵法、谋略、智慧等，你都可以运用到证券市场之中。你完全可以像毛泽东那样，带着红军长征时的两三万人马，从小到大打到几百万的大军，直到统一全中国。在这征战的岁月里，毛泽东培养了不少从草根平民到将军的帅才。所以，假如你是一个有勇有谋、骁勇善战的将才的话，请不要慨叹英雄没有用武之地，赶快来证券市场大展拳脚吧！

（146）在短线操作中，当你要止损一次时，最好是空仓出来，休息三个月！具体来说吧！其实，当一个人做差了，最好的方法就是，休息。止损一次休息三个月，连续止损两次休息半年，连续止损三次一定要休息一年。慢慢将那道黑霉散去，心理上的调整需要时间来调节。

后 记

这本书的写作要收笔了。回望动笔初始，我现在最想说一句大实话，这部书稿似乎已经持续写作二十多年了，因为它记述的就是本人亲身参与中国股票市场发展、目睹其表现峰谷起跌、激荡全程的经历和思考。如今，这本书终于可以同广大读者见面了。此时，有几个关键词经常会涌现脑际。

惨烈。中国股票市场的发展在二十余年间有过无数次的大起大落，而这种中国式的股市下跌，每每又都是以暴跌的形式来完成的。于是，每一次都有不少个股跌幅达到90%、80%，跌去65%的股票更是比比皆是，其惨烈程度绝对不亚于第二次世界大战时的美国股市。在政权稳固、没有战争、没有重大自然灾害的情况下以这种方式下跌，目前还只发生在中国证券市场。统计数据显示，在2008年的全球金融危机中，中国是每年GDP以8%增速高速增长的国家，但是股市跌幅令人惊悚，在全世界跌幅排行榜中排名第二。排第一位的是国家经济已经破了产的冰岛，2018年更是获得全球股市下跌第一的臭名。透过以上数据，大家不难看出，中国股市表现得十分脆弱，峰谷起跌落差巨大，近期表现更被形容是“跌跌不休”，投资者要想在中国证券市场上生存是多么多么的艰难，多么多么的险象环生！事实上，在这个冷血的市场上，不知道已经死了多少搏杀者，光是有名有姓的就有涌金系大佬魏东、对冲基金操盘手刘强等，不出名的投资者以跳楼的方式结束生命的恐怕是难以统计了。这些人的离去也真实地印证了证券市场确是一个不见硝烟的战场。笔者作为中国证券市场的参与者，在中国股市中遍尝酸甜苦辣，只有自己亲身经历了的人才能切肤感受其无法用言语表达的辛酸。从这个意义上说，本书就是笔者用无数次的血与泪、无数次的失败教训，一点一滴地浇铸而成的记录。

斗志。在中国证券市场上谋生，你一定要有百折不挠的斗志。它具体表现为要有死缠烂打的精神、钢铁般的意志、勇往直前的毅力、鬼谷子的韬略、诸葛亮的智谋、毛泽东的思想，只有这样，才能够在风险奇高、变幻莫测的市场中占据有利地形，从而为你赢得一线生机。表面上看，证券市场仅仅是一个交易的市场，实质上却是人生的缩影。股市中充满了贪婪的欲望，充满了人性的弱点，人类所有的丑恶本性和优秀的品质都会无时无刻地在市场中闪现。能够在证券市场上成功的人，是真正出类拔萃的人。他们能够在行情暗流涌动风雨飘摇的底部满怀信心，在市场最狂热的顶部做到世人皆醉唯我独醒。

艺术。股票投资说到底是一门艺术。市场修炼的最高境界就是生活的修炼，是对人生对社会对人性的理解。一个仅仅沉迷于市场的投资者是不可能成为真正高手的，只有摆脱人性的弱点，跳出市场看市场，才能真正明白股市的真谛。沉迷其中，最终只会被市场的些许细微波动所左右，最后迷失方向，成为待宰的羔羊。正像古人描写庐山诗句所云："横看成岭侧成峰，远近高低各不同。不识庐山真面目，只缘身在此山中。"成功者经过了千辛万苦的长途跋涉，历尽风雨，在泪水与懊悔中逐步成长，逐步成熟。人们往往只看到成功者登顶时的辉煌和阳光的笑脸，而对于他们背后的艰辛劳碌、失败的痛苦，人们却容易忽略，甚至熟视无睹，不屑过问，这委实是悲哀。对股票的认识过程，就像人的一次重生，每一次成长，都是在痛苦中成熟，在磨难中长大，最终升华为人生的理念。只有在整个生活中逐步升华，忽略个人的得失，才能最终走向巅峰。只有我们能够战胜自己，才会最终战胜市场并拥有成功的人生。最后，当你真正登上成功的巅峰，回头再看时，你会发现，生活就是股市，股市就是生活，你对生活的态度决定你在股市的成败。

沉沉的夜色逐渐褪去，窗外露出了第一缕晨光，我在不知不觉间写下了这些文字，作为对还在股市中不断奋进的投资者们的一种鼓励，也是对自己的一份告诫，让自己更加清醒地面对现实生活中的挑战和险境。诚然，中国股市现在还不成熟，还有很多不尽人意的地方，还有很多的不完善，令人们觉得风险奇高，难以掌控，让中国第一批下海的许多股民自感痛苦。但是，笔者坚信，中国股市经历过一次次阵痛后，必然会逐步走向成熟；这里不会永远只见凶险，它也孕育着巨大生机和希望。所以，大多数的投资者肯定不会轻易选择离场，他们仍将会继续耕耘，继续研究，继续前行。

这本书能够顺利出版，首先，非常感谢广东经济出版社黄一霜社长，她经常鼓励我要勤奋写作，把宝贵的市场实战经验用文字记录下来，让后人看到我们这一代投资者艰难的成长过程，哪怕是失败的教训，也是一份见证中国股市的成长历史。正因为有她的支持才让我有持续写作的动力。同时，还要感谢广东经济出版社的温键键、张童瑀两位编辑，他们为新书做了大量细致的编辑工作。另外，还要感谢人民日报华南分社原主任黄幸群女士，她用了大量的时间指导和修改了新书的内容。同时，我真诚地感谢我的家人多年来的理解和支持。每当股市大跌、暴跌之后，人在精神上受到的重创每每是很难用言语表达出来的，特别是当经济出现困境的时候，这种难言之痛，只有真正当过家的人才能体会个中的滋味。此时，一句轻轻安慰的话，比任何东西都要显得珍贵，来得给力。这种安慰的话语，是鼓励我战胜所有困难的精神支柱！

最后，更要感谢广大读者和客户，正是你们默默地包容和理解，才让我在充满艰险的投资路上跌跌撞撞地走到今天。

衷心感谢你们！

桃源
2019年1月18日

微信扫码，向本书作者提问解惑